嘘つき大統領のデタラメ経済

THE GREAT UNRAVELING...Losing Our Way in the New Century

三上義一 訳
Mikami Yoshikazu
P A U L K R U G M A N
ポール・クルーグマン 著

早川書房

嘘つき大統領のデタラメ経済

THE GREAT UNRAVELING

Losing Our Way in the New Century

by

Paul Krugman

Translated by

Yoshikazu Mikami

First published 2004 in Japan by

Hayakawa Publishing, Inc.

This book is published in Japan by

arrangement with

W. W. Norton & Company, Inc.

through Japan Uni Agency, Inc., Tokyo.

装幀／日下充典

ロビンへ

目次

謝辞

コラムを書くということは、ことに難しい時代において、たった一人でできる仕事ではない。幸運にも、私はたくさんの人々からの助けを借りることができた。

まず、ニューヨーク・タイムズの人々に感謝したい。ハウエル・レインズとアーサー・シュルツバーガーの両氏が、コラムを書かないかと誘ってくれ、やる価値があると説得してくれた。彼らは正しかったといえる（幸運にもニューヨーク・タイムズ紙は報道の自由を信じ、そのライターたちを支援してくれている）。また現在、私のことを見てくれているゲール・コリンズは、常によいアドバイスを与えてくれている。

当然のことながら、幹部たちよりも重要なのは一緒に働く人々である。本書のコラムのほとんどを編集してくれたのは、スティーブ・ピカリングである。ニューヨーク・タイムズ紙で彼はいわば伝説的な人物であったが、最近、その貢献に報いられる形で退職している。コラムを書くといったような仕事をしたことがある人なら分かるだろうが、編集者は非常に大切である。実際その仕事のほとんどは、「一行多いけど、どこを削れる？」と聞くことである。しかしそれだけでなく、スティーブ、または素晴らしい仕事をしてくれたリンダ・コーンとスー・カービーが、「ここはどういう意味？」と聞く時は、もっとしっかりと書き直したほうがいいと、やんわりと言わんとしているのである。

　出版社のノートンのチームにも感謝を述べたい。ここ何年か、書き手としての私の仕事に助言してくれているのがドレーク・マクフィーリーである。また、ボブ・ウェールの情熱がなければ本書は完成できなかったといえる。加えて、アン・アデルマンも貴重な編集者だった。それから、イブ・ラゾビッツは、原稿の交通整理を親切にこなしてくれた。

　最大の功労者は、私の妻であるロビン・ウェルズである。彼女は私を支援してくれただけでなく、コラムのすべての草稿を読んでくれ、その完成まで重要な役割を果たしてくれた。本書は私の本であると同時に彼女の本でもある。

まえがき

比喩というものは、時として分かりにくい場合があるが、マンハッタンにある「借金時計」の意味は実に歴然としている。政治に関心のあるビジネスマンが、政治家にもっと責任を持って行動してもらうことを願って一九八九年に設置したものである。時計が刻む桁の長い数字は、増え続ける国の借金の額を示していた。数字が増え続けていたのは、連邦政府が毎年入ってくる額よりもはるかに多くを使い、その差を埋めるために借金せざるをえなかったからである。

しかし、一九九〇年代の終わりに面白いことが起きた。政府の税収が株価と平行して上昇すると、巨額の財政赤字はまず減少し、さらに赤字は過去最高の黒字に転じたのである。二〇〇〇年九月、時計は止められた。

だが、二〇〇二年七月、アメリカの財政がまた赤字に転じるのが明らかになると、時計は再び動きだした。連邦政府は長年の努力の末に借金完済を宣言したにもかかわらず、またすぐさま赤字に逆戻りしてしまった。これはここ数年のアメリカ経済を物語るものの一つにすぎないが、財政が赤字に転落するや、経済の健全性を示す他の多くの経済指標も軒並み落ち込んでいった。

一九九〇年代初頭、アメリカは不況に喘いでいた。経済的にも、社会的にも、そして政治的にも、アメリカは病んでいた。九〇年代のベストセラーといえば、『アメリカの没落』だった。とはいえ、九〇年代の終わりには、景気も回復したかのようだった。経済はすこぶる好調で職はあり余り、何百万という人々が金持ちになった。財政赤字も過去最高の黒字に転じ、六〇年代から増加傾向にあった犯罪も減少に向かい、驚くなかれ大都市は突然、ここ数十年で最も安全になった。未来は信じられないほど明るく見えた。

しかし、それは長続きしなかった。二〇〇三年には経済だけでなく、政治システムや社会もまた崩れ始めてきていた。アメリカは不安に苛まれるようになった。意識調査では過半数以上の人々が、アメリカは間違った方向に向かっていると感じていた。

本書は何よりもまず、アメリカが再び誤った方向に向かっていた時代、つまり九〇年代の終わりの浮わついた楽観主義が再び不景気に突入した時代の記録である。また本書は、その転落の理由、そしていかにしてそうなったのかを説明しようと試みている。あれほど好景気に沸いていた国が、いかにしてあれほど早く坂を転げ落ちたのか。なぜアメリカの政治的指導者たちが、あれほどまでに悪い決定を下したのか。つまり本書は本質的にリーダーシップ、トップに立つ人々についての物語だ。民間企業のトップだけでなく、政治のトップにおける信じられないほどの劣悪な指導力。そして、そう、本書はことにジョージ・W・ブッシュ大統領に対する批判の書である。ホワイトハウスのベテラン記者、ヘレン・トーマスはブッシュ大統領を「アメリカ史上最悪の大統領」と呼んだ。他にもダメ大統領はいただろうから、私はそれについては確信を持てない。しかし、過去のダメ大統領たちが率いていたアメリカにおいては、大統領の無能と誤った行動が自国と世界に与える影響は今日よりもはるかに限られていた。

本書のほとんどは私がニューヨーク・タイムズのために二〇〇〇年一月から、二〇〇三年三月までに書いたコラムだが、読者の方々は、本書には個々のコラムの総和以上の意味があることに気づかれるだろう。一連のコラムは全体として首尾一貫した、筋の通った物語となっている。これらのコラムを書くようになった経緯について短く述べたいが、まずその前にその時代背景について触れておきたいと思う。

暗い時代

一九九〇年代の終わり、アメリカではすべてがうまくいっているかのように見えた。職は急増し、株価も急騰、財政は黒字になり、犯罪率すら落ちていた。九〇年代初めの暗いムードは記憶から消え去っていた。二〇〇〇年には、九二年にアメリカを覆っていた憂鬱な気分を覚えている人は少なかった。とはいえ、それは後にやってくるものの背景をなしていた。

もし読者が国家の偉大さはその軍事行動の勝利によって計られると思うのなら（そのような人々がいまアメリカを治めているのだが）、九二年のアメリカの落ち込んだ雰囲気は不思議に思えることだろう。軍事的にアメリカは世界の頂点に位置していた。共産主義は崩壊し、ベトナム戦争の轍を踏むのではと危惧されていたペルシャ湾での戦争は、アメリカの巨大な軍事力を見せつける結果に終わった。アメリカはすでに今日のアメリカになっていたのである。つまり世界最大で唯一の超大国に。

しかし、栄光で景気を回復させることはできない。当時よく引用されていた一文は、アメリカの低迷と終わることがないかに見えた日本の繁栄を対比させていた。「冷戦は終結した。勝ったのは日本だ」アメリカは日本による不等な競争の犠牲者だという理屈を信じたかどうかは別として（実はそうではなかったのだが）、国中を幻滅した雰囲気が覆っていた。

一部の想像とは異なり日本は悪者ではなかった。それどころか日本はその後まもなく不況に陥り、その低迷ぶりはアメリカにとっていい教訓となるものだった。とはいえ、アメリカの経済問題もまさに現実のものだった。実際一九九二年には、統計は九〇年－九一年の不況が終わったことを示していたが、翌年になっても、それは「雇用なき景気回復」だった。つまり、GDPは伸びているが、失業も増え続けているという時期である。普通のアメリカ人にとってみれば、経済は不況から脱していなかった。解雇されずにすんだ労働者にとっても、それほどいいことはなかった。ほぼ二〇年間、平均的な労働者の実質賃金は横ばいか、下落傾向にあった。貧困は増大しているのであって減少しているのではなかった。二〇％以上の子供たちが貧困線以下の生活を送っていた。これは一九六四年以来の高い数字である。そんな暗い幻滅した雰囲気は映画にも反映されている。九〇年代初めの大作といえば、解雇された労働者が怒りをぶちまける『フォーリング・アパート』、犯罪の恐怖を描いた『わが街』、そしてアメリカの凋落と日本の繁栄を描いた『ライジング・サン』などであった。

新しいテクノロジーの発展はどうなのだろうか。新たなる経済成長を約束していたのではないか。九〇年代の初め、その約束は果たされていないように見えた。もちろん、我々は新しいテクノロジーに囲まれていたが、大した結果をもたらしているわけではなかった。コンピュータが普及し、オフィスにはファックスがあり、携帯電話と電子メールが広まり始めていた。とはいえ、それが雇用の増大やより高い生活水準へと導いてくれるわけではなかった。後に代表的なアメリカ経済の崇拝者となる、ある著名なエコノミストはハイテクなんか「ウソっぱち」だと私に直接話したことがあるほどだった。

とりわけアメリカ国民は、政界と民間企業のトップに幻滅していた。空港という空港の本屋には、日本の経営の秘密を説くべく、サムライの絵が表紙に描かれた本が並べられていた。日本人は現代的な企業の経営に優れているが、アメリカ人の経営者はそうではないと言わんばかりだった。最新のハイテク商品はすべて日本から輸入されているように思えた。「メイド・イン・アメリカ」は品質を保証せず、多くの消費者は国産品を信用しなくなっていた。アメリカの代表的な企業のトップは、へまばかりやっているのに多額の給与をもらっている無能な経営者だと嘲笑されていた。ジョージ・ブッシュ元大統領が、経済的譲歩を引き出そうと、自動車企業のお偉方を連れて日本を訪問した時など、その際たるもの、アメリカを売り込もうという意図は大失敗に終わった。

政治家はもう尊敬の対象でなくなっていた。一九九二年の大統領選挙でもっとも驚くべきことは、現職のブッシュ大統領が負けたことではなかった。H・ロス・ペローという共和党でも民主党でもない、政治の主流からまったく外れた候補が全投票数の一九%をも獲得したことだった。これまで共和党でも民主党でもない第三の政党が活躍することなどなかったアメリカにおいて、この数字は既成政党の政治家に対する不信任投票だったと言えるだろう。

すなわち、この時代はアメリカにとって繁栄の時ではなかったのである。そして多くの識者が、状況はさらに悪化するだろうと見ていた。ところがその後の八年間、アメリカは驚くべき景気回復と社会状況の好転を経験するのである。

繁栄の時代

状況が実際よい方向に向かっているのだと人々が気づくまでにはかなりの時間を要した。物事を悲観的に見ることが、アメリカ人全体の思考を支配していたとさえ言えるだろう。一九九五―九六年の冬ごろになっても、失業率が徐々に減少しているというのに、新聞は雇用の減少や企業のダウンサイジングに警鐘を鳴らす記事で溢れていた。九六年の大統領選挙でも、ボブ・ドール候補のエコノミストたちは、景気回復が鈍く、健全でないとクリントン政権を攻撃していたほどである。

党派と関係ないエコノミストは、状況をより正確に把握していたが、これまで何回となく景気回復らしき徴候に惑わされてきたため、用心深くなっていた。しかし、時がたつにつれ景気回復の徴候はより歴然となり、否定することはできなくなった。事実、アメリカ経済はよくなりつつあったのである。そしてアメリカの社会もよい方向に向かいつつあるように見えた。アメリカに対して再び幻滅している今日の我々は、クリントン政権時代の成功はすべて幻だったと片付けてしまいやすい。実際、九〇年代終わりのとてつもない楽観主義は、現実から掛け離れていたといえる。とはいえ、景気回復の実際の成果は素晴らしいものだった。

まず何よりも九〇年代の終わりごろになると、職が溢れていた。その数は過去数十年と比べても豊富であった。一九九二年と二〇〇〇年のあいだで、アメリカの雇用者数は三二〇〇万も増え、失業率を過去三〇年で最低の水準に押し下げていた。完全雇用とは仕事にありつけることを意味し、貧困の罠――つまり収入増で政府からの扶助金がもらえなくなり、かえって貧困から脱け出せない状況――にとらわれていた家族に、そこから逃れるチャンスを与えていた。貧困率は一九六〇年代から初めて激減した。その影響もあって、犯罪率などの社会的な指標は劇的な改善を見せていた。九〇年代の終わりになると、ニューヨークは六〇年代半ばと同じぐらい安全な都市になっていた。

雇用の増大には目を見張るものがあったが、生産性の増大、つまり労働者一人あたりの生産高の増大はさらに劇的だった。一九七〇年代と八〇年代を通して、年率で一%程度という生産性の増加の低さこそがアメリカ経済の落ち込みを招いていた。生産性の低さは、平均的なアメリカ人家族の生活水準が停滞していた最大の原因でもあった。生産性が伸びない経済下では、賃金の上昇を維持することができないからである。それが九〇年代に入ると、アメリカの生産性は増大し、九〇年代の終わりごろには過去最大の伸び率を示していた。そしてそれに連れて賃金も伸びていったのである。

なぜ生産性は急伸したのだろうか。その際たる理由は、たぶん情報技術の成熟だろう。コンピュータやネットワークがやっとその力を発揮するようになったといえる。その功労者となったのは、経済界のトップリーダーたちである。それは理解できないことではない。日本が後退するにつれ、アメリカのビジネスは自信を取り戻し、アメリカのビジネスマンは英雄扱いされるようになった。企業の最高経営責任者がスーパースターになり、巨額な報酬をもらうのも当然のことであった。アメリカ経済は、巨額な報酬が巨大な成果を生むシステムを生み出したかのようにさえ見えた。

さらには株式市場があった。一九九二年、ダウ平均は三五〇〇ポイントだった。二〇〇〇年には一万ポイントを超えていた。それでも伝統的な産業が多いダウ平均に投資していた人々は自分たちを負け犬のように感じていたかもしれない。ハイテク株は投資家をあっという間に億万長者にしていたのだから、大儲けのチャンスを逃していたように思えたに違いない。一九二九年以降、またその当時ですら、巨万の富をこうも簡単に手に入れられたことはなかったろう。景気はさらにうなぎ上りとなり、ダウ平均はまもなく三万六〇〇〇ポイントに達するだろう、というまことしやかな意見も聞かれたほどであった。

株価の急騰に対して懐疑的な人々もいた。私もその一人であった（実のところ、私はアメリカの生産性の奇跡についても当初懐疑的だった。それが二〇〇〇年ごろになると、私もそれを信じるようになっていたが、株価についてはあまりにも行き過ぎていると考えていた）。それに海外の経済事情を追っている者にとって、株式市場もまた上がったものは落ちてくるという引力の法則と無縁でないことが心配だった。九〇年代終わりのアメリカ経済と、その一〇年前の日本の「バブル経済」に類似点があることは否定できないことだった。日本で株のバブルが崩壊すると、破竹の勢いだった日本経済は長い景気低迷期に入り、それは今日にまで続いている。

とはいえ、バブルははじけるかもしれないが、九〇年代にはまだそれを楽観視するだけの理由があった。日本経済の問題はトップの舵取りのまずさによってさらに悪化していたが、アメリカ経済の舵取りを任されていたリーダーたちは非常に優秀であった。この点に関しては、クリントン政権の初期において衆目の一致した見方ではなかった。私自身、クリントン大統領の新しい経済チームに対してかなり批判的であったのだ。だが、それはロバート・ルービンの指導的地位が確立されるまでのことであり、九〇年代の終わりごろになると「ルービノミックス」は功を奏していた。

まず、クリントン大統領は、財政赤字を補填するために増税に踏み切った。それは二重の意味で勇敢だったと言える。彼の前任者、ジョージ・ブッシュ元大統領の増税策は中傷の的になっていたし、（ロナルド・レーガン元大統領は増税策の一部を撤回したのだが）、保守勢力はクリントンの増税は経済を低迷させると予想していた。それにもかかわらず、クリントンは正しいことを実行したのだ。そして経済は活性化し、財政は黒字に転じた。

それだけではない。ワシントンの経済危機に対する行動は柔軟で効力があった。一九九五年、メキシコのペソが下落した際、クリントン政権は保守右派からの批判を退け、隣国の救済に乗り出した。その後さらに大きな金融危機がアジアで勃発し、九八年の秋、危機はアメリカをも襲った。ロシアが債務不履行に陥ると、巨大なヘッジファンド、ロング・ターム・キャピタル・マネジメント（LTCM）が倒産した。金融市場は短期間、その機能を停止してしまった。事実上、資金の貸し借りの流れがほとんど止まってしまったのである。私は、その状況の説明を受けるため連邦準備制度理事会のミーティングに出席していた。ある高官は、そこでアメリカに何か打つ手はあるかという問いに対して、「祈ることでしょう」と答えるのみだった。しかし、ルービンはアラン・グリーンスパンFRB議長とともに、その危機を鎮めることに成功した。財務長官が本当に尊敬されていた当時のことを覚えているだろうか。マーケットは実際に回復したのである。一九九九年の初め、タイム誌は表紙にアラン・グリーンスパンFRB議長、ロバート・ルービン財務長官、ラリー・サマーズ財務副長官の写真を掲載した。「世界を危機から救う委員会」という見出しは大袈裟で陳腐だが、それなりに当たっているだろう。

したがって新しい世紀の始まりにおいて、アメリカは、ピンチでやるべきことを実行する、有能で優れた経済チームに恵まれているかのように見えた。彼らは、責任ある財政政策を目指し、九〇年代初頭のような「雇用なき成長」を再び招かぬよう迅速かつ効果的に行動するだろう。ましてや日本型の経済停滞に陥ることもないだろう。私たちのように悲観的に物事を見がちな人間も、実のところは楽観的になっていた。私たちは、株価に対して強気な投資家たちは突如として残酷な現実に目をさますことになるであろうとは思っていたが、それでも、すべてがハッピーエンドを迎えるだろうと信じていたのである。

アメリカ――何が間違っていたのか

『オニオン』という風刺を得意とする週刊誌は、「アメリカで最も優れたニュース・ソース」と自らを形容しているが、ここ数年、それは事実であったといえる。二〇〇一年一月一八日、大統領就任式の模擬記事には、ジョージ・W・ブッシュ大統領が、「アメリカの平和と繁栄という長かった悪夢は終わった」と演説したとある。まさに現実はそうなったのである。あのいい時代はどうなったのか？

多くのアメリカ人にとって、安全と平和の夢が破壊された瞬間、大きな心理的な転換点となったのは二〇〇一年九月一一日だろう。しかし、その転換は、もっと以前、アメリカ国内だけでなく、もっと広い規模で起こっていたと思う。私はあの惨劇を過小評価するつもりはない。しかし、中東情勢を追っていた者ならアメリカがテロリストの攻撃のターゲットであることを知っていたはずである。一九九五年のオクラホマシティの爆発テロ事件が起こった際、それはモスレムの犯行だろうと誰もが最初は思い込んでいたことを覚えているだろうか。九月一一日の同時多発テロ事件の規模はショックだったとはいえ、それ以前からテロの専門家は、いつの日かアメリカの国土で大きなテロ事件が起こるだろうと何回も警告していた。アメリカ人を標的とするテロを企んでいる連中がいることは知られていたのだ。それゆえ、実際にテロ攻撃が行なわれたこと自体は、さほどの驚きではない。

本当の驚きは、アメリカ国内の民間企業と政界におけるトップリーダーたちの失態であった。九〇年代、ビジネス界において行き過ぎた行為があったことは一部では知られていたが、聞く耳を持つ人たちは少なかった。だが、その行き過ぎた行為の程度と厚かましさは、誰もが想像する以上だった。天井知らずの強気の株式市場は、巨大なスケールで進んでいた企業の不正行為を助長し、また隠蔽もした。我々はそのことに気づくのにあまりにも遅すぎた。ビジネススクールで現代の代表的な企業として誉めたたえられていたその会社が、「ポンジー式投資詐欺術」、つまりねずみ講程度のものだったと誰が想像しただろうか（実際にそう言っていた人々はいたのだが、変人扱いされただけだった）。

それ以上に心配の種となったのが、アメリカの政治システムが我々の想像よりもはるかに成熟していなかったということである。アメリカが信じきっていた責任ある政治的指導力というものは、実際はある種の偶然でしかなかったのである。二〇〇〇年の大統領選で、ジョージ・W・ブッシュは税制と社会保障の改革案を提示したが、それは明らかにデタラメな数字に基づいていた。しかし、マスコミは大統領候補個人の性格や資質に焦点を合わせ、政策については追及するのを避けた。その一方で、アラン・グリーンスパンも当初考えられていたような人物ではなかった。民主党が政権を握っていた時、彼は緊縮経済と財政引き締めの唱道者であった。しかし、政権が共和党に変わるやいなや、財政赤字が増大しているというのに無責任な減税を擁護し、それを許してしまった。

それに加えて、前政権とは異なり、新しいチームは長期的な責任も、短期的な柔軟性も持ち合わせていなかった。ブッシュの当初の経済計画は、段階的にしか導入されない大規模な長期減税を柱としていた。二〇〇二年には、その計画に欠点があることが明らかになった。彼の父親同様、ブッシュは「雇用なき成長」を押し進めようとしていたのである。つまり、経済は成長を続けているが、それがあまりにもゆっくりなために新しい雇用を創出することができず、ほとんどの国民の生活水準が悪化していくという状態である。アメリカ経済が必要としていたのは長期的な減税でなく、短期的な刺激策である。それに財政の急激な悪化は、長期的な減税を実施することがまったく不可能であることをすでに示していた。

ところがブッシュ大統領の側近たちは、現在の経済問題に対するもっともよい処方箋だとして、バブルのピークたる九九年に練られたその計画の実施に固執してきた。そして二〇〇三年初めになって、ブッシュ政権はようやく何かそれ以上のことが必要であることを理解するのだが、新しい「刺激策」とは当初の政策の焼き直しでしかなかった。現状の経済を活性化させるものなど何もなく、富裕層を対象とした長期的な減税策が主であった。

さらに厄介なことに、単なる劣悪な経済的イデオロギーよりも何かもっと根深いことが、根底でうごめいていることが徐々に明らかになってきていた。それは本書序文の中心的テーマでもある、アメリカ政治の激変である。

なぜ私なのか

私がニューヨーク・タイムズ紙のためにコラムを書き始めた二〇〇〇年一月、私も新聞社も、実際にそのあと何を書くことになるかなど知るよしもなかった。自分の職業は経済学の教授である。私は国際金融危機を得意分野とし、九〇年代のほとんどを海外の危機の研究と論議に費やしてきた。私の仕事の一部は、「ギリシャ文字」経済学と私が呼んでいる、専門誌向けの難解な論文である。また同時に私はより広い読者層のために世界経済について書いてきた。九八年になると、私は月に二つのメディアにコラムを執筆していた。ひとつは月刊誌『フォーチュン』、そしてもうひとつはオンライン雑誌『スレイト』であり、それらのいくつかは本書に含まれている。

九九年の夏、私はニューヨーク・タイムズ紙から連絡をもらった。同紙に署名入りでコラムを書かないかという誘いだった。当時の担当編集者であるハウエル・レインズは、以前にも増してアメリカにとって経済やビジネスが重要になりつつある時代において、同紙のコラムもこれまでの内政と外交といったものから、その視野を広げるべきだと考えていた。私に依頼が来たのは、ニューエコノミーの右往左往や、グローバリゼーションの衝撃や、海外の国々の誤った政策などについて書くことを期待されてのことであった。国内政治に多くの紙面を費やすつもりはなかった。なぜならアメリカの政策は賢明で責任あるものであり続けると、誰もが思っていたからである。私は経済とビジネスについて書くことに全力を傾けた。本書からも分かるように、コラムのいくつかは政治的なアングルのない、純粋な経済分析記事である。しかし、状況が進展するにつれて、政治について触れざるをえなくなってしまった。段々と私は、不快な真実を権力に対して申し述べる役割を追うようになっていた。

なぜこの私なのだろうか。

最近私は、型にはまったリベラルであるとか、社会主義者であるとか言われて批判されている。とはいえ、ほんの数年前まで本当の型にはまったリベラルたちは、私のことがまったく好きでなかった。ある雑誌など、私の資本主義的な見方を攻撃するために特集記事を組んだぐらいである。それに私はラルフ・ネイダーからの怒りの手紙をまだ持っている。彼のグローバリゼーションに対する反対意見を批判した際、彼が送りつけてきたものだ。私がしばしば右派について書くのは、現在右派が政権を握っているからであり、その支配がひどいものだからである。政策が無責任であるだけでなく、政治家たちは自らがしている事に関して嘘をついている。

私がブッシュ政権の露骨な不正直さを指摘し始めたのは、他のジャーナリストや専門家などよりもかなり早かった。なぜ私は他が見逃したことに気がついたのだろうか。一つには訓練されたエコノミストである私は、彼があぁ言った、彼女がこう言った、と両論を併記するというジャーナリズムのスタイルに陥ることがまったくなかったからである。その流儀に従えば事実がどうであれ、政治家たちの相反する見解は同等に信頼に足るものとして扱われる。私は自分で数字を計算した。また必要とあらば、コラムで扱う問題に関して本格的なエコノミストに教えを請うことにしてきた。そしてすぐさまブッシュ政権が真っ赤な嘘をついていることに気づいたのである。そう、ここアメリカにおいてである。これは私だけの意見ではない。ここ数年で分かったことなのだが、政治の専門家たちが政治家たちのご立派な性格を讃えてきた一方、経済記者たちはインチキな数字を見抜き、そして政治家の露骨な嘘を批判してきた。だが、彼らの記事はその焦点を絞りきれていないことが多く、政治評論に影響を及ぼすことはほとんどない。ニューヨーク・タイムズ紙に大きなコラムを持ったため、私は多くの注目を集めた。私は物事を違う角度から見ることができ、自分が見たことを書くことができた。それは私がつき合いが悪く、ある意味まともな交流の輪から外れているからだ。コラムニストやコメンテーターのほとんどはワシントンに住み、同じディナーパーティーに行く。このこと自体が集団的思考を生み、そこでジャーナリストの共通認識が形作られることがしばしばあるのである。九月一一日まで、ジョージ・W・ブッシュは阿呆だが正直者というのが共通の理解だった。それが九月一一日以降となると、彼はタフな英雄で、決断力があり、道義的にも清廉な「世界のテキサス・レンジャー」ということになった（事実、ある著名なコメンテーターはそう書いたのである）。この二つの見方がともに、現実からはとても掛け離れているという確固たる証拠は、いとも簡単にかき消されてしまったのである。

ニュージャージーで仕事をし、大学教授の生活を続けている私は、共通認識とやらに組みしたことはない。それに彼らのいつものやり方で、いじめられることもない。ジャーナリストの仕事は、内部情報を取ることである——政府高官からのリーク、権力者への親密なインタビューなどによって。しかし、これはジャーナリストを危険にさらす。特別な情報提供の申し出に誘惑されることもあるだろうし、またジャーナリストの生命線である情報ソースから閉め出される恐れもある。私は、しかし、ほとんどの場合、公表されている数字や分析に頼っているだけである。だから政府高官に気に入ってもらう必要もないし、多くのジャーナリストのように常に人に気を使いながら記事を書くということもない。

理由がどうであれ、私は過去三年間、他の主流派コメンテーターやコラムニストとは異なる世界観を示してきた（インターネット上で活躍するコラムニストやコメンテーターの中には、大変役に立つ仕事をしている者もいる。しかし、彼らの書いたものは、一〇〇万もの読者に週二回も届いてはいない）。本書には、「もうひとつの現実」と題したコラムがある。その題こそまさに私の意図をうまく言い表わしている。ほとんどのコラムニストやコメンテーターが、アメリカの政治家に勇敢なビジョンと行動力、そして道義的な清廉さを見出していた時、私は彼らに混乱、無能、不正直を見ていた。それは大勢から支持されるものの見方ではなかった。ことに九月一一日以降の数カ月間はそうではなかった。私は正しかったのだろうか。それは本書を読んでいただき、読者自ら決めていただきたいことである。

本書について

私は本書をコラムを古い順に並べたもの以上のものにしようとした。そこにはもちろん、年代記的な要素がある。すべてのコラムはある特定の日に書かれたものだし、ある問題に関する私の意見は、新しい事実が明るみに出るほどに発展しているからだ。とはいえ、私はコラムを主要なテーマに沿って分け、またそのテーマは特定の問題を扱った章に割り振った。コラムをより広い視野で据えるために、各テーマのはじめに新しい文章を足している。

私はアメリカの株価バブルの乱高下、そしてそれに付随するすべての事柄から本書を始めた。コラムで示すように私は常に株式相場に懐疑的であった。しかし、読んでいただければ分かるように、もっと懐疑的であってもおかしくはなかったろう。海外の問題ある経済を観察してきた結果、バブルが破裂すれば、アメリカも非常に難しい経済状況に直面するだろうことは十分に承知していた。ここでも私は当初そのリスクだけを理解していたにすぎないと言える。知られていなかったのは、いかにアメリカ企業が腐っていたかということだった。私も皆と同じようにこの問題に関しては無知であり過ぎた。

次に本書は財政赤字と社会保障の今後について論じている。財政に関しては、これはすでに予見されていた事態であった。当初からジョージ・W・ブッシュの経済政策の数字は間違っていることは分かっていた。それから、ブッシュ大統領と政権内の人々は重要な数字について嘘をついていること、そして彼らの政策が財政黒字を食いつぶしてしまうことも。私が恐れていたように状況は悪い方向に向かっているが、予想していたよりも早く、そしてより深刻になりつつある。このまえがきを書いている最中、ブッシュ政権は前政権から受け継いだ二三〇〇億ドルの財政黒字が三〇〇〇億ドルの赤字に転落したとやっと認めた。知っての通り、この赤字額はかなり少なく見積もった数字でしかない。

どうしてこんな不幸な出来事が起こったのだろうか。第三部では、単純で純粋な経済学から踏み出し、アメリカの政治のどこがおかしくなったのかを考える。リベラルであろうが、保守派であろうが、道理をわきまえた多くの人々がまだ知らないことがある。このコラムで説明するように、現実の政治の世界は我々が頭の中で思い込んでいるよりもはるかに厳しく、汚い世界なのである。

ここ数年の出来事は、単に私の政治システムに対する信念を揺るがせただけではなかった。自由市場も――通常はかなりうまく機能しているのだが――時として非常にまずい方向に向かってしまうということをも教えてくれた。カリフォルニアのエネルギー危機からアルゼンチンの経済危機まで、第四部は、過去数年の自由市場システムにおける驚くべき失敗について書いた。

もちろん、世界ではもっとたくさんのことが起こっているし（経済学の世界でさえも）、アメリカ経済の浮き沈みだけがすべてではない。そこで私はより広い視野、つまり、グローバル経済について、そしてそれを理解するための枠組みについて論じ、本書を締めくくっている。

残念ながら、本書はハッピーな本ではない。大半は経済的失望、お粗末なリーダーシップ、そして権力者がつく嘘についてである。がっかりしないでほしい。アメリカではおかしくなったことで修復できないことはないのである。しかし、修復作業の第一歩は、まずそのシステムのどこが、そしてどのようにして壊れたのかを理解することである。

イントロダクション——革命勢力の台頭

この過去三年間にたくさんのことが起きた。株式市場の下落、企業スキャンダル、エネルギー危機、環境汚染の悪化、財政赤字と不況、テロリズムと同盟国との軋轢《あつれき》、そして最後にはとうとう戦争になった。私はこれらすべてについて、主に経済学的な観点から執筆してきた。しかし、まえがきでも説明したように、経済について話すためには政治についてさらに深く書かなくてはならなくなった。ここ数年、アメリカでの一連の出来事には、ある政治勢力の動きが絡んでいる。つまり、アメリカにおけるラディカルな政治勢力の興隆とその支配の拡大である。

私がここで指摘しているのは、もちろん、アメリカの急進的な右派のことである。この勢力が現在、ホワイトハウス、上院・下院の両議会、司法の大部分、そしてマスコミの多くを事実上牛耳っている。その勢力の台頭はすべてを変えた。政治や政策の古いルールはもう通用しない。私はここでその台頭と、それがいかなる違いをもたらしてきたかを要約したいと思う。

政治の激変

多くの人々は、アメリカの政治に急激な変化が起きていることに気づくのが遅かった。二〇〇〇年の大統領選挙の際も、たいした争点があるようには思えなかった。ブッシュ政権の最初の二年間、専門家の多くは政権の急進的な右寄り姿勢は、一時的な動きでしかなく、ブッシュは政権基盤を安定させた後、また中道政策に戻ると強調してきたのだ。一般の人々は、アメリカの主要な政治家たちがいかに急進的であるかをあまり理解していなかった。こんな例すらあった。二〇〇一年の秋、共和党が提案していた遡及的な法人減税に関して、複数のフォーカス・グループが意見を述べるように求められたのだが、その際、グループの面々はグループリーダーたちによる政策の説明すら信じようとはしなかったのである——この政策については、後に第10章の「片目の男」で論じている。

まえがきですでに説明したように、私はラディカルな動きが起こっていることに早くから気づいていた。私は経済学の専門家であるため、現実と政権が主張していることのあいだにある溝を見抜くことができたのである。私はマスコミの外で働く人間であり、ワシントンの取巻きの一員ではなかった。ワシントンの常識では、政治家が掲げる政策目標について、発表されたものと違う隠れた動機があるのではないかと疑い、それを指摘することは、礼儀に反するのである。

もっとも分かりやすい例を挙げよう。二〇〇一年ごろ、リベラル派の多くでさえ、ブッシュの無責任な財政政策についてたいして騒ぎ立てる必要はないと思っていた。減税は良い政策とは言えないが、そんな事は大して重要ではないと彼らは主張していたのだ。しかし、二〇〇三年になると、ブッシュ政権は、過去最悪の財政赤字に直面しているというのに、戦争の真っ只中に大規模な追加減税を提案するという前代未聞の挙に出たのである（「戦争に直面しているいま、減税政策よりも重要なものはない」と共和党多数派下院院内幹事、トム・ディレイは発言している）。

もうひとつの例。共和党が九・一一テロ事件を政治的に利用するであろう、と言った人々は、国の団結を傷つける者だと強く批判された。しかし、実際には彼らの言う通りになったのである。二〇〇二年の選挙の際、共和党の支持者たちは民主党上院議員トム・ダシュルをサダム・フセインと関連付けるような広告を出している。

いったい何が起き、なぜほとんどの人々はその現実を理解するのが遅かったのだろうか。本書を置き、床に着こうとしていた私は、いまの状況を見事に説明する書を見つけた。それはリベラル派が現代アメリカについて書いた新刊ではない。それは一九世紀の外交について書かれた古い本で、著者は、こともあろうにヘンリー・キッシンジャーであった。

革命勢力

一九五七年、若く優秀で因習打破主義のハーバードの学者であったヘンリー・キッシンジャーは、博士論文として『回復された世界平和』を発表した。当時の彼は、すでに、政界を操る皮肉屋としての素質を持ってはいたが、後に皆が知るところとなるキャピタリスト（資本家）としての彼の姿にはまだほど遠い存在であった。メテルニッヒとキャッスルレイの外交努力に関する本が、この二一世紀のアメリカ政治に示唆を与えるとは思わないだろう。しかし、最初の三ページが私の背筋をぞっとさせた。今日の出来事をあまりにも言い当てているように思えたからである。

その最初の数ページで、キッシンジャーは従来の安定した政治システムが、「革命勢力」つまり既存の体制の正当性を認めない勢力と相対した場合について書いている。論文はワーテルローの戦争後のヨーロッパの復興についてのものなので、キッシンジャーが頭に描いていた革命勢力とはフランスのロベスピエールとナポレオンのことである。しかし、示唆だけに留まっているとしても、彼は明らかに、全体主義に対して効果的に対応できなかった一九三〇年代の外交的失敗との類似を認めている（類似を認めているといっても、道徳的に同価値だということではない）。私の意見ではホワイトハウス、上院・下院の両議会、司法の大部分、そしてマスコミの多くを牛耳っているアメリカの右派勢力は、キッシンジャーの言う意味での革命勢力だと言えるだろう。その勢力の指導者たちは、既存の政治システムの正統性を受け入れていないからだ。

果たして私は大袈裟に言い過ぎているのだろうか？　実際、アメリカを現在支配している勢力の中枢が、長年築き上げられてきたアメリカの政治・社会的制度など原則として存在しなくてもいいと考え、我々が当然だと思い込んできた社会的ルールまでも否定していることの証拠は十分にあるのである。

たとえば、ルーズベルト大統領が始めたニューディール経済政策の社会福祉と失業保険、そしてジョンソン大統領が始めたグレート・ソサエティ政策における老人医療保障であるメディケアなどは、国民が承認しているアメリカの福祉制度だといえる。ブッシュ政権の経済的イデオロギーの支柱となっているのはヘリテージ・ファウンデーションだが、そこが出している文章を読むと、非常にラディカルな主張を読み取ることができる。ヘリテージ・ファウンデーションは、それらの制度を縮小したいだけでなく、制度の存在そのものが基本的な原則に反していると考えているのである。

外交政策を見てみよう。第二次世界大戦以降、アメリカは国際機関をその外交政策の中心に据え、軍事力を自国の都合のいいように行使する時代遅れの帝国主義国家ではないことを明確にしてきた。しかし、イラク戦争を煽動した新保守主義《ネオコン》のブレインたちの外交政策への考え方を検討してみると、従来の外交姿勢のすべてを否定していることが分かる。ペンタゴンの重要な委員会の議長を務めるリチャード・パールは、「国際機関がつくった国際法による安全など、リベラル派のごまかしでしかない」と指摘しているほどである。また、軍事力を行使することにも躊躇《ちゅうちょ》しない。ブッシュ政権に近い著名なブレインである、アメリカン・エンタープライズ研究所のマイケル・ルディーンは、「アメリカ人は好戦的で、我々は戦争が好きである」と言いのけている。イラク戦争は実験的な戦争で、その後も限定的な戦争がまだ続くだろうという見方は、当初、左派の妄想でしかないかのように思われていたが、これまで政権の取り巻きたちはイラク戦争がほんの始まりにすぎないことを明らかにしてきている。たとえば、国務省の高官ジョン・ボルトンはイスラエル当局に、イラク戦争後アメリカはシリア、イラン、そして北朝鮮に「矛先を向ける」と話している。

それだけではない。宗教と国家の分離は、アメリカ憲法の基本的原則である。しかし、共和党多数派下院院内幹事のトム・ディレイは、彼の選挙民に「聖書的な世界観」を広めるために公職に就いたのだと説明している。また、ビル・クリントンを絶えず批判してきたのは、彼がその世界観を共有していないからだとも発言している（ディレイは学校で進化論を教えることをも批判している。コロンバインの学校での銃撃事件は、そのせいだとまで言っているほどだ）。

国の政権を握る人々が、正統性は民主主義の過程から生じるという考えを認めているかさえも疑問である。ウォール・ストリート・ジャーナル紙のポール・ジゴーは、大統領選の終盤、マイアミにおける投票の数え直しを暴徒が阻止したことを「ブルジョワ暴動」として誉め讃えた（後に判明したのだが、暴徒は怒った市民ではなかった。彼らは雇われた政治工作員だった）。ジゴーの親友で、現在商務省長官のドン・エヴァンスは、大統領は神の啓示で当選したのだと信じているという。だからこそ二〇〇〇年の大統領選挙の結果が疑わしくても、それに勝利した彼らは、なんの戸惑いも見せなかったのかもしれない。最高裁判所は大統領選挙の勝者はブッシュだとの判定を下しているが、ある学生がアントニン・スカリア判事にその時の気持ちを尋ねたことがある。苦渋の決断だったのか。その判定がもたらす影響を心配したか。答えはノー、「清々しい気持ちだった」そうである。

ここまで私が真剣に書いてきたことを、いま一度考えてみてほしい。読者は政権を現在握っている人々はアメリカのいまの姿を好きではないのだ、という結論に達することだろう。彼らがしようとしている事を総合すると、その目標はこういうことになる。つまり、基本的に失業者や弱者に対する社会的なセーフティー・ネットがなく、外交面では主に軍事力に頼り、学校では進化論を教えない代わりに宗教の授業があり、選挙は形式的なものでしかないような国、そんなアメリカにしようということなのだ。

ところが権力をいま握っている強硬右派の言動をその主張通りに取り、実際にラディカルな目標を達成するだろうと指摘する者は、ほとんどの場合、「大袈裟」ないしは「考え過ぎ」だと批判されるのがおちである。言うまでもなく、政治家の言動など額面通りに取るべきではないというのが世間一般の常識である。右派の目標はもっと限られた範囲だというかもしれない。だが、実際にそうなのであろうか。

話をまたキッシンジャーに戻そう。彼は既存の権力が革命勢力から挑戦を受けた際の戸惑いについて書いている。それは過去二年間、ブッシュ政権の急進主義に対して、アメリカのマスコミや政治組織がいかに反応してきたかをもうまく言い当てている。

政権の安定が永きに続くと思い込んでいたため、既存の枠組みを破壊しようと目論む革命勢力の言動を額面通りに受け入れることは、ほとんど不可能だった。現状維持派は革命勢力の抵抗を単なる戦術的なものとしてしか受け取らなかった。つまり、本当は現政権の正当性を認めているのに、大袈裟に主張することで相手から譲歩を引き出そうとしているだけだと思い込んでいたのである。抵抗は特定の不平不満からもたらされたものであり、ある程度の譲歩で解決することができると勘違いしてしまっていたのである。来るべき危険に警鐘を鳴らす者は、人騒がせだと思われるだけであった。新しい状況に順応しようと助言する者はバランスの取れた健全な人間だと受け止められた……しかし、革命勢力の本質は自己の所信を断行することであり、彼らはその所信を限界まで実現することに実に熱心なのである。

すでに述べたように、この記述に私はぞっとした。一見不可解にみえることを見事に説明しているからである。つまり、なぜ綿密に検証されることなく、また強い反対もないまま、ブッシュ政権がラディカルな政策を実施できたのかということが、この記述からよく理解できるのだ。さらに詳細に説明するため、二つの重要な例を挙げよう。二〇〇一年の減税と、二〇〇三年のイラク戦争である。

減税と戦争

戦争と経済政策は、表面上、あまり関係ないように見えるだろう。平時において両者が同じ次元で扱われることは、政治の世界ではまずない。しかし、減税政策とイラク戦争の両者に対するブッシュの訴え方には、非常に大きな類似点があった。第5章と第6章で二〇〇一年の減税について述べているが、ここであらかじめその要点を述べておきたい。ブッシュは大統領候補だった一九九九年に初めて自らの減税政策を提案している。それは右派の候補としての自らの立場を固めるためであり、共和党の予備選挙でスティーブ・フォーブスの追い上げを退けるためだった。ここ数年の政治の動きを見てきた者なら、フォーブスが、経済状況がどうであろうと常に富裕層のためにより多くの減税を実施しようとする、共和党の一派を代表していることを知っているだろう。議会の共和党の指導者たちは、景気が悪かろうが良かろうが、財政が赤字だろうが黒字だろうが、九〇年代を通じて毎年大規模な減税案を通そうとしてきた。ブッシュがまさにその動きに乗ったことは歴然としている。だからこそ彼の目標はラディカルな方向に向かったのである。ニューヨーク・タイムズ紙のダン・アルトマンが指摘するように、政権の一連の減税案は事実上急進的な右派が長年抱いてきた目標を達成しようとするものである。つまり、資産からの収入に対する課税をすべて排除しようとする動きである。それは賃金だけが課税されるシステムで、言い換えれば働いて得た収入は課税されるが、働かずに得た収入は課税されないというシステムなのである。

税に関していえば、右派はその立場を明らかにしているといえるだろう。それはキッシンジャーの言う「既存の枠組みを破壊する」ものであり、この場合、右派は既存の税制度の枠組みを壊そうとしているのである。しかし、アメリカの既成の政治組織もマスコミも、ブッシュが本当にそのような目標を達成しようとしているなどとは信じられなかった。ブッシュの政策の背後にいるブレインたちの急進主義は歴然としていたのだが、穏健派はブッシュの目標は限定的で、限られた成果で満足するだろうと自らを説得してしまっていた。急進的な目標は受け入れがたいのに、減税の根拠に関しては額面どおりに受け取ってしまっていたのである。当初、減税は国民に財政黒字を還元する政策だった。そこで悲しいことに、多くの民主党上院議員は二〇〇一年の減税案を支持した。その後、財政黒字が消え去ると、減税は短期の景気刺激策ということになった。その後、その目標を達成していないことが判明すると、減税は長期的な経済成長の支援策となった。いまでも、多くの真摯な政治家やジャーナリストが、ブッシュの真の狙いを事実として受け入れることができないでいる。

では、イラク戦争はどうなのであろうか。

アメリカの外交政策を追ってきた者なら、右派の重要な派閥が中東で戦争を起こそうと目論んでいる最中、もう一派は減税を進めようとしていたことに気づいていたことだろう。一九九二年当時、国防次官だったポール・ウォルフォウィッツ（現在は国防副長官）は、今日「ブッシュ・ドクトリン」として知られるアメリカの公式な外交政策をまとめようとしていた。彼の書いた文書は、イラクへのアメリカの介入を呼び掛け、他国への先制攻撃を合法化しようとするものだった。当時の国防長官であったディック・チェイニーは、それを当初支持していた。国民一般からの反対があったためその後支持を取り下げたのだが、九〇年代を通じて彼と現在政権入りしている何人かは、イラクとの戦争の必要を熱心に論じ、また先制攻撃をアメリカ外交の通常政策として採択させようと努力し続けた。

このような背景があれば、減税と同様、イラクへの侵攻は現在の出来事（この場合は九・一一事件）への対応ではなかったことは明らかであり、明らかであるべきであった。戦争はもっと前から存在したもっとラディカルな目標の一部でしかなかった。しかし、減税のときと同じく、既成の政治組織とマスコミは右派が掲げた目標を実際に達成するつもりでいることが理解できないでいた。その代わりにほとんどの人々が、ブッシュ政権のころころと変わる表向きの理屈を信じていたのである。イラクとの戦争は、当初、アルカイダとサダム・フセインとの繋がりで正当化されていた。しかし、大変な努力にもかかわらず、そのような関係を裏付ける証拠は見つからなかったため、今度はサダムの核疑惑がその理由とされた（政権は「大量破壊兵器」の定義を広げて化学兵器を含むとしたことについて、故意にその理由をぼかした。しかし、実際のところ毒ガスは同じカテゴリーには入らず、アメリカにとって真の脅威ではなかった。一般の人々を震え上がらせたのは、原爆のキノコ雲のイメージだった）。核疑惑によって、イラクとの戦争は正しいのだと穏健派の多くに思い込ませることができ、下院はブッシュ大統領の侵攻計画に青信号を与えたのである。

だが、徐々にイラクの核疑惑は信用されなくなった。重要な証拠のひとつとして、イラクが購入したというアルミニウムの筒が提出されていたが、それはウラン濃縮のためのものではなかった。もうひとつの重要な証拠だとされた、イラクがニジェールからウランを購入したという文書も、下手な偽造でしかなかったことが明らかになっている。しかし、その頃になると、ブッシュはイラクに民主的な政府を樹立することで、アメリカは中東地域に民主化の波を起こすことができるというふうに訴えるようになっていた。いかにも理想的な目標であったために、再度、真摯な穏健派からの支持を得ることができた。しかし、戦争がかなり進んでからのことであるが、イラクの占領軍のトップに就任するだろうと思われていたジェイムズ・ウールジーは、イラク戦争はイラクのみならずシリアとイランとの紛争を含む「第四次世界大戦」（冷戦が第三次世界大戦）の皮切りであるということを公言するようになった。

ここにはある種のパターンが見てとれる。実際、同じようなことがエネルギーや環境やヘルスケアや教育などの政策についても指摘できるのである。そのすべての政策においてブッシュ政権内の担当者は、これまでもずっと非常にラディカルな意見を抱いていたし、それは政権そのものがラディカルな目標を持っているということを示している。しかし、そのすべての事例において、ブッシュ政権はその意図は違うところにあり、それほどラディカルなものではないと主張し、穏健派を説得してきた。そしてそのすべての事例において、穏健派は融和策を採り、ブッシュ政権の要求を半分ぐらい受け入れ、政策のラディカルな面と妥協したという印象を薄めるよう努めてきた。若きキッシンジャーは正しかったのである。安定に慣れ親しんできた人々は、革命勢力に直面しても何が起きているのか信じられないため、それにうまく対抗することができないのだ。

私は、なぜこのようなことが起こっているのか十分に理解できていないことをここで認めなければならない。なぜ、いまアメリカの政治・社会システムはこのようなラディカルな挑戦に直面しているのだろうか。九〇年代、富裕層の生活は上昇傾向にあったはずである。なぜ収入の再配分にちょっとでも繋がるようなものに対して、これほどまでに敵意をむき出しにするのか。企業も成長してきた。なぜ控えめな環境規制までも廃止しようとするのか。宗教に関していえば、各宗派とも繁栄したはずである。なぜ宗教と国家の分離という原則を攻撃しようとするのだろうか。アメリカの力がこれほど大きかったことはかつてなかったことだ。なぜ同盟国との絆を捨ててまでも、軍事的な冒険に出るのだろうか。いずれにしろ、徐々にではあるが、右派がこのすべてを実現しようとしていることが明らかになってきた。我々のようにその目標に賛成しない者はどのように対応すればいいのだろうか。

正しく報道するためのルール

このような時、まず最初のステップは何が起きているのかを理解することである。パートタイム・ジャーナリストとして、私はこれを報道のための正しいルールだと考えている。つまり、いかに事実を伝えるかということである。しかし、これは日々のニュースの意味を知りたがっている一般の人々にとってもまた有益なものだろう。

1 公表されている政策目標がどうであれ、それだけで政策の意図が理解できると思ってはいけない

革命勢力に対処する際には、相手は自分が何を欲しいのかよく承知していて、その目標を達成するためにはいかなる議論をも使ってくるということを、知っておく必要がある。だからその議論そのものに意味があるとは考えないほうがいいだろう。私が第7章で説明するように、社会保障を民営化しようというブッシュの計画は、財務体質を強化するには非効率的、あるいは疑問の残る方法だということではない。それは言われている目標とはまったく関係なく、実際、社会保障の問題を悪化させるものなのである。二〇〇三年初めに提案された減税案は、経済成長を活性化させるものだと言われてきた。しかし、連邦議会予算局が――その新しい局長はつい一カ月前まで政権内で働いていた人間だ

が——その政策効果を評価しようとした際、それがプラスの効果をもたらすという根拠はほとんど見つからなかった。外交面では、多くの専門家によると、テロリストによる攻撃のリスクはイラク戦争によって減ったどころか、逆に増大したという。

ジャーナリストははなはだしく間違っている議論に対応することが非常に苦手である。その気質と訓練によって、ジャーナリストは常に事の両面を見ようとするので、大物政治家が政策案の内容についていいともたやすく嘘をつくなどということには思いも及ばない。もしブッシュが地球は平たいと言ったら、ニュース記事の見出しは「地球の形に関して異なる意見」となるだろうと私は冗談を書いたことがあるが、何人かのジャーナリストは私のコラムに対して非常に怒ったと聞いた。その怒ったジャーナリストたちは全員、自分がばかにされたと思ったのだ。

公平を期するために言うが、通常の政治行動について、政策提案は（それが正しい政策かどうかは別としても）誠意をもって行なわれていると考えるのは当然であろう。しかし、既存の政治システムの正当性を認めない革命勢力に対処する際は、そのような前提は意味をなさない。社会的ルールに関心のない革命勢力は、自らの目標を偽ることを少しも悪いことだとは思っていない。ウォール・ストリート・ジャーナル紙のデイビット・ウェセルは、あるホワイトハウスの側近が公式にはあることを言い、オフレコでは正反対なことを言うので抗議した。その側近は言ったそうである。「なぜ嘘をつくのかって？　それが私の仕事だからだ。マスコミに嘘をつくなんて何の良心の呵責もないね」

2　真の目的は何かを知るために宿題をする

右派の経済学にも左派の経済学にも二〇〇三年に提案された減税政策が短期的に雇用を増やすだろ

うという理屈が正しいことを示す経済理論は存在しなかった。提案は資産収入に対する課税を段階的に減らすことを主眼としていたが、最初の一年は非常に限られた資金しか経済に注入しない方策だった。しかし、ブッシュ政権は、その政策を雇用を増やすための政策だと主張した。彼らは誤解していたのだろうか。違う、まったく違う。高官たちが何を言おうが、経済成長は彼らの目的ではなかったのである。

その本当の目的が何だったのかを把握することは別に難しいことはではなかった。私が先に指摘したように、ラディカルな保守派は資本に対する課税の廃止を長年唱えてきた。実際、それがブッシュ政権が達成しようとしている目的である。したがって政策の真の目的を理解するには、その政策が国民一般に提案される以前に、それを立案した人々が何を達成しようとしていたのかを探ればいいのである。

これが何が起こっているのかを理解する一般的な方法である。政権が実際に何を欲しがっているかを探るためには宿題をやらなくてはならない。私が指摘しているのは、政策の奥深くに隠されている意図ではない。通常、真の目的はすでに公表されている場合が多い。国民一般にその政策を売り込む前にそれを訴えている人々が、以前何を言っていたかを探ればいいだけのことである。現在森林政策を担当している高官が以前木材業界のロビイストであったことが分かれば、木材関連企業により多くの伐木を認める「ヘルシー・フォレスト」政策なるものが、森林火事の予防策ではないことが分かるだろう。下院院内幹事が公職に就いた目的は「聖書の世界観を広める」ためだと言ったのだから、「信仰に基づく」政策が公共サービスをより効率的に提供することだけを目的としていないことは推して知るべきだろう。イラク戦争の指導者たちが、一〇年にわたりサダム・フセインを倒したがっていたと分かれば、あの戦争が九・一一テロ事件への報復処置ではなかったことは容易に想像できる。

これもまたジャーナリストにとっては難しい仕事だろう。おかしな陰謀説を唱えるのはジャーナリストの仕事ではないと思っているからである。しかし、右派の真の目的を浮き彫りにすることは何もおかしいことではない。それどころかその反対で、そのような陰謀が「ない」と考えることのほうが非現実的である。右派の組織やその目標はかなり公になっているのだから。

3 通常の政治のルールが当てはまると思ってはいけない

ワシントンには長年、スキャンダルに関して決まりきったパターンというものがあった。ある高官に関してやっかいな事実が漏れる。するとマスコミがそれを報道し始める。まもなくその高官は静かに辞任し、ワシントンはいつも通りに戻る。

そのためブッシュ政権内の高官たちに問題が持ち上がると、同じようなことが起こるだろうと思われていた。しかし、そうはならなかったのである。元石炭業界のロビイストで内務省長官補佐に任命されたスティーブン・グライルズは、以前の顧客のためにエネルギー探査問題に影響力を行使したが、彼は現職に留まったままである。元エンロン社のトップだったトーマス・ホワイトは、陸軍長官に任命された。後に彼の責任下にあった部下が、同社で見せ掛けの収益を生み出していたことが判明したが、彼も現職に留まったままである（二〇〇三年四月、イラク統治をめぐってラムズフェルド国防長官と対立し、更迭されている）。国防政策諮問委員会の委員長だったリチャード・パールは、その立場と利害対立があるのではないかと強く疑われるビジネスに関わっていたことが明るみに出たが、形式的な降職だけで済んでしまった。委員長からその委員会メンバーに格下げになっただけで、まだそこにいるのである。そしてもちろん大統領も副大統領も、過去のビジネスで疑わしい問題を抱えていることは明らかなのに、まったく知らんぷりである。

なぜ通常のルールは適応されないのか。既存のシステムを正当だとは考えない革命勢力は、ルールに従って行動する必要性など感じていないからである。ブッシュ政権内の人々にスキャンダルの種はないのだろうか。それがどうしたというのか。そんなことどうでもいいことだ。フォックス・ニュース、ワシントン・タイムズ紙、そしてニューヨーク・ポスト紙は、そんなネタは追わない。それどころかスキャンダルを追い、それを暴いて論争に発展させるようなマスコミがあれば、それに攻撃を仕掛けていくだろう。たとえば、アメリカ国内の安全保障に対して苦情を呈するとしよう。すると突然、それらのマスコミにテロ攻撃を警戒する記事が溢れることになる。そんなことをするだろうか、と普通の人々は疑問に思うかもしれない。そう、普通の政権ならそんなことはしないだろう。しかし、これは普通の政権ではない。ブッシュ政権は革命勢力なのである。

4　革命勢力は批判されると攻撃してくる

既存のシステムの正当性を認めない革命勢力は、他者が彼らの行動を批判する権利をも認めない。疑問を投げかけたら、反撃されると思ったほうがいいだろう。

二〇〇三年四月にそのことを見事に示す好例があった。次期民主党の大統領候補指名レースの先頭を走るジョン・ケリーは、聴衆にこう告げた。「いま我々が必要としているのは、イラクやサダム・フセインの政権交代だけでなく、アメリカ合衆国における政権交代である」これは政治発言としては、戦時中も含めて、特に度を過ぎたものだとはいえないはずである。また、一九四四年の選挙の際、つまり第二次大戦がまだ激しく、何百万というアメリカ兵がいくつもの戦場で戦っている時、トマス・

E・デューイはフランクリン・ルーズベルトを「疲れた老人」と呼んだことがある。私の知る限り、誰もそれを犯罪に等しい政治的な暴挙だとは思わなかった。現職を批判できなければ、自由な選挙などありえないではないか。それにアメリカが戦っていたのは、自由のためではなかったのか。

批判に寛容であることの伝統は、戦争中でも引き継がれてきた。たとえば、トム・ディレイは一九九九年、ビル・クリントン大統領のコソボでの戦闘に対して非常に批判的であった。民間人の死をクリントンの責任だと非難し、戦闘を停止するように促した。そんな批判に疑問を呈する者もいたが、ディレイの経歴に傷がつくようなことはなかった。

革命勢力がホワイトハウスを牛耳っている現在、そのルールは変わってしまった。「アメリカが戦争をしているという時期にアメリカ軍の最高司令官を変えろと言ったケリー上院議員の発言は、重大な一線を越えてしまった」と、共和党の全国委員会委員長は批判した。すると何十人もの共和党の政治家がその批判に参加し、ケリー上院議員の愛国心を疑った（ケリー上院議員はベトナムに従軍し、勲章を授けられている）。

これは政権に疑問を呈したり、批判したりした者は猛烈に非難され、その倫理観も攻撃され、場合によってはそのキャリアまで破壊されかねないことの一例にすぎない。すでに指摘したように、共和党は民主党上院院内総務であるトム・ダシュルをサダム・フセインと関係づける広告を出したことがある。また共和党は、ベトナム戦争で手足を三本も失っているマックス・クレランド上院議員の愛国心に疑問を投げかけることにさえ成功している。

ワシントン・ポスト紙によると、「共和党の政治家やロビイストによると、ブッシュ政権が友人や仲間に対して使う戦術は、特に厳しく、執念深い」という。これはある程度、ブッシュ一家が持つ価値観によるものかもしれない。しかし、それは同時に革命勢力の特徴だともいえる。キッシンジャーからもう少し引用しよう。「革命勢力のおもだった特徴は、彼らが脅威にさらされていると思っていることではない……そうではなく、何物も彼らの不安を取り除くことはできないと思っていることである。完璧な安全だけが、つまり敵を制圧することだけが、安全を保障すると考えられているのである」（強調もキッシンジャーによる）

5　革命勢力の目標に限度があると思ってはいけない

二〇〇一年に減税策が導入されると、多くの穏健派はその意味を過小評価し、一九九〇年代の増税の若干の後退だと言っていた。それに賛成しないとしても、ブッシュに好きなようにやらしておくのもそれほど悪いことではないと思っていたのである。減税を正当化する財政見通しが非常に楽観的であることが判明すると、穏健派はブッシュ政権に計画の再考を促した。非難を聞き入れ、妥協点を模索してくるだろうと思ったからである。ところがブッシュ政権は減税額を増やして、その批判に答えた。最初の減税に賛成した上院議員たちは、額が増えただけでなぜ同じ減税に反対するのか、うまく説明できないでいた。いまになってやっと、ブッシュ政権の真の目的は一貫して、資産への課税の廃止、それに税の累進課税制度を大幅に改める、ないしは排除することだと理解するようになってきた。穏健派が当初の段階で妥協したために、ブッシュ政権はその目的達成への大きな障害を取り除くことができたのだ。それどころか、資産に対して税金がゼロで賃金に対して一律課税するというのが、ブッシュ政権の最終目標なのか、それすら私は確信が持てないでいる。それとも人頭税を目指すのか。

同じように、残酷で危険な独裁者に対する特殊なケースとして、かなりの穏健派がイラクとの戦争を支持した。しかし、ブッシュ政権内では、イラク戦争は、「ブッシュ・ドクトリン」の始まりでしかないと考えていることが徐々に明らかになってきている。アメリカの軍事力を世界の至るところで積極的に使用していこうという目論みであろう。その最初の段階で妥協してしまったため、穏健派は他の独裁者の転覆に賛成できない理由を探すのに苦労している。パックス・アメリカーナを世界じゅうに広めようということである。

右派が達成しようとしている目標には限度があったにちがいない。税制に関しては、貧困層が富裕層よりも収入に対して高い税率を払うことになるのかもしれない。しかし、それでも富裕層が貧困層よりも実際に納税額が少なくなるというようなことはないだろう。いや、それともそれはありうるだろうか。右派はイラクからシリアとイランへと進むかもしれないが、すでに民主的である国家を軍事力で脅すようなことはしないだろう。いや、するだろうか。私は右派の野心がどこで止まるのか見当がつかないが、彼らがある程度の譲歩では納得しないことだけは学んだ。それがいかなる政策であろうが、ブッシュ政権に節度を求めてきた穏健派は常に誤ってきた。再度、キッシンジャーを引用する。「革命勢力の本質は自己の所信を断行することであり、彼らはその所信を限界まで実現することに実に熱心なのである」

つまりはそういうことなのである。多くの読者の方は、すでに多くのことが起こってきたにもかかわらず、私がこれまで書いたことを依然として大袈裟だと思われるかもしれない。キッシンジャーが書いた通りである。「来るべき危険に警鐘を鳴らす者は、人騒がせだと思われるだけであった。新しい状況に順応しようと助言する者はバランスの取れた健全な人間だと受け止められた」しかし、警鐘を鳴らす人間がこれまで毎回正しかった。我々には何ができるのだろうか。

大いなる逆転

この状況がいかに深刻なのか理解し始めている人々は増え続けている。もしかするとCBSの「60ミニッツ」のアンディ・ルーニーが最もうまく言い表わしているかもしれない。「本当にいいニュースというのは、アメリカのこのひどい時代が終わることだろう」

そのようなニュースをもたらしてくれるものは、いったい何だろうか。

現在の方向を変えるためには、アメリカ人のほとんどは右派の目標を支持しているわけではないということを信じなければならない。つまり、アメリカという国は全体としてより思いやり深く、より寛容であり、現政権よりも軍事力に頼らない国であることを信じなければならない。私はそれが真実だと信じている。右派はその目的をごまかし、自らをアメリカ国旗に包むことに成功してきたが、私はほとんどの国民が、アメリカが進もうとしている方向に強く反対するだろうと思っている。

私にはひとつのビジョンがある。もしかすると単なる希望かもしれないが。それは大いなる逆転が起こることである。アメリカ人が何が起こっているのかを見つめ、いかに善意と愛国心が利用されてきたかということを理解した時にこそ、この国で一番大切なものが破壊されていくことを阻止できるかもしれない。いつ、そしていかにその時が訪れるのか、私には分からない。しかし、ひとつだけ明らかなことがある。それはアメリカ人全員が何が起こっているのかという真実を見詰め、真実を伝える努力をしなければ、それは起こらないということである。

第一部

バブルトラブル

覚えているだろうか。上がったものは必ずいつか落ちるという引力の法則が、ビジネスの世界から消え去ったかのように思えた時のことを。利口な若い人々は大学を中退し、あっという間に億万長者になっていた。聞いたこともない名前の会社が突然二〇〇〇億ドルもの資産価値があることになり、信じられないほど高価になった株式を利用して、これまで何世代も存続してきた企業やビジネスを手に入れていた。株式を所有している者は、ことにハイテク株だが、宝くじに当たったのと同じだった。株を持っていない者は、一種の喪失感や恥さえ感じていた。「株が上がっていた時、あなたは何をしていた?」と、ニューヨーク・タイムズ紙の同僚のコラムニスト、モーリーン・ダウドが聞いたことがある。

一九九〇年代の株式バブルこそが、現在起こっているすべての問題の源であるという説を唱える者がいる。つまり、バブル時代のつけをいま払っているというわけである。その説にも一理あるだろうが、それは事のほんの一面でしかない。本書で後に明らかにするように、経済や政治の分極化の進行、高度に組織化された右派の影響力の増大といった長期的な傾向が、現在のような行き詰まった状況をつくり出してきたと言えるのである。それから、九・一一テロ事件はまんまとうまく利用されてしまった感があるとはいえ、そのような特定の事件も状況への転換点として重要な役割を果たした。このような悪い状況のほとんどは、大統領の性格を反映しているのだが、現状を理解するためには、まず九〇年代の幻影や行き過ぎを思い起こす必要があろう。したがって本書のこの第一部は、根拠なき熱狂とその影響について述べている。

不思議なのは、ダウ平均株価が一万ドル、そしてナスダックが五〇〇〇ドルを超えても、実に一握りの人々しか警告の信号を発しなかったという点である。株価が異常なほど上がり過ぎているという明らかな徴候はあった。株価をはかる一般的な物差し、たとえばPER（株価収益率）は、通常これ以上は危険だと見られている値をはるかに超えていた。株価が急騰している時でも、それに懐疑的な者はいた。私はその一人であった。しかし、高価なスーツを着た賢い人々は、株価の高騰についてあらゆる論理をでっち上げていた。第1章はそれらに対する私の反論であり、また普通の常識のある人々がその熱狂にはまってしまう理由も説明している。

株価の高騰に対して懐疑的だった者たちは、株価が現実的な値に戻った際、投資家が損をすることだけを心配していたわけではなく、実体経済に対する間接的な打撃も心配していた。歴史を振り返ると、そこには不吉な教訓がある。一九二〇年代の株式市場のバブルに続いたのは、一九二九年の大暴落であり、その後に来たのが大恐慌である。幸いにもアメリカは、一九三〇年代以降、重大な金融危機に見舞われていない。しかし、他の国々はそれを近年経験している。私はそれらについて少しは承知している。

私は大学に籍を置く経済学者であるが、その仕事は、救急車を追いかけるように、インドネシアから日本まで経済危機を追いかけることであった。私の研究は、インドネシアから日本までの経済問題を対象としてきた。その結果、アメリカのバブルが弾ける前から、私はアメリカにおける一九三〇年代の恐慌が、いわば当然の成り行きであったことを理解していた。株価高騰に続く株式市場に対する自信喪失は、しばしば実体経済の危機へと繋がっていく。多くのエコノミストたちは、それはアメリカでは起こらないと確信していた。アメリカ経済はそのような弊害とは無縁だと主張していたのである。私はそうは思っていなかった。第2章では、海外における経済危機と、そこから得られる教訓について書いている。

では、アメリカはバブルの終焉にどのように対処してきただろうか。悲観的な考えの人たちでさえ皆、経済界のリーダーたちに期待感を抱いていた。とりわけ、FRBの伝説的な議長アラン・グリーンスパンであれば、たとえ株価が地に落ちたとしてもそれに効果的に対処してくれるだろうと思っていたのである。しかし、国際的な視野を持つ経済学者として、私は日本の状況を知り過ぎていた。一九八〇年代、日本は世界的な経済大国であったが、同時にそこでは歴史上最大級の金融バブルが発生していた。日本の経験は、アメリカもハッピーエンディングを期待しないほうがいいという警告であったといえる。いざ日本の株価が転落すると、その後に続いたのは、今日にまでおよぶ長期的な経済停滞であった。換言するなら、洗練されたリーダーシップを兼ね備えた高度な先進国でさえ大きくつまずくことがあるということだ。それはアメリカでも起こりうるし、実際にこの国でも日本と似た症状が散見されたのである。第3章は、アメリカ経済が景気後退へと進んだ過程と、不十分で一時的でしかない景気回復について語っている（あまりにもその成長が遅すぎて失業率が下がらない景気回復を表わす一般的な単語は、「雇用なき成長」であるが、私としては古い単語ではあるが「グロース・リセッション（成長後退）」のほうがより適していると考えている）。そこではまた、アメリカの経済政策に対する私の幻滅について記す。グリーンスパン議長の努力が不適切であったばかりでなく、ブッシュ政権は問題と真剣に取り組むことを頑固に拒否してきたのだ。

九〇年代以降アメリカがあれほど混乱したひとつの理由は、株価の異常な高騰以外にも問題が起こっていたことにある。株価が上昇し続けていた時には誰も気がつかなかったが、新しいミレニアムを迎えると、新鮮な新年が明けるや、アメリカの資本主義が腐りきっていることが判明してきた。この件に関して、私は皆と同様、まったく見る目を持っていなかった。バブル時代、大企業の不正会計を告発する手紙を受け取っていたが、私はそれらを無視してきた。そのことを私は後悔している。しかし、現代における最良のビジネスモデルと賞賛され、当時最も脚光を浴びていたエンロンの一件が起こると、私はそれが何を意味しているか即座に悟った。あのような絶賛を浴びていた企業が、ねずみ講の一種であったのなら、他のアメリカ企業がまったく清廉潔白であるわけがないと思ったのである。事実、バブルがアメリカ企業の違法行為の原因であり、また結果であるということが、すぐに明らかになってきた。

第4章では、そのことで明らかになった新事実、すなわち不正行為の動機とそのテクニックについて書いている。また、多くの人々が耳にしたくないと思われることについても触れている。つまり、現在の政治リーダーたちも問題の一部だということである。ブッシュ大統領もディック・チェイニーも、たとえ規模は小さくとも、エンロンや他のスキャンダルまみれの企業のトップたちとだいたい同じようなインチキな方法で金持ちになったのだ。それは歴然とした事実なのである。それはさらに大きな問題の一面でしかない。アメリカが新たなフランクリン・ルーズベルトを必要としている時、この国の大統領本人が問題の一部なのである。この点については後に触れることにしよう。

第1章

根拠なき熱狂

1

相当やばい投資家の七つの習慣

Seven Habits of Highly Defective Investors

Fortune, 1997.12.29

私は「金融市場はおのずから無駄なく効率的に動く」という「効率的市場仮説」が誰よりも好きである。だからといって「金融市場において複雑な金融商品の価格を決めることは可能だ」ということを示してノーベル賞を受賞したロバート・マートンとマイロン・ショールズをねたむ気持ちなどさらさらない。それどころか、過去五カ月間をチベットの寺で過ごしてでもいない限り、最近金融市場がおかしな動きを示していることには誰だって気づいているはずである。九七年六月まで東南アジアの「奇跡」の経済は誤った方向に向かうはずなどなかった。そこで投資家たちは喜んで何十億というカネを現地の株式市場に注ぎ込んでいた。それが一〇月になると、同じ投資家たちのほとんどが逃げ出していたのである。よくよく観察してみると、それらの経済がいかに腐敗し、ひどく運営されているかは歴然としていた。ＩＭＦと世界銀行が九月に香港で総会を開いた際、出席者の全員が香港の経済政策を誉め讃えた。香港経済は東南アジアの経済危機から無縁で、中国への返還までその繁栄を維持していたからである。ところが、その一カ月後、香港経済は崩壊しただけでなく、短期間だが、ブラジルと世界経済のほとんどを停滞させてしまった。いったい金融市場はどうしたというのか。

最近、私はその金融市場に耳を傾ける機会を得た。その参加者たるファンドマネジャーたちの会合に出席し、彼らの意見を聞くことができたのだ。その参加者全員をあわせると何百億ドル相当も運用しているわけであるから、彼らの意見は聞くに値する。そこで私が主に知りたかったのは、このような頭のいい男女――頭が良くないなら、こんなにリッチであるわけがない――がなぜあのようなバカげたことをするのかということであった。そこで私が学んだことをまとめてみた。世界を支配する効率的な金融市場を担う七つの習慣というわけである。

1　目先のことしか考えるな

この会合ではたった二、三人だけが長期的な展望について話そうとし、今後五年でアメリカ企業がどの程度収益を伸ばすことができるか議論しようとした。ところが、そのような議論はあまりにも学問的だとして退けられてしまった。しかし、待ってくれ。いかなるエコノミストでも、それが短期的な投資であろうと、長期的な視野を持つべきだと言うであろう。今年の株価は今年の収益と、来年の株価がどうなるかという見通しで決まるものである。だが、来年の株価は来年の収益と、来年における再来年の株価の見通しによるだろうし、再来年は……といった具合に、今日の株価はかなり先の収益の見込みを考慮に入れなければならない。このことを実際に株を売買している人々に話してみるがいい。どんな反応が返ってくるか。

2　貪欲であれ

多くの出席者が、株価の大幅な下方修正を前にして最後のピークがいつ来るのか、またどのようにすればマーケットの波にうまく長いこと乗れるのか話し続けていた。まあ、たぶん彼らは正しいのであろうが、もし本当に株価が高すぎると思っているのなら、いつか必ずやってくる暴落のタイミングを彼らはいったいどうやって知ることができるのであろうか。自信をもって予測できないのであれば、あと数％の値上がりに賭けることは、大損する恐れがあるということではないのか。

3　世の中には自分よりもアホがいるということを信じよ

何人かのファンドマネジャーはアジアのマーケットは売られすぎだと議論したが、それらのマーケットが反転し始めないかぎり、買いに入ってはダメだという。それはまるでアメリカの株価は高くなりすぎたが、値を崩し始めないかぎり売るつもりはないと言っていたのと同じことである。そこで当然の質問は、もしマーケットが反転したということが明らかになったのなら、当然他の人たちもそのことに気づくのではないかということである。しかし、暗黙の了解でファンドマネジャーたちは、この戦略は安全だと考えていたようだった。なぜならこの世には、すでに手遅れになってからやっと気がつく頭の悪いやつがいるからだと。

4　群れの後を走れ

ファンドマネジャーたるや、一般に信じ込まれていることとは反対の意見を聞きたがっていると思われがちである。アメリカは直ぐにも深刻なインフレに直面する、日本の景気は急速に回復する、ヨーロッパの通貨統合は失敗するといった見方に反対する意見を聞きたがっていると思うだろうが、それが違うのである。反対意見を述べた者は笑われていた。ファンドマネジャーのグループは通常信じられている見方の再確認がほしいのである。それに対する反対意見ではない。

5　過度に一般化・単純化せよ

私はこのグループが日本の企業は皆すべて競争力がない、運営の仕方がまずい、収支バランスを度外視しているなどと批判していたことに驚いた。それらがすべての日本企業について本当であるということなどありえないだろう。一ドル八〇円でさえ輸出できた企業があるのだから、優れたところがないわけがない。それに日本の経営テクニックをたくさんの本や記事が讃えていたのは、ほんの数年前のことではなかったのか。実際のところ日本企業はさほど凄くはなかったのだが、このところの評判よりは良いはずである。

6　トレンディーであれ

私はこのような会合だから、ニューエコノミーについて聞かされるのかと思っていた。すなわち、テクノロジーとグローバリゼーションによってこれまでの古いルールはすべて妥当でなくなり、過去六年間続いたインフレなき成長は永久に続き、二〇年間の景気拡大が始まりかけていると。もちろん、こんな意見は基本的にナンセンスであり、テレビの人気シリーズ「吸血キラー　聖少女バフィー」が言うように、「あれは五分前のことだった」のだ。すべてのルールがまた変わったのである。我々はいま世界的なデフレの危機に突入しようとしていて、これまで景気を回復させてきた実績にもかかわらず、FRBでさえまったくお手上げだというのである。つまり、これはニュー・ニューエコノミーということなのだろう。

7　他人のカネで遊べ

すでに指摘したように、もしこの会合に出席していた面々が非常に頭が切れるのであるなら、なぜあんな間抜けな行動を取ってきたのか。一つには、察するに彼らは雇われの身であり、信念を述べる立場の人ではないからだろう。彼らはカネを稼ぎ、自らのキャリアを積もうとしているのである。そのような立場では、長期的な視野を持つことなど難しい。それに、同じ職場で長いあいだ働くことなどないだろう。また、他人のカネを運用しているため独自の立場を主張することは容易ではないのだ。皆が間違っている時に間違えるのは、それほどひどいことではない。ボーナスがなくなるかもしれないが、たぶん職まではなくさないだろう。しかし、皆が正しい時、一人だけが間違っているとなると……。だから皆が同じ短期的な数字に集中し、同じトレンドに乗ろうとし、いま流行りのバカげた経済論理に与するのである。

彼らのカネについての話を聞いて、私は非常に心配になってきた。彼らはある国の金融市場に資金を投じ、そして突然、その資金を引き上げることができるほどの立場にある。かなり激しい景気上昇とその破綻のサイクルさえもつくり出すことができるのである。いくらなんでもアメリカのマーケットに対して、そのようなことはできないだろうとは思うのだが――私はＦＲＢ議長のグリーンスパンを信用している――そのことに一〇〇％確信を持つことはできない。

ただ、ひとつだけ確かなことは、ファンドマネジャーらの邪悪な行動を猛烈に非難してきたアジアの政治指導者たちは間違っていたということである。あの会合で出会った連中は、投機で他人を食い物にしようと狙っている飢えた狼ではなかった。そこにいたのは、マーケットを漁る、非常に危険な羊たちの群れだったのだ。

2

氷河時代がやってきた

THE ICE AGE COMETH

Fortune, 1998.5.25

アメリカの株価の驚くべき急騰を見れば見るほど、あのマンモスの心理的問題を見詰めているような気がしてくる。あの巨象のマンモスのことである。説明しよう。

心理学の流行を追うなら、フロイトはもはや人気がなく、ダーウィンが主流であることは知っての通りであろう。「進化心理学」の基本的理論によれば、人間の脳は環境に順応するように見事にできているということだが、残念ながら、その環境というのは私たちがここ数世紀のあいだにつくり上げた文明のことではなく、人類が過去二〇〇万年間、進化しながら生きてきたそれである。

我々はすべて大きな都市の中で迷子になっている狩人というわけである。その理論を主張している人たちによると、そこにこそ人間の悪しき性行の原因が潜んでいるのだという。甘いものを食べたい我々の欲求は、アイスクリームがない世界において進化してきた、我々のゴシップへの関心はタブロイド紙のない世界で進化してきた、我々の音楽への愛着はセリーヌ・ディオンがいない世界で進化してきたのである。そして我々の投資本能は、キャピタル・ゲインではなく、生きた巨大なマンモスを狩るために進化してきたということになる。

そこでこの進化心理学の言うところの、進化の過程における環境順応について考えてみよう。たとえば、二つの部族がいたとしよう。ひとつの洞窟には、「ベア」族（相場に対して弱気）、そしてその隣の洞窟には「ブル」族（相場に対して強気）がいたとしよう。二つの部族は近くに住んでいたが、狩りのやり方は昔から異なっていた。ベア族は、主にウサギを狩っていた。これは安全なやり方だといえる。ウサギなら毎日見つけることができるだろうからだ。だが、それ以上得るものはない。ウサギはウサギにすぎない。

他方、ブル族は、マンモスを追っている。これにはリスクを伴う。なぜならマンモスを見つけられるかどうかは分からないし、またいつ見つけられるかも分からないからだ。とはいえ、見つければその収穫は非常に大きい。なにしろ獲物はマンモスなのだから。

そこでさらに過去一、二年、ブル族の狩りが非常に好調だったということにしよう。ほとんど毎週、大きな獲物を仕留めていた。これがしばらく続き出すと、ベア族は人間の自然な本能としてブル族に対して嫉妬するようになり、自分たちもその幸運に与ろうとしてブル族の真似をしようとする。これは人間の自然の本能だといえる。なぜなら祖先たちが暮らす環境下では、当然のことながら、それはまったく適切な行動だったからである。マンモスの群れの出現を可能にしていた一連の条件、つまり餌となる草を育ててくれるよい天候、狩りの範囲内に入り込んだマンモスの移動パターンなどは持続していたのだ。そのため過去数年間に成功を収めた狩りの方法を真似することは、賢いことだったといえる。

ここでこの二つの部族を現代の金融世界に移してみよう。少なくとも金融理論においては、人間の自然な本能なるものはまったくと言ってよいほど役に立たない。マーケットはおのずから効率的に動くという効率的市場仮説からすると、ある企業について知りうるすべての情報は現在の株価にすでに織り込み済みであるということになっている。したがって将来の値動きを予測することは本質的に不可能で、それは当てずっぽうにすぎないということになる。ことに過去に株で大儲けしたといっても、将来も大儲けできると考える理由にはまったくならない。この理論によると、合理的な投資家は過去は過去として考えるべきだということになる。もしお隣さんが去年株で儲けているあいだ、運悪くあなたは現金にしがみついていただけだったとしても、それはいまさら株を買う理由にはならないのである。

しかし、その理由がどうであれ、株価が毎月毎月上がったとしよう。あなたのMBAで鍛えられた頭脳は、「なんだこれ、この株価収益率は異常なほど高くなりすぎているじゃないか」と思うかもしれないが、有史以前からの頭脳プログラムは「オレも、マンモスの肉が欲しい!」と叫ぶだろう。その叫びを否定することは容易ではない。

それにその本能はどんどんと大きくなっていく。何といっても、ブル族のように行動する人々の数が増えるということは、狩人一人あたりのマンモスの肉がより少なくなることを意味するが、現代のブル族、株価に対して強気の人が増えるということは株価が上がり、そこから得るキャピタル・ゲインも増えることを意味するからである。もちろん、株価の上昇が続く限りにおいての話だが。どんな証券会社の営業マンだって教えてくれるはずである。企業の収益がたいしたことがないのに、ここ数カ月株価が上がっているのは、株式市場に新しい投資家がどんどん参入しているからだと。その人たちが買っているのは、以前チャンスを逃したことが悔しくて、今度こそ儲けようと必死だからである。しかし、遅かれ早かれ、そのような人たちの数は減少するだろう。そうしたらいったいどうなるのか。

分かった、分かった。そのような事は起こるべきことではないということくらい私にも分かっている。洗練された投資家は長期的な視野に立ち、上昇と下降のサイクルをうまくサヤ抜きすることになっている。それにもしや、本当にもしやであるが、利口で長期的な視野に立った投資家は、ニューエコノミーは永遠に収益の増大を生み続けることができ、投資信託会社が増大していることでこれまでの古めかしいリスクプレミアなど必要なくなったと考えているのかもしれない。しかし、私の理解では、長期的な視野に立とうという人々は、株価の物凄い上昇によってほとんど存在しなくなったのではないかと思う。それに現在の株価が適正だという説明らしきものは真面目な論理というよりは現状の正当化でしかないだろう。

この状況のすべてが私に寒気を催す。ひょっとすると私は単に分かっていないだけかもしれない。私は新しい時代を理解できない、頭の悪いネアンデルタール人なのかもしれない。でも、もし言わせてもらえるなら、私はこう言いたい。地平線のすぐ向こうには氷河時代が待ち構えているのだと。

3

THE PONZI PARADIGM

ポンジー式投資詐欺術

2000.3.12

別にチャールズ・ポンジーがそれを試みた最初の人間というわけではなかった。しかし、彼の名はドクター・ボードラーやキャプテン・ボイコットらとともに、永久に詐欺や犯罪の代名詞となることであろう。ポンジーという名で知られるこの典型的な犯罪は、一向に消えてなくなる気配がない。新しい出資者から取ったカネを、これまでの出資者の払いに回して、ビジネスが成功しているかのような幻想をつくり上げているだけなのだが。

ロバート・シラーの素晴らしい新著、『根拠なき熱狂』は、いかにしてポンジー式投資詐欺をはたらくかに関する入門書となっている。第一歩は、いかにももっともらしいが複雑で理解しにくい儲け話をでっち上げることである。ポンジー式詐欺ビジネスは国際郵便のリプライ・クーポンを悪用したものであった。もっと最近では、アルバニアの詐欺師たちが、マネーロンダリングの儲け話があると言って出資者たちを騙していた例がある。

計画の準備ができれば、後はタイミングと宣伝次第である。まずはカネを出す最初のグループを捕まえることである。そのグループは注目を集めるほど大きくなければならないが、あまり大きすぎてもいけない。それから第二のグループを捕まえ、そこから集めたカネを第一グループの支払いに回す。そしてさらにもっと大きな第三のグループを集め、といった具合である。すべてがうまくいけば、初めのグループがいくら儲けたかという噂が広まり、もっとたくさんの人々が集まってきて、成功を疑っていた連中を黙らせることができる。

アメリカの当局は、そのようなねずみ講がいかに効力があるかをよく承知しているため、それが始まる前から阻止しようと全力を尽くしてきた。それゆえ、ポンジー式詐欺に人々が関心があるとしたら、その歴史への興味からだと思うかもしれない。だが、シラーはそれの歴史そのものに関心があるわけではなかった。彼はもっと重要なことを示すために、ポンジー式詐欺を例として用いているのである。

仮定の話として想像してみてほしい。革新的ともいえる実に素晴らしいテクノロジーが出現したとしよう。そしてそのテクノロジーを推進する企業もいくつかでき、実態を把握することは難しいのだが、その意図は真摯で、企業はそのテクノロジーを駆使していつしか巨額の収益をあげようと努力しているとしよう。設立当初、それらの企業は利益を上げたとしても、ほんの少しである。もし会計上何らかの収益があったとしても、機材や合併などのために常に資金を調達しなければならない。とはいえ、新しいテクノロジー革命の進展が明らかになるにつれ、それらの企業の株価は上昇し続け、初期投資家に大きな利益をもたらしているとしよう。そのことがより多くの投資家たちを集め、株価をさらに押し上げる。

もしそのプロセスが十分に長く続けば――長くは続かないという理由はない――疑ってかかっていた人々は自らが間抜けのように見えてくるだろうし、弱気だった人々も黙るだろう。ところが全員

（そう、ほとんどすべての人たち）が真摯で誠実であったとしても、これはいわばポンジーなき、ポンジー式投資詐欺、詐欺師なき詐欺を生む結果となるのである。

シラーの著作のタイトルを見れば、そのおちを想像することができるだろう。つまり近年の株式市場の急騰は、巨大なポンジー詐欺を偶発的につくり出したという説得力ある結論である。そしてそれは現在進行していようとも、いつしか潰れてしまう結果に終わるだろうという。この著書は広い意味での金融市場を扱っているが（ほとんどの数字は、「スタンダード・アンド・プアーズ（S＆P）500種株価指数」のものである）、むしろハイテク株についての逸話として読んだほうが面白い。この本は多くの人に読んでほしい。しかし、何人の人がこれで説得されるだろうか。

というのも、株式市場に対して弱気、ないしは懐疑的な人々はあまりにも信用されていないのが現状である。少し前まで、多くの人々が新しいテクノロジーを押し進める企業の将来性だけでなく、そのテクノロジーそのものの大切さに懐疑的であった（私もその一人であり、罪を認める）。だが、すべての新しい統計が生産性の向上と収益の増大を示しているのであるから、その見方は間違っていたといえる。だから論理的に考えて、テクノロジー革命なるものが現実であることは認めざるをえないだろう。そこでハイテク企業の株価が異常なほど上昇していると言ったところで、誰が聞く耳を持っているというのか。

また、情報に通じている利口な投資家（少なくともそう見える）は、リーバイ・ストラウスの戦略を取っていることも事実である。ゴールドラッシュは他の連中に任しておいて、金の採掘に必要なものを売り付けるのである。ドットコム企業はそうでないにしても、インターネットのインフラを販売している企業の株価は適正なのかもしれない。

それでもナスダックが初めて数千ポイント急騰したチャンスを逃した人々が、それを取り戻そうと熱心に株を買っているのをみると、あれこれ考えざるをえなくなってしまう。いまから八〇年後の人々は、その単語がどのように生まれたのか、その由来を知らないまま、「Being bezosifed」（アマゾンのCEOのJeff Bezosからの造語）、だの「Being qualcommed」（無線データアプリケーション会社のQualcommからの造語）などの用語を使って、株価について話すことになるのであろうか。

4

ワーオ、ダウが上がっている！ア〜ア、ダウが下がっている！

DOW WOW, DOW OW

2000.2.27

ロバート・シラーは、金融市場の理性的でない側面について、同世代の誰よりも書いてきたエコノミストである。彼は新著『根拠なき熱狂』の冒頭で、メリルリンチが一年前に出した新聞の全面広告について触れている。その広告はダウ平均が一万ポイントを突破した時点で出されたもので、「しっかりとした長期的な視野に立っている我々のような者でさえ、驚きのあまり〝ワーオ！〟と言わざるをえなかった」と訴えている。そして株価チャートには、「人間の偉業」というキャプションがあった。

しかし、その広告から今日まで、ダウの優良銘柄を買っている投資家は、金利上昇懸念からワーオよりもア〜アという嘆きの感嘆を多く経験してきた。金曜日ダウはまた一万ポイントを下回り、上ではなく下に向かった。まもなくこんなキャプションの付いたチャートを見ることだろう。「人間の失敗？」

分かった、分かった。ダウ平均は、アラン・グリーンスパンＦＲＢ議長が株式市場の熱狂を冷まそうとして失敗した一九九六年一二月の時点よりも、五〇％以上もまだ高い。それに他の株価指数はダウの影響を受けていない。より広範囲の企業を網羅しているＳ＆Ｐ５００は、一年前の水準よりも高いし、ハイテク株が多いことから「ニューエコノミー」の非公式株価指数ともいえるナスダックは高値を更新し続けている。

とはいえ、このような傾向はまさにあることを指し示している。話題の中心はグリーンスパンが次に何をするかだが、金融市場が知りたいのは、どの企業が将来を握っているかということだ。

ダウ平均の名声があまりにも偉大であるため、そのような問いを発することすら忘れてしまう。スティーブ・ボードウが一九九七年に『スレイト』というオンラインマガジンに書いた「ダウ教」という愉快な記事がある。そのダウ教の教えとしてこんな一節がある。「ダウは存在しない。しかし、すべてのものがその中に存在する。分かった、ごめん、三〇銘柄しかその中に存在しない。でも、三〇以上あるかのような気がする」

「ダウ」という言葉を「一般的な株価」という意味合いで、ルーズに使ってしまうことはよくある。私もそうしてきた。そんなルーズな用法は広まり、多くの人々はダウをアメリカ企業全体の将来を占うものであるかのように考えている。しかし、それは違う。ダウに投資することは、その指数にいま含まれている企業の将来に投資しているのに過ぎないのである。

実はこれは些細な区別ではない。ダウに強気であるということは、アメリカの資本主義が繁栄すると信じるだけでなく、現在の大企業がその繁栄とともに発展していくと信じるということだ。それもここ数年でなく、将来の長きに及んでもそうなるといった具合にだ。そう、かなり遠い将来にまでも。極端な例で言うなら、一九九九年にベストセラーとなったジェイムズ・グラスマンとケビン・ハセットが書いた『ダウ三万六〇〇〇』という本で、現在のダウ企業の収益がアメリカ企業全体と同じペースで永遠に伸びるという仮定に基づいて、あらゆる計算がなされている。また、著者たちが信じるところの株価の適正価格の計算方法をみると、その半分が二〇七〇年以降の期待収益に基づいて引き出されている（実際はそれでも三万六〇〇〇でなく、二万程度なのだが、それはここでは気にしないことにする）。

今日から七〇年後、ダウ企業――その時にダウに含まれている企業でなく、現在ダウに含まれている企業――の収益が、今日と同じようなシェアをアメリカ企業全体において占めているだろうか。新規公開銘柄を買っている投資家については言うまでもないが、ナスダック銘柄を買っている投資家たちも、そうは信じていない。彼らは得体の知れないドットコム企業にも、明日のマイクロソフトになるチャンスが十分にあると信じているのである。そして同時に、今日のゼネラル・エレクトリックが、いやもしかすると今日のマイクロソフトが、明日のシアーズ・ローバックになるかもしれないとも考えている。本当にダウに強気になるには、古い企業がニューエコノミーを支配すると考えなければならない。また、ハイテク株の高値を正当化するには、新興企業が将来を牛耳ると思わなければならない。だが、その双方とも正しいということはありえない。

もしくは、その双方とも間違っているのかもしれない。シラーはダウだけでなく、株式市場全体が投機のバブルで高くなり過ぎていると見ている。私はその見方に同意しつつも完全に説得されているわけではない。バブルの社会的、そして心理的な側面を眼にするのは容易である。たとえば、我が家の近所にある油でよごれたピザ屋ですら、スポーツ専門チャンネルのＥＳＰＮでなく、経済専門チャンネルのＣＮＢＣをテレビで流しているほどだ。しかし同時に、テクノロジーの進歩が凄まじいペースで進んでいることも歴然としている。私は現在のナスダックの株価が果たして正当なのかどうかについては確信が持てない。しかし、正当でない、と言う確信もない。

いずれにしろ、ダウの下落はアメリカ経済全体に対する審判ではないのだ。完全雇用を維持し、インフレが低く抑えられているのであるなら、私はダウの優良銘柄の株価が下落しても放っておきなさいと言いたい。

5

MONEY FOR NOTHING?

それでも株に投資するのか？

2000.5.28

通常エコノミストは投機には向いていない。考えすぎるからである。ある風変わりな教授は、道端に落ちていた一〇〇ドル札を拾うことすら拒否したという。エコノミストは、もしそこに稼げるチャンスがあるのなら、すでにどこかの誰かが儲けているはずだと考えてしまうのだ。

慎重であるということは株式などの取引所ではマイナスかもしれないが、その外ではプラスに転じることもある。時として外から観察している者のほうが、他人がなぜか見逃してしまったリスクのない大きな投資機会、つまり道端に落ちている一〇〇ドル札を見つけることがある。だが、だからといって賢い人はそんな機会が定期的にあるとは思わないだろう。ことにそれで家族の生活費を賄う、ないしはそれによって社会保障制度を改革しようなどとは思わないはずだ。

これは歴史的な事実だが、株式購入は非常に良い投資であった。そのことを一番よく示したのは、ペンシルベニア大学のジェレミー・シーゲル教授の有名な研究である。『シーゲル博士の株式長期投資のすすめ』という著書の中で、二〇世紀に株を買い、長期に保有していれば誰でも、ほとんど必ずといってもいいほど債券への投資よりも高い利回りを稼げたという。したがってリスクとリターンのトレードオフなど存在しなかった。株式投資のほうが有利だったのである。議論の余地はなかった。道端に一〇〇ドル札が落ちていたのに、なぜか誰も拾わなかったのである（実際は一〇〇ドルどころか、数十億ドルも転がっていたことになるのだが）。

問題は多くの人たちがこの話を誤解してきたことである。株が常に素晴らしい投資先だと言わんとしているのではない。言わんとしているのは、歴史的に見て株価は過小評価されてきたということである。投資家たちは、いくら企業の収益が高いといっても、それに見合った株価を払いたくなかった。もし、いかにリスクが低いかを知っていたのなら、もっと払っていたに違いない。

そして面白いことが二一世紀にかけて起こったのである。株価収益率（ＰＥＲ）、つまり株価がその会社の一株あたり利益の何倍かを示す指標が急騰したのである。シーゲル教授が研究した時期、ＰＥＲは平均して一五倍以下で、平均して実質七％のリターンを稼いでいた。このごろといえば、ＰＥＲは平均して三〇倍以上である。これは根拠なき熱狂なのだろうか。それともも投資家たちはシーゲル教授の研究成果をやっと理解したのであろうか。いずれにしても、一〇〇ドル札は拾われたのである。そして今日、株を買うのにこれまでよりも二倍払わなければならないため、企業収益が将来もこれまでと同じなら、投資家のリターンは以前の半分に減ってしまうのである。

それなのに社会保障の改革案を出している多くは――その中にはもちろんブッシュ大統領候補のアドバイザーも含まれるのだが――株式投資こそがその解決策で、永遠に七％のリターンを得ることができると強調しているのである。アメリカ企業の株が昔よりも高くなったと指摘しても、彼らはまるで呪文のように株は歴史的に見て素晴らしい投資であったと繰り返すだけである。つまり、あの一〇〇ドル札はきのうあったのだから、まだあるだろうという理屈なのである。

このような単純で誤った考えを一流のエコノミストたちが、奇妙にも信じ込んでしまうのは、希望的観測が冷静な分析に勝ったということなのだろうか、それとも政治的ご都合主義に迎合したためということなのか。最近のブッシュの話を聞いていると、アメリカの政治家に典型的な不正直な発言であるということが分かる。

二〇〇〇年五月一五日、ブッシュ候補はこう演説している。「この単純な事実を考えてほしい。世界で一番安全な投資先であるインフレ調整済みのアメリカ国債に投資したなら、社会保障の二倍の利回りを手にすることができるのだ」これは実に驚くべき発言である。それどころか、社会保障が集めた資金のすべてを、そう、その通り、アメリカ国債に投資しているということを考えると、なおさら驚かされてしまう。しかし、問題は——ブッシュ候補本人は分かっていなくても、彼のアドバイザーたちはよく理解しているのだが——今日の働く人々は自分の年金を支払っているだけでなく、今日の退職者の年金をも負担しているという点である。そして、それがたいして重要ではないと言うなら、つまり働く人々が納めるべき年金を他に投資してもよいというときに、定年退職者の年金をどのように負担していくのかという問題などどうでもいいと言うなら、私ですら社会保障を痛みなくして改革する案ぐらい考え出すことができるだろう。年金の支給義務の大きな部分は魔法のように消えてしまうと仮定していいというのだから。

いや、もしかすると「魔法のように」というのは正しい表現ではないのかもしれない。もっと幼稚な「まじない」を唱えるようにといったほうが正確だろうか。

6

CREATE AND DESTROY

創造して、破壊せよ

2000.10.8

その騎手たちを止めよ！　先週、ハイテク株に対して超楽観的だったことで知られている株式投資の教祖《グル》、ジェームズ・J・クレーマーが自ら、そう、ハイテク株に失望したと言ったのである。彼はハイテクの「四人の騎手たち」――デル、マイクロソフト、インテル、そしてシスコ――にがっかりさせられたいきさつを詳しく述べている。

しかし、同じ週にビジネスウィーク・オンラインは「ニューエコノミーの四人の騎手たち」という記事を掲載している。こちらのほうに、またもやシスコが挙げられているが、他はオラクル、EMC、そしてサンである。ほとんどの人はこれらの企業が実際に何をしているのか知らないだろうが（実は私にもはっきりしないのだが）、ここで面白いことはクレーマーのリストがコンピュータ関連なのに対して、もうひとつのほうはネットワーク関連だということである。このことはクレーマーのハイテク株への信頼喪失だけでなく、投資家たちの広範な失望をも物語っているに違いない。この失望が、夏に記録した高値からナスダックを二〇％以上も下げてしまった。これはヨーゼフ・シュンペーターの復讐だと言ってもおかしくないような展開だろう。

ここ数年、シュンペーターはニューエコノミーの聖なる偉人として祭られてきた。彼はオーストリア生まれで、ふたつの世界大戦のあいだにアメリカのハーバード大学に移ってきたエコノミストで、彼の名声は初期の仕事に負うものだ。第一次大戦の前には大著をものし、若きシュンペーターは、永続的な技術革新が資本主義の本質的な一面であるということを理解した最初の大物エコノミストである。とはいえ、ここ数年における彼の評判は、彼がキャリアの後期に用いたあるひとつの言葉によるものと言えるだろう。それは技術革新の力を「創造的破壊」と呼んだことである。

とはいえ、ハイテク業界の人々が、その語句を好むのは主に間違った理由からではないだろうか。というのは「創造的破壊」といえば、彼らがやろうとしていることを実際よりもカッコよく見せることができるし、また市場経済が与える痛みや不正をうまくごまかしてくれるような響きがあるからだ（シュンペーターが、フォーブス誌のような右派系雑誌のお気に入りのエコノミストであることは偶然ではない）。しかし、間違って使われようが、この語句はある状況を見事に言い表わしている。技術革新は実際に創造もすれば、破壊もするからである。ことに技術革新は常に古い技術や、市場における企業の古い序列を破壊ないしは弱体化するのだ。

しかし、投資家たちも、そして彼らが崇める株式投資のグルも、これが何を意味しているのか本当に理解しているだろうか。ほんの数ヵ月前まで、彼らはまったく理解していなかった。彼らは創造されるものに（当然のことだが）興奮していた。だが、破壊の部分に関しては忘れてしまっていたのである。ないしは、破壊はオールドエコノミーに対してしか起こらないと思い込んでいたのである。

ハイテク企業の株価収益率が時として非常に高いのは、投資家がマイクロソフトとインテルの教訓をちゃんと学んでいるからである。ハイテク業界では勝者がすべてを手に入れてしまう傾向がある。

また、新しい技術分野でいち早く優位に立った企業は、その優位性によって高い収益を上げ、永らくその市場を独占することができるのである。したがって投資家は、次なるマイクロソフトとなる可能性のあるハイテク企業に高い株価を払ってきた。

去年の春にハイテク株が落ち込んだのは、投資家たちがハイテク企業のすべてが次なるマイクロソフトにならないことに気づいたからである。また、投資家たちは、カネ儲けができない市場を独占したところで何の得にもならないことも理解した。その反面、すでに市場を独占している企業、つまり重要な市場ですでに独占的な位置を確立し、それによって高い収益を上げている企業の株は、収益の何倍もの高い株価で売買されている。

いま何が起こっているかというと、デル、マイクロソフト、インテル、シスコなどの古いニューエコノミー企業のさえない収益に失望した投資家たちが、創造的破壊が起こるのは巨大企業だけに限らないということを思い出しはじめたのである。小さな会社でも、光ファイバーやワイヤレス・ネットワークなどの将来性のある分野で優位性を確立できれば、次なるインテルになれるかもしれないが、そのインテルは次なるＩＢＭになるかもしれないのだ。つまり、新しいテクノロジーが支配的になるにつれ、ＩＢＭの例のように、ひとつのテクノロジーの独占的価値は下がってしまうのである。

これは現在のハイテク株の下落傾向について何を示唆しているだろうか。それには二つの側面があるだろう。一つには、市場の反応は過剰だったといえる。すなわち、古いニューエコノミー企業のさえない業績のために、新しいニューエコノミー企業でまだ素晴らしいことが起こっているというのに、それが見えなくなってしまったのだ。その反面、ハイテク企業もまた失敗しうることがわかれば、いくら将来性があるとはいっても、投資家の投資には限度があるということだ。急速な技術の進歩は、どこからともなく大きな企業を登場させてきたと同時に、瞬時にしてそれらを葬り去ることもあるのだ。

7

ピザの法則

THE PIZZA PRINCIPLE

2000.7.9

株について冷静に議論することは、常に難しい。期待と恐れ、欲と嫉妬が論理的な議論を邪魔するからだ。最近では政治が介入しているため、さらに困難になった。政治家の中には、資本主義を愛することは、株価がどうであろうと、株式を愛することだと信じている者がいる。それどころか株式の高いリターンへの期待は、今日、二〇年前のラッファー曲線（高い税率の設定はむしろ税収を減少させると主張したA・B・ラッファーの仮説。レーガン政権の減税政策を理論的にバックアップした）と同じ役割を演じている。それは政治家たち——ことに社会保障を民営化したい政治家たち——が、あめ玉、つまり痛みなしに利益を得ることができるという夢を一般国民に与えることができるからである。

とはいえ、株価が今後どうなるかということに関する真剣な議論は交わされている。議論は双方からあり、去年は株価に対して強気派の意見が支配的だったが、最近では弱気派からもかなり優れた議論が聞かれるようになってきている。たとえば、『根拠なき熱狂』のロバート・シラーや、『ウォール街の価値を算出する』のアンドリュー・スマイザーズとスティーブン・ライトなどだ。彼らの主張は分かりやすい。過去の基準からして、現在の株価は異常だというのだ。平均的企業の株価収益率

（ＰＥＲ）は、過去の平均からすると二倍以上になっているという。また、企業の資産に対する時価総額の割合である「ｑ」についても同じことが言えるという。過去において高いＰＥＲ、ないしは高い「ｑ」は、株価下落の危険信号だった。したがってこの点は真剣に検討されなければならないだろう。

しかし、将来は過去と同じなのだろうか。一九九三年に出版され注目を集めた『株式長期投資のすすめ』の著者、ジェレミー・シーゲルは、優れた議論を展開する強気派の代表である。彼によると株式は歴史的に見て利益率の高い、リスクの低い投資であったという。それどころか株式はあまりにもいい投資だったので、もっと高い株価を払ってもよかったと言えるほどで、そのため過去の基準と照らして株価が高く見えるのは、根拠なき熱狂にとらわれているのではなくて、根拠なき悲観主義論が減退したためなのだという。これもまた、真剣に検討されなければならない点である。

だが、いくら強気派の議論が洗練されているとはいえ、強気な見通しにも限度があるということを認識するべきである。長期にわたる株価の収益率は、ＰＥＲの逆数である「株式益回り」の数字とほぼ同額を示す傾向がある。皆は普通、低ＰＥＲ、つまり高い益回りのことしか話さないようではあるが（益回りとは、一株当たり利益を株価で割って求める数値で、ＰＥＲの逆数のこと。益回りが高ければ収益力に対し株価が比較的低く、逆に益回りが低ければ収益力に比べて株価が高いことを意味する）。たとえ、株への投資が特に危険な状態でないと考えたにせよ、それは株価が十分に高いというだけであって、その益回りが――よって株式投資による長期の収益率も――債権のような安全な投資先の利回りを上回ることはない。株式市場は、すでにその域に達している（実際にはそれを超えているのだが）。それゆえ、強気派の優れた見解だとしても、株価はまだあまりにも過小評価されているとか、現在まだ安値感のある株から一〇年前と同じような利回りを得られるといったような議論を正当化することはできないのである。

私がこの点を強調するのは、もちろん、これを理解できなければ、洗練された強気派ともうひとつの第三のグループ――気が狂った強気派とでも呼ぶべきだろうか――とを混同しかねないからである。彼らはこの議論のうちのひとつ、ないしはその双方を信じているからだ。

気が狂った強気派は自らこの混乱を推進しようとしている。たとえば、『ダウ三万六〇〇〇』という本は、シーゲル教授の仕事を土台にしていると主張しているし、実際、その主張は事実であるようにみえる。しかし、それはパイナップル・マシュマロ・ソーセージ・ピザは、それらの具は、ピザ生地を土台にしているというのと同じくらいの意味でしかない。確かに、ピザ生地は大切な構成要素である。しかし、他にも全体を決定づける要素はあるし、その中にはマシュマロのようなかなり疑わしい要素もあるのだ。

強気派の優れた議論は真剣に検討されるべきである。また、弱気派の議論も同様である。しかし、気の狂った強気派についてはそうはいかない。

しかし議論はことばによる戦いであり、その戦いは公正ではない。私自身も議論が矛盾していると怒りの批判を受けたことがある。気の狂った強気派を批判しながら、シーゲル教授を誉めたからである。つまり、「去年、パイナップル・マシュマロ・ソーセージ・ピザを笑っていたくせに、結局のところいまじゃピザが好きだと言っているじゃないか。ちぇっ！　意見を変えたじゃないか！」と。

それではここで株価のピザの法則を述べておこう。私はピザが好きだし、皆も同様だろう。それならば、過去の水準からして株価があまりにも高くなりすぎたように見えるのは実はそうではないのだ、という意見を真剣に検討してみてほしい。それにたとえピザが好きだとしても、パイナップル・マシュマロ・ソーセージ・ピザのような変なピザを好きになる必要はないということである。他の人たちがあなたにそんなナンセンスなものを勧めようとしてもだ。

8

バブルの爪痕

DAMAGED BY DOW

2001.9.2

一九九九年の後半、ブッシュ大統領が減税政策を初めて発表した頃、私はあるピザ屋でランチを食べていた。常連客たちがバーのカウンター越しのテレビで、スポーツ専門チャンネルＥＳＰＮを見られるような店だ。しかし、テレビの画面に映し出されていたのはＥＳＰＮではなく、経済専門チャンネルのＣＮＢＣだった。「これはひどいことになるぞ」と、私は思った。そしてその通りになったのである。

ダウ平均が一万ポイントを初めて超えたのは一九九九年のことだった。二〇〇〇年の頭にダウ平均はその歴史的な大台を一時的に割ったが、その下げはどうでもいいことだった。それは根拠なき熱狂から生じた副作用にすぎなかったからだ。投資家たちは退屈なダウ平均を売り、ナスダックに乗り換えたのである。しかし先週起こったことは本当に大変なことだった。株が広く値を下げたためダウ平均は下落し、一万ポイントを割り込んだ。株価バブルの時代はこれで本当に幕を下ろしたのである。

しかし、このバブルはなんという混乱を残したことか。

今日では、バブルが引き起こす経済的インパクトはよく知られている。株価バブルは「ニューエコノミー」への興奮と緊密に結びついていたが、その当時、企業は狂ったように設備投資に走っていた。情報テクノロジーの投資に大金を注ぎ込んでいたのだ。いまとなればもちろん、多くの企業があまりにも巨額の資金を投資してしまったことに気づいている。この常軌を逸した過剰投資は、この後何年にもわたって企業の投資意欲を冷やすに違いない。

これは歓迎すべき事態ではない。しかし、バブルの直接的な経済への影響は、事の片側の面でしかない。バブルはアメリカの国内政治にも恐ろしい影響をもたらしている。

ブッシュの減税案が、バブルが弾ける直前に提案されたのは決して偶然ではなかった。株マニアと減税マニアのあいだには密接な関係があった。つまり、株価上昇があったからこそ減税は可能であるかのように見えたのである。

株マニアについて言うなら、右派寄りのマスコミは九〇年代後半、一生懸命に株価を吊り上げようとしていた。ことにウォール・ストリート・ジャーナル誌の社説は、株の上昇に寄与するならと一風変わった株価の評価方法に非常に熱心であった。「ダウ三万六〇〇〇」説というのを覚えているだろうか。当時、そんな理論はファジーな数学に基づくものであって、永遠に株価が上昇するなどありえない、などと指摘しようものなら、疑いもなく危険な左翼だとされた。何と言っても株式市場というのは、資本主義の最も純粋な表現であるからにして、その市場を疑う者はアンチ資本主義者に違いないというのだ。

しかし、もっと重要な影響は国内政治にあった。株バブルは悲しいことに、無責任きわまりない政策も一時的にもっともらしく見せてしまうような環境を提供していた。

すでに消え去ってしまった財政黒字だが、そのうちのどの程度が株価上昇の結果であったのかを理解することは重要である。一九九四年から二〇〇〇年のあいだ、税率は上がっていなかったのだが、対GDP比で見る税収は上昇している。株式売買からの税収が増えたことが大きく寄与していた。その結果、政府は手持ちの資金が潤沢になったので、大規模な減税の余地があるという誤った認識を持ってしまった。そしてブッシュの減税案は、そのような思い違いが絶頂に達していた時期に立案されたものであった。

いまになってやっと、現実が理解できるようになってきている。そのお陰で、社会保障は悲惨な改革を避けることができるかもしれない。ブッシュ政策の柱である社会保障改革案は、バブル経済の幻想に基づいていた。しかし、残念なことに、減税の大失敗を阻止することはできなかった。

読者は、なぜブッシュ大統領が考え直さなかったのか不思議に思うだろう。どうして株バブルが最高潮に達していた一九九九年後半に提案された減税案が、ポスト・バブル経済の二〇〇一年にもまだ妥当だとブッシュ大統領が考えたのか首を傾げることだろう。ホワイトハウスの高官たちも、すべてが順調だと議会を安心させようとしながらも、石が転げ落ちるように税収が減少していることは十分承知していたはずである。

しかし、我々がひとつ学んだことは、この政権は政策を変更することで状況の変化に対応しようとはしないということである。政策の売り込み方を変えるだけなのである。減税の名目は「不況対策」に変えられた（ただし、減税はその目的には特に不適当なのであるが）。同じように、政権は社会保障の民営化という目標も諦めていない。いまでは、株価上昇という甘い夢を人々に与えてそそのかすことはもうできないため、その代わりに存在しない危機で人々を脅かそうと狙っているのである。

いずれにしろ、株バブルはすでに計り知れない被害を与えてきた。それはビジネスにおける誤った経営判断だけでなく、政治における悪しき政策決定の引き金となった。これから何年も、我々はその代償を払っていくのである。

第2章

日本、そして海外の経済危機

9

アジア、何が間違っていたのか

ASIA: WHAT WENT WRONG?

Fortune, 1998.3.2

私の中には、アジアの経済危機について興奮し、嬉しくさえ思っている部分がある。というのも、経済危機は私の得意分野のひとつなのである。私が二〇年以上も前に初めて書いた本格的な経済論文は、「国際収支バランス危機のモデル」というものだった。つまり私は、大きな竜巻きを追っているようなもので、最近またその被害に出くわした。私は誰よりも竜巻きの被害に遭った人々に同情するが、同時にこの驚くべき事件が目の前で起こっていることに興奮している。私のこの複雑な心境について申し開きするならば、すべてがスムーズに機能している時よりも、問題が起こった時のほうが、グローバル経済についてより多くを学ぶことができるということだ。それに経済危機からは、次なる危機を避ける方法か、または少なくともそれにうまく対応する方法を、我々は学べるかもしれないのである。

では、我々はアジアの経済混乱から何を学んだのだろうか。通貨に対する投機的な売買は何も新しいものではない。東南アジア諸国が危険な状態にありうると私たちは数年前から警告すらしてきていた。とはいえ、この経済危機の規模と深刻さは誰をも驚かせた。それにこの危機は、我々がこれまで想像もしていなかったようなことが現に起こりうる、ということを教えてくれた。

いまでこそ、アジア経済に何が起こったのか、おおよそのところは把握できている。これまでの経過をイメージするのなら、二幕ものの演劇にたとえることができるだろう。第一幕は無謀な行動についてて、そして第二幕はその結果として起こったことについてである。しかし、その終演がいつなのかということは、いまだ誰にもわからない。劇はもう終わろうとしているのか、それとも悲劇的な結末が待ち受けているのだろうか。

第一幕はバブルの話だった。いま思えば、それは銀行の問題として始まった。通貨危機に現在直面している国々では、公私の境界線は、よく言って曖昧だった。大臣の甥や大統領の息子は、銀行を興し、国内だけでなく海外からも、いくらでも資金を調達することができた。誰もが、その背後に政治的なコネがあるので、融資しても安全だと思い込んでいた。金融機関の預金を政府が保証するというのは、世界では普通のことであるが、通常、その保証は紐付きである。銀行の経営者は自己資本比率を守らなければならない（つまり、多額の自己資金をリスクにさらさなければならない）、投資は安全なものに限られる、といった具合にである。しかしながら、アジア諸国ではあまりにも多くの人々が、責任なしに特権を与えられていた。コインを投げ、「表ならおれの勝ち、裏ならおまえの負け」といったゲームに興じていたのである。融資といえば、非常に投機的な不動産売買か、企業の超野心的な拡張計画に向けられていた。

バブルはバカ正直な海外投資家によってさらに膨れ上がっていた。何も知らない彼らは（景気がいいということだけは知っていたのだが）はるか遠い国に資金を融資することに、あまりにも熱心だった。ある時期までそれはうまく回っていた。無責任な融資が不動産と株式市場にバブルをつくり、銀行やその顧客のバランスシートを実際よりも健在に見せていた。

まもなく、アジア経済は第二幕、つまりバブルの崩壊を迎える。バブルの崩壊は遅かれ早かれ起こることだった。いつの日か、この世界がいくら不完全であるとはいえ、融資先の資産価値が現実からあまりにも掛け離れていることは明らかになるはずだった。そしてアジアの大企業は、あらゆる国であらゆるビジネスを行なおうと拡張したものの、彼らが欧米の企業よりも優れているわけではなかった。ところがバブルの崩壊は、「遅かれ」ではなく「早かれ」、すなわち予想よりも早くに訪れた。投機的なバブルというものは、自らを疑い始めるとすぐに崩れるものなのである。かなりの投資家がバブルは崩壊するのではないかと思い出してまもなく、バブルは崩壊した。

かくしてアジア経済は泥沼に足を踏み入れる。神経質な投資家が銀行から資金を引き上げるなり、資産価値は下落した。資産価値が下落するなり、政府が本当に預金と融資を保護してくれるのかますます疑わしくなり、投資家たちはさらに逃げ足を早めた。海外投資家も急ぎ足で逃げ出し、それによって通貨も切り下げられた。そうなると経済危機はさらに悪化する。銀行や企業は切り下げられたバーツやルピアで資産を保有しながら、悲しいことに債務はドル建てだった。

いったい何が引き金を引いたのだろうか。そんなことはどうでもいいことだ。条件さえ整えば、どんな小さいことでも雪崩《なだれ》を引き起こせた。たぶん直接的な原因は、半導体市場の停滞とドルに対する円の急騰だろう。しかし、これが引き金を引かなくとも、他のものが引き金を引いたであろう。

アジア金融危機の勃発は、もちろん、実体経済にも打撃を与えた。資産価値の下落によって国民はより貧しくなったように感じ、消費者需要が冷え込んだ。他方、株価の下落と金利の上昇は投資を冷やした。だが不穏なことに、影響は供給サイドにも及んでいる。デタラメな銀行が金融危機の原因であるとはいえ、健全に機能する銀行システムは、いわば経済成長のための極めて重要な潤滑油である。アジア諸国の中には、その銀行システムが実質的に麻痺し、成長が停止してしまった国がある。輸出企業のように本来なら黒字なはずの企業でさえ、資金不足で行き詰まってしまっている。端的に言うなら、これは悲惨ではあるが、その一方で非常に興味深い危機であるということになる。

この危機はさらに悪化するのだろうか。もし、第三幕があるのなら、それは政治と経済の相互連鎖という現象だろう。経済危機は政治不安に繋がり、政治不安は経済危機をさらに助長する資本逃避《キャピタル・フライト》を引き起こすだろう。そしてすべてが崩壊する。しかし、いまのところ、そのような新たな悪循環の徴候を見せているのはインドネシアだけだし、最も信頼できる事情通でさえ、インドネシアにおける深刻な政情不安のリスクは誇張されていると見ている。

私は彼らが正しいことを望む。竜巻きの災害を追う者にとって、アジアの経済危機は完璧な嵐《パーフェクト・ストーム》であった。しかし、そこに住む人々の生活が——場合によっては生命が——危険にさらされていることを真剣に心配する者なら、嵐がすぐにでも過ぎ去ることを願っていることだろう。

10

なぜドイツは競争できないのか

WHY GERMANY KANT KOMPETE

Fortune, July 19, 1999.

少し前のことだが、ヨーロッパ委員会をかたった何種類かのニセの書類が電子メールで出回ったことがある。そのひとつによると、ヨーロッパの統一通貨が成立したら、次なるステップは当然、統一言語の設立だというのである。実用性を考慮するなら、その共通の言語とは、若干の改良を加えた英語であるべきだという。そこでその書類はやたら難しい文字である「C」を「K」に置き換えることを提案している。そうすればひとつの問題、つまり「conflict」ないしは「konflikt」を解決することができる。そして混乱、つまり「confusion」ないしは「konfusion」を避けるために、動詞をいつも文末に置くようにするという。そしてそうこうしているうちに、その英語はドイツ語になってしまう。

この冗談が鋭いのは、もちろん、新しいヨーロッパはドイツによって支配されてしまうだろうという暗黙の了解を突いているところである。ドイツの人口はヨーロッパ連合で最大であるばかりか、歴史的に見ても最大の経済力をもっていた。事実、一九八〇年代の初期から隣国に対して、ドイツは実質的に金融面で主導権を握ってきた。オランダ、ベルギー、そしてフランスすら、その中央銀行の仕事は、ドイツの中央銀行の動きに追従することだった。しかし、どうしたことか知らないうちに、ドイツはヨーロッパの経済的原動力どころか、いつの間にかその最大の弱点となっていた。

いつからドイツはヨーロッパの病人になってしまったのだろうか。五〇年代、六〇年代を覚えている人々なら、「ドイツ」という言葉の後には、「経済の奇跡」という語句が続くものだと思っていたことだろう。九〇年代の初めごろまでドイツ経済のパフォーマンスは、国際的な水準から見ても、かなり良好だった。しかし、最近となると、ドイツからは悪いニュースしか聞こえてこない。

その責任は現在のシュレーダー政権にあると言う人もいる。政権が折にふれて旧態依然とした社会主義的な言動を発するので、ビジネスへの意欲を冷やしてしまったというのである。だが、ドイツの経済成長は、シュレーダー政権が成立する前にがたがたし始めていた。彼がしたことといえば、すでに悪い状況をさらに悪化させただけである。

他方、ベルリンの壁の崩壊に続くドイツ統一から問題が始まったという人もいる。予期していなかったのは、統一の結果、ドイツが「甘い生活」抜きのイタリアになってしまったことである。イタリアが、豊かで、生産性の高い北と、後進的な南に分かれているように、ドイツも現在、生産性の高い西と、それに頼っている東とに分断されている。そして両国において、遅れている地方への援助金は、財政を逼迫させるだけでなく、社会をもだめにしている。援助を受けている国民は、一種の依存の文化をつくりあげてしまっているのだ。

また、問題はそれ以前からあったと指摘する者もいる。ドイツのエコノミスト、ヘルベルト・ギールシュが、「ヨーロッパの動脈硬化」という症状を指摘してから、すでに二〇年が過ぎている。彼が指摘したのは規制が多すぎ、福祉があまりにも行き届き、雇用創出と効率性を損なっているような国家のことだった。彼は特にドイツを念頭に置いていた。

とはいえ、これはドイツと活気のあるアングロサクソン流の経済を単に右派と左派との違い、または自由市場と政府指導型経済との違いとして片付けているだけであろう。確かにこの見方には一理あると言える。ドイツ人のエコノミストや政府の役人たちと話したことがある者なら、彼らがある意味でかなり保守的であることに気づくはずである。つまり、彼らはアメリカ人と比べて政府が活発な役割を演じることに反対なのである。もしかするとドイツ人は、食料雑貨店が好きな時間まで店を開けていてもいいとは思っていないのかもしれない。しかし、ドイツ人は強い通貨と健全な財政を信じている。そして失業対策として、政府が金利を下げたり、恐ろしいことに、通貨を切り下げたりすることを、心底嫌っているのである。

そこで私の説明はこうである。景気が低迷しているドイツのような経済と現在景気のいいアメリカの経済の本当の違いは、政治的でなく哲学的なものであろう。これはカール・マルクス対アダム・スミスではなく、イマヌエル・カントの絶対的な道徳と、ウィリアム・ジェイムズの実用主義《プラグマティズム》の違いである。ドイツ人たちが本当に欲しているのは、しっかりとした原理原則なのである。真実の本質と道徳の基礎を規定すること、店の営業時間を決め、ドイツマルクの価値を定めることなのである。それに対してアメリカ人は、哲学的にも個人的にも適当である。何でもうまく行くようならそれでいいのである。もし、夜の十一時にショッピングに行きたいのなら、それでいいし、ドルが時として八〇円であったり、一五〇円であったりしても、それはそれでいいのである。オーケーなのだ。

とはいえ、アメリカ式のやり方がいつもうまく行くとは限らない。現在でさえ、デトロイトはドイツ車に匹敵するような高級車をつくらない、ないしはつくれないでいる。アメリカのアムトラックは、ドイツ人が当然だと思っている列車の正確な発着時間と同じようなサービスを提供しようとはしない、ないしは提供できないでいる。それにアメリカ人は実に輸出することが苦手である。それに対してドイツ製品の品質の良さ、それにドイツの技術力の高さによって、世界でもっとも高い賃金にもかかわらず、巨大な輸出国家であり続けている。それにドイツは七〇年代、八〇年代のインフレ圧力をアメリカよりもうまく抑えてきた。

しかし、世界は変わり、規律よりも柔軟性のほうが尊ばれるようになってきた。テクノロジーと市場が流動化している現在、やるべきことのすべてをうまくやることに、価値はないのである。インフレよりもデフレのほうが脅威である世界では、強い通貨への執着は恒久的な不況に繋がりかねない。したがってドイツは大変なことになっているのだ。そしてそれに伴って、統一ヨーロッパというプロジェクト全体も問題を抱えている。ドイツは新しいヨーロッパ経済のエンジンであるはずだったのだから。しかし、逆にその足を引っ張るようであるなら、もしかすると新しいヨーロッパという列車は間違った方向に向かってしまうかもしれない。違うだろうか。

11

アメリカは日本ではない

WE'RE NOT JAPAN

2000.12.27

ルーシーがチャーリー・ブラウンに向かって「今度こそ、あなたにボールを蹴らせてあげるわ」と言ったら、次に何が起こるか、すぐに予想がつくだろう。ウィリー・コヨーテが「今度こそロード・ランナーを捕まえる」と言ったら、次に何が起こるか、それもすぐに予想がつくだろう。では、日本の官僚が「日本経済は今回こそ、本当に自律的な回復の過程にある」と言ったら、どうであろうか。

新しく発表された経済指標は、当然のことなのだが日本経済が再び低迷していることを裏付けている。ビジネスマインドは冷え込んだままであり、消費支出は落ち込み、失業率は上昇し、デフレは加速している。日経平均株価は今年の初めは二万円を超えていたのに、現在では一万四〇〇〇円まで下げている。

これは日本にとってはいつもの話だろう。アメリカ経済もこの数年間で最も厳しい時期を経験しており、パニックに見舞われたアナリストと無責任な政治家は空が落ちてくると大騒ぎをしている。しかし、アメリカと日本の状況は全然違うのである。その理由を説明しよう。

日本はその大きな例外にあたるのだが、一般原則として言えば、景気後退は、巨大化した現代の経済にとってさほど深刻な問題ではないといえる。好況が長く続くたびに、景気循環は終わったのだという愚かな意見を耳にするのはともかくとしても、景気を後退させる原因がなくなったわけではない。そうではなく、景気後退の兆しが出てきた時には、安価な薬で効果的に治療することができるということだ。つまり、金利を数ポイント切り下げ、流動性を供給することである。そうした薬を飲んでいれば、翌朝には病気は治っているはずである。

もっと正確に言うなら、六カ月か、あるいは一年もたてば治るであろう。経験から言って、FRBは利下げによって、個人消費の刺激と、企業の設備投資の促進に、ほぼ毎回成功してきている。しかし、利下げと支出増大のあいだには長いタイムラグが存在する。それがいまだ私たちが景気後退に対して弱い理由である。時々、FRBが現実の経済の悪化に気づきそこね、不況の到来を食い止めようとしたときにはもう手遅れだ、ということがある。それが起こったのが一九九〇年であり、現在でも起こっているのかもしれない。

具体的に言うなら、FRBが金融を引き締めすぎたことは明らかだ。経済の過熱を鎮めるために一九九九年末と二〇〇〇年初めに金利を引き上げたのは正解だが、五月に行なった最後の〇・五％の利上げはやり過ぎだった。もちろん、これは後知恵で言っているのである。その時点では利上げは良い政策だと思われていたのだ。

FRBはすぐにでも金利を引き下げることができるし、そうするに違いない。だが、利下げが支出に対して奏効するまでには時間がかかる。その間、経済は鈍化するだろう。そして数四半期はマイナス成長になる可能性もあり、四半期が二回続けてマイナス成長になれば、専門的な定義では景気後退期に入ったということになる。しかし、それは一時的な後退にすぎないのだ。ここが、まさにアメリカと日本の違いなのである。

日本では本当に空が落ちてきている。金利はすでにゼロに極めて近い水準まで下がっているにもかかわらず（実際は、日本銀行が八月に金利を引き上げるという愚かな決定をしたため金利はゼロではないのだが、これ以上は言うまい）、景気の鈍化が続いている。それは、日本では基本的な金融政策が機能していない証拠である。また、何か思い切ったことをする時期を逃した徴候だともいえる。対照的に、アメリカの景気鈍化は、時々起こる景気変動の一つに過ぎない。それはアメリカの経済政策に基本的な欠陥があることを示しているわけではないし、利下げ以外の何かをしなければならない状況にあるというわけでもない。

では、アメリカは何を心配しているのだろうか。それは、悪夢のシナリオを完全に除外することができないということ、つまりアメリカ経済が予想よりもはるかに日本的であるという事が明らかになることである。不名誉な「バブル経済」のアメリカ版を経験してしまったがゆえに、利下げが効果を発揮しないかもしれないということである。だが、現時点では、そのシナリオが起こる可能性はかなり低いと言える。

私が心配しているのは、起こるか起こらないか分からない景気後退ではない。心配しているのは、経済鈍化への政治家の対応である。病いは穏やかで簡単な処置で済むのに、政治家はそれを口実に、高価で危険でいんちきな薬を国民に強制的に飲ませるのではないだろうか。私が言っているのは、もちろん減税のことである。減税では短期的な景気後退を治すことはできないし、長期的な財政の健全性を損なうことにもなるだろう。

私たちは、景気後退を恐れる必要はない。もし、景気が後退しても、FRBが簡単にそれに対応できるだろう。私たちが恐れなければならないのは、それを恐れるという感情そのものである。景気後退の脅威が私たちをパニックに陥れ、何年か後に後悔するような行動に駆り立てる可能性は十分にある。

12

闇の中へ飛び込んだ日本経済

A LEAP IN THE DARK

2001.7.8

私は日本に数日滞在し、企業の経営トップや官僚たちと意見を交換してきた。ある意味、彼らについてもっと否定的なことが言えたらいいのにと思う。なぜなら、企業のトップがビジネスの現実から明らかに乖離していたら、あるいは官僚が頑固で愚かであったら、日本経済の病は根の深い欠陥を持った社会的、経済的システムの帰結である、と簡単に片付けることができただろう。そして、そんなことはアメリカでは起こりえないと言ってしまえたに違いない。

ところが私が話をした人々の大部分は情報に精通し、道理をわきまえているように思えた。それどころか日本人は景気がよかった時よりも、現在のほうがはるかに筋の通ったことを言っているのである。一五年前、アメリカ人と筋の通った議論をすることは難しかった。民間部門のエコノミストですら、政府の政策については、たとえそれがどんなに愚かなものであっても、非難したがらなかった。いまになって本当の意味での意見の交換ができるようになったのである。

だが、私は日本の状況に対してあまり良い感情を持てないでいる。

もし善意と情熱だけでマクロ経済の問題が解決できるのであるなら、景気回復は間近であろう。小泉純一郎首相は、前例のないほど国民の大きな支持を受けて政権を手にし、それによって野心的な「構造改革」を実現しようとしてきた。小泉首相は、改革が成果をあげるまでの数年間は痛みを伴うと明言しているにもかかわらず、国民の支持率は依然として非常に高いのである。

しかし、「構造改革」というキャッチ・フレーズが本当は何を意味するのか聞いてみると、疑問が湧いてくる。いままでのところ、その言葉には、主に二つの意味があるらしい。一つは、銀行に強引に不良債権の処理をさせることであり、もう一つは、雇用を確保するために毎年行なわれてきた、巨額の公共事業を縮小することである。この二つの政策は、まったく理に適ったものである。遅かれ早かれ、日本の銀行は、財務内容を正直に報告しなければならなくなるだろう。日本の公共事業プロジェクトも、非効率というだけでなく、巨大な腐敗の温床となっている。

とはいえ、ここにこそ問題が存在する。日本経済が現在直面している明確な危機とは、非効率性ではなく、十分な需要がないことなのである。すなわち当面の問題は、資源を効率的に使っていないことではなく、持っている資源を十分に活用できないところにある。小泉改革には、そうした問題をさらに悪化させる可能性がある。銀行が債務不履行に陥った企業を倒産させる時、また不要なダムや道路の建設を政府が中止する時、直接的な結果として失業が増える。景気のいい時なら、企業の倒産や、公共事業の中止で解雇された人々は、すぐに他で職を見つけることができた。しかし、不況が長引いている経済下では、失業した労働者は職を見つけられないのである。そして失業者は商品を買わなくなるので、経済はさらに悪化することになる。

では、どうすれば景気回復の展望は開けるのだろうか。この質問を、小泉政権の経済政策の策定者である竹中大臣にぶつけてみた。大臣は、アメリカではよくあることだが日本では珍しい、政界に転身した大学教授であり、人気のある経済評論家である。大臣の名誉のために言っておくと、彼は問題を曖昧にしたり、ごまかしたりはしなかった。彼は、自分の政策が「供給サイド」であることを認めていた。すなわち、直面しているのは国民が十分に消費していないという「需要サイド」の問題であるというのに、竹中大臣は日本経済の効率化を図ろうとしているのである。それにもかかわらず、彼は改革は結果的に需要サイドをも改善すると主張していた。消費者は経済の長期的な見通しが良くなったと気がつけば、財布の紐を緩めるだろう、と彼は力説した。また、さらなる改革、つまり主に規制緩和と民営化を進めることによって、新しいビジネス機会が生まれ、それが設備投資を促進させるだろうとも主張した。

そうかもしれない。しかし、その政策は、暗闇の中へ飛び込むほどに無謀に思える。すなわち、効果があるだろうという期待から取られた政策であって、効果があると信じるに足る根拠があって取られた政策ではないのである。もし金融政策をコントロールしている日本銀行が同じように大胆に動いて支援したら、この政策が奏効するチャンスは大きいかもしれない。しかし、日銀の態度は小泉首相の姿勢と逆のように見える。彼らは、効果があるかもしれない政策を、効果がないかもしれないと恐れるあまり、実行する気がないようだからである。

小泉改革は成功するのであろうか。私は成功することを願っているが、既に述べたように、この改革に対して良い気持ちを抱いてはいない。小泉政権の暗黙のスローガンは「改革か、さもなければ破滅か」だが、実際の結果が「改革と破滅」となる危険性は高い。

第3章

グリーンスパノミックス

13

ELEVEN AND COUNTING

一一回でも足りない

2001.12.14

驚くべきことだが、事実である。およそ一カ月前、ジェームズ・A・ベーカー三世インスティテュートが、FRB議長のアラン・グリーンスパンにエンロン賞を授けたのである。私は何もそれが不適当だなどと言うつもりはない。私が言いたいのは、不正会計問題などで倒産したこのエネルギー会社が、いかにアメリカの支配層に食い込んでいたかということを示す事例がまだあるのかということだ。

そんなことがあったとはいえ、グリーンスパンはアメリカ経済の第11章の真っ只中にいる。つまり、FRBはこれまで金利を一一回下げたが、その効果は表われていないのだ。いったい何が起きているのだろうか。

ひとつの答えは、通常FRBの決定と実体経済の双方を連結する役割を果たす、金融の「伝達メカニズム」が機能していないのではないかということである。そしてその機能を停止させてしまった一人は、グリーンスパンその人である。

FRBの経済に対する直接の影響力というものは、実際は一般に思われているよりも限られている。FRBが金利をコントロールしているとよく言われるが、実際はある金利、つまりは銀行間の貸借であるインターバンク金利、フェデラル・ファンド金利をコントロールしているだけである。この金利自体は、経済的にさして重要ではないといえる。

とはいえ、通常、フェデラル・ファンド金利の下げは、間接的に経済の重要な変数に影響を及ぼす。株価を上げ、ドルの価値を下げ、そして何よりも長期金利を下げる。ゴールドマン・サックスのエコノミストは、これらの変数を「経済状況インデックス」としてまとめており、これまでのところ将来の経済パフォーマンスを予想することには極めて優れていた。

過去の経験からして、一月からのＦＲＢの大幅な金利引き下げによって、ゴールドマン・サックスのインデックスは五ポイント下げ、二〇〇二年は好況に沸くはずだと思われていた。しかし、長期金利がまったく下がらなかったことが大きく響き、インデックスは実際のところ〇・五ポイントしか下落しなかった。言い換えるなら、ＦＲＢの決定はほとんど効果がなかったということである。なぜだろうか？

その理由のひとつは、いわばその意図に反する楽観主義であるといえる。債権のトレーダーたちは、それを否定する証拠が増え続けているというのにグリーンスパンが魔術師だと信じ続けているのである。また彼が瞬く間に景気を劇的に回復させ、過熱した経済を冷やすために金利を上げるだろうと思い込んでいるのである。皮肉にも、この思い込みそのものが長期金利を高いままに維持させ、好景気がすぐにも起こることを阻止しているのである。

そのことに加え、連邦政府の財政問題がある。ほんの数カ月前、我々は財政がどの程度黒字になるのかその見通しを聞いて驚いたものである。ブッシュ政権は大規模な減税を実施し、支出を増やし、連邦政府の債務を返却するほどの資金的余裕があると強調していた。しかし、火曜日、ポール・オニール財務長官は、議会に国債発行額の上限を引き上げるよう、静かに申し入れている。これは、早くても二〇〇八年までは必要でないだろうと、以前に彼が発言していたことなのである。

財政赤字への突然の逆戻りは、長期金利に対するインパクトとなったのだろうか。もちろんである。ほんの数ヵ月前、誰もが連邦政府は国債を償還し、国債の供給を劇的に減らすだろうと考えていた。ところがいまになって、政府は国債を増発し、さらに借金を増やすことになったのである。必然的に国債は値を下げた。つまりこれは長期金利を上げたのと同じことである。したがって連邦政府の急激な財政悪化は、グリーンスパンの問題でもあるのだ（減税は金利に影響を及ぼし、経済に対してネガティブな効果をもたらしたが、それは消費支出のポジティブな効果を上回るものだったのだろうか。答えは、そう、イエスである。筋の通った計算なら、常にそうなるはずである）。

そこでグリーンスパンは、皆の予想に反して、経済の舵取りに力を発揮できないということになる。それは彼自身の責任でもある。結局のところ、彼は自分自身で魔術師のような雰囲気をつくり上げてきたのだ。それがいまでは彼を不利にしている。そして忘れてはならないことは、彼が一月、減税政策実施に関して決定的に干渉してきたことである。彼は、財政黒字はあまりに大きすぎる、国債償還はあまりにも早すぎると、その危険性を強調、議会に減税の正当性を強く訴えたのである。

もしグリーンスパンが、景気は急激に回復するはずだという楽観主義を打ち消すような発言をすれば、効果があるかもしれない。だが、それ以上に効果があるのは、たとえ間接的であろうとも、一月に議会に対して誤った助言をしたということを認めることである。そうすれば、いずれは財政健全化への道は開けるだろう。しかし、ブッシュ政権を側面から援護するならと財政政策に介入したＦＲＢ議長は、この問題に対しては不思議と沈黙している。いまとなってみると、財政黒字の見込みは質の悪いサイエンス・フィクションでしかなかったのである。

もしかするとグリーンスパンは、結局のところエンロン賞に値する人物だったのかもしれない。

14

LIVING WITH BEARS

株価低迷の時代を生き抜く

2002.7.23

『ダウ三万六〇〇〇』という本を覚えているだろうか。著者たちは、余計な数字をひとつタイトルに入れてしまったようだ。余計な数字とは「〇」でなく、「三」であることを祈るばかりなのだが。

強気な株式バブルは、完全に過去のものとなった。事実、使い古されたダウ平均株価よりも正確な指標であるS&P500は現在、インフレを調整すると、アラン・グリーンスパンが「根拠なき熱狂」という有名な演説を行なった一九九六年末の水準を下回っている。

では、責任ある立場にいる政府の要人たち――グリーンスパンFRB議長、ブッシュ大統領、それに何とかという名前の財務長官――は何をすべきなのだろうか。

賢明な第一歩は、アメリカ経済のファンダメンタルズは力強いと激賞し、口先で株価を上げようとしないことである。それを繰り返すというのは、いかにも追い詰められているという印象を与えてしまうし、それに企業収益と比較してみると株価はまだ相当高いのである。重要な点は、経済のファンダメンタルズはそれほど良好だとは言えないということである。企業の管理能力に対する疑いは増しているのであって、減っているのではない。州と地方政府は深刻な財政危機に直面している。それに株価が急落する以前に、経済指標はすでに景気が回復の方向ではなく、「雇用なき成長」に向かっていることを示していた。つまり成長があまりにも鈍いため、失業率の改善には少ししか寄与しない、ないしはまったく寄与しないということなのである。

　事実、グリーンスパンの最近の証言を裏付けるために準備されたレポートでは、今年失業率は大幅には下がらないであろうと予測している。また、来年もそれほど下がらないだろうとも述べている。金融市場が下げ基調にある現状では、その予測すらかなり楽観的なのではないかと思わざるをえない。

　今後の経済的展望が怪しいのだから、グリーンスパンは新たなる金利引き下げを真剣に検討しなければならないのではないか。事実、金利はすでに非常に低い。しかし、もしアメリカが日本の経験からひとつ学んだことがあるとしたら、デフレの罠の危機に直面した場合、「弾薬をとっておく」こと、つまり金利の引き下げを保留することは意味がないということである。経済がデフレの罠に嵌《は》まるということは、まだアメリカにとっては最も可能性の高いシナリオではないが、数カ月前に比べればそれが起こる可能性は高まっている。デフレと戦うには、それが国民の心理に浸透してしまう前に行なわれなければならないのである。

　ＦＲＢは新たなる金利引き下げが金融市場にパニックを起こすのではないかと心配している。しかし、金融市場は自らパニックを起こしているので、もうＦＲＢにとって失うものはないはずなのである。

　ＦＲＢはさておき、政府には何ができるだろうか。企業の改革は欠くことのできないものである。投資家は公平に扱われているという確信がない限り、資金を引き上げ、マーケットには戻ってこないだろう。とはいえ、改革によって経済が速やかに活性化されることは期待できない。一度失われてしまった信頼を、瞬時にして取り戻すことはできないのだ。政府は他に何ができるのだろうか。

政治を無視して、状況を客観的に見てみよう。一方では株バブルが終わり、政府の長期的な財政見通しは悪化している。それは最悪の赤字を予測していた悲観論者の数字すら上回っている。現実的に考えて、今後一〇年、アメリカの財政は赤字となり、いずれ社会保障やメディケアは深刻な問題に直面するであろう。他方、景気の回復はまだ不安定なため、財政を引き締める時ではない。それどころか、政府は現在よりももっと多くの資金を経済に注入すべきなのである。

この一見ディレンマたる難問に対する明らかな答えとしては、いまのところは緩めに調整しながらも、景気が回復しだい引き締める準備をしておくことである。たとえば、ブッシュ政権はすぐにでも経済的に困っている州政府を援助することができるだろう。必要欠くことのできないプログラムの厳しい（そして緊縮的な）削減は避けるべきである。その間、長期的な財政状況の不安を緩和するため、減税――アメリカ人の頭の中で財政黒字の甘い見通しがまだ健在だった頃に立法化され、将来実施される予定の減税――を保留にするべきである。

そして、もしこのような責任ある政策をブッシュ政権が取るならば、ワシントンの連中はまさかと、驚くことだろう。

こう見てはどうだろうか。ブッシュ政権の経済政策は、スティーブ・フォーブスからの挑戦をかわすために導入された一九九九年の秋から、まったく変わっていない。それは後に立法化された減税が発表された時期であり、『ダウ三万六〇〇〇』がベストセラーリストを上昇していた頃である。当時とは経済環境は完全に変わってしまっている。しかし、ブッシュ政権の政策はまったく変化していない。

アメリカの経済問題は現実のものだが、壊滅的というわけではない。私が恐ろしく感じるのは、これらの問題を解決すべき人々がまったく柔軟性を欠いていることである。

15

MIND THE GAP

日本経済のギャップに気をつけろ

2002.8.16

日本経済はバブルが破裂してからどのくらい縮小したのだろうか。これは意外に難しく、落とし穴のある質問である。というのも日本経済は縮小していないからである。過去一〇年間で、マイナスを記録したのは二年だけで、平均して年率一%は成長している。

とはいえ、日本の経済は実際のところ停滞しているのである。成長があまりにも鈍いため、経済が生産できるものと、経済が実際に生産したもののあいだに大きなギャップが生じてしまい、それが年々増大しているのだ。そして、この「生産ギャップ」は失業率の増大と、デフレの深刻化に繋がっている。成長の鈍さは実際の生産高の減少と同じくらい大きな問題となりうるのである。

さあ、今度は難しくない質問をしよう。アメリカ経済に同じような分析を適用した場合どのようなことが言えるだろうか。

アメリカ経済の「潜在的可能性に基づく生産高」、つまり完全雇用の状態における生産高は、九〇年代半ばからの生産性増大のため、年率三・五%の割合で増加している。しかし、数週間前に発表された統計の改定値を見ると、八つの四半期のうち七つの四半期において、実際の成長は潜在的なそれには届いていない。

世間一般の通念によると、昨年、アメリカの景気は短期的に後退したが、いまは回復に向かっているということになっている。しかし、生産ギャップで診断すると違う状況が見えてくる。つまり、二年前、アメリカは経済的に落ち込んだのだが、それはいまだに終わっていないのである。ある意味、アメリカが再度マイナス成長に陥るのではないかという論争は人を惑わすだけである。真の問題は、生産ギャップを埋められるほどにGDPがいかに早く成長するかという点である（いつになったらGDPが生産ギャップを埋めるに十分なくらい早い成長をし始めるのだろうか、という点である）。これまでのところ、そのような事態が起こっているという徴候は見当たらない。

アメリカ経済がなぜ落ち込んだのかということは別に謎ではない。バブル経済は、あまりにも多くの生産力、債務、ビジネス・スキャンダルを残していった。アメリカは素早くて痛みを伴わない景気回復など期待すべきではなかった。それはありうることではなかったのだから。

読者の中には私が何を指摘したいのか、すでにお分かりの方もいることだろう。アメリカにおける一九九〇年代半ばからの株式バブルは、日本における八〇年代半ばからのバブルと同じぐらい大きなものだった。では、アメリカの二年間の景気低迷は、日本のように、五年、ないしは一〇年続くのだろうか。

「我々は日本ではない！」という大きな合唱がすでに聞こえてくるようだ。まあ、私が朝何を食べたかにもよるのだが（御飯と漬け物？）、私もほとんどいつも、その合唱に加わっている。しかし、心配な点をいくつか点検してみよう。

約四年前、私が初めてエコノミストとして日本の問題に夢中になった時、私は日本で起こった一〇年におよぶ停滞がアメリカでは起こらないという理由を頭の中でリストアップしてみた。それはこんなものだった。

1　FRBは金利を下げる余裕が十分にある。何が起ころうとそれがある限り十分に対応できるだろう。

2　アメリカの長期的な財政事情は非常に強固なものである。そのため金利の下げでも十分ではないといった不測の事態でも、財政的刺激策を採る余裕は十分にある。

3　アメリカのビジネスは、アジアにおけるような自信の喪失を心配することはない。アメリカは企業の管理に優れている。

4　アメリカには株式バブルはあるが、本当の意味での土地バブルはない。

いま再びこれを見てみると、私は初めの三つをリストから外さなければならない。そして四番目のものについても心配になってきた。

多くの人が徐々に住宅市場について「バブル」という単語を使い始めている。経済政策リサーチセンターのディーン・ベーカーはその最近の分析で、住宅市場におけるバブルについて非常に説得力のある議論をしている。住宅価格は賃貸価格よりも先に高くなってきているというのだ。これが示唆しているのは、現在、人々は住宅を単に住む所としてではなく、投機として購入しているということである。それに住宅の高値についての説明は、ナスダックが五〇〇〇ポイントまで上昇した際に聞いた理由付けに、段々と似てきている。

もしアメリカに住宅バブルが起こり、それが破裂するならば、アメリカはあまりにも日本的に見えてくるであろう。

最近のＦＲＢの日本に関する分析によれば、一九九〇年代に日本が犯した大きな間違いは、「政策決定者が来るべきデフレによる景気後退を予測できなかったということではなく――何と言っても、それはほとんどの人が予測できなかったことだからだ――予防的に金融政策を十分緩めに調整し、デフレのリスクに対する備えが十分でなかったことであった」という。これはＦＲＢ的なものの言い方だが、つまりこれは「デフレの可能性が少しでもあったのなら、いますぐ、資金を経済に供給し、やり過ぎを心配するな」という意味である。

しかしながら、ＦＲＢは火曜日に金利を下げないという決定を下している。なぜだろうか。

去年、エコノミストの中には、ひそかにＦＲＢ議長を日本的に「グリーンスパンさん」と呼び始める者がいた。この冗談は景気回復に対する楽観論が、世間一般の通念になるなり消え去ってしまった。しかし、考えてみると、そのあだ名はそんなに悪いものではないかもしれない。

16

PASSING THE BUCK

ＦＲＢと日銀の言い訳

2002.9.3

共産主義が崩壊する数年前、私はなにかで最適なる計画経済に関する協議について読んだことがある。ソビエト代表団によると、計画局は状況が許す限り最善の努力を尽くしてきたという。したがって、ソビエトの計画経済は常に最適なものだったという。

アラン・グリーンスパンは、そのソビエトの役人と実に意見が合ったに違いない。グリーンスパンはＦＲＢ議長として、金融市場の巨大なバブルに自分は何の責任もないと主張している。彼の政策は正しかったと言っているのである。なぜなら彼自身の最善を尽くしたからだという。

先週のジャクソン・ホール会議における基調演説で、グリーンスパンは二つの言い訳をしている。第一に一九九九年、株価高騰のピークの時期においても、何が間違っていたのか明白ではなかったという。「その事実が明らかになるまで、これがバブルであると明確に見極めることは非常に難しかった。つまり、バブルが破裂することでその存在が初めて確認できた」というのである。

第二に、いずれにせよＦＲＢはバブルをどうすることもできなかったろうという。「多少なりともバブルの規模とそこから引き起こされる壊滅的な崩壊を抑制できる政策などというものが存在するのであろうか……その答えはどうやら、ノーである」

　この演説を逃げ口上的だと不安に思ったのは私だけではない。フィナンシャル・タイムズが指摘したように、政策決定者は常に限られた情報で行動しなければならない。「中央銀行にとって完全なる挙証責任などない」のである。その社説によるとこうである。グリーンスパンは現在に至って、こう主張するであろう。バブルの時期において、彼自身その事態に懐疑的ではあったものの、自身の力不足から、それに対して何の影響力も持つことができなかった、と。だが、多くの人々の目にはその当時、彼がバブルの音頭を取っていたように見えたのである。「ＦＲＢの議長はと言えば……強気な姿勢をずっと保ってきたのであるから、一九九〇年代終わりの過度な熱狂に責任があったといえるかもしれない」

　それだけではない。グリーンスパンはそれ以上のことを承知していたという証拠がある。一九九六年九月、ＦＲＢの連邦公開市場委員会で彼は同僚たちに、「この時点において株式バブルという問題が発生していることは承知している」と発言している。そして彼にはその解決策があった。「信用取引に必要な金額を引き上げるという手段があるだろう。バブルが何であろうが、もしバブルを潰したいのなら、そうすることで問題を解決できるに違いない」

　しかし、彼はそれを実施に移さなかったのである。つまり、株を購入する際、投資家にもっと現金を支払わせることをしなかった。彼がしたことといえば、根拠なき熱狂について一回演説し、その後、フェデラル・ファンド金利をわずかに上げただけであった。いまになって彼はそれ以上のことはできなかったと述べているが、しようともしないでいて、できなかったとどうして分かるのだろうか。実際に何が起こったかというと、一九九七年の初め、グリーンスパンは過熱し始めたバブルを冷やそうと試みて投資家の反発を買い、気後れしたのではなかったか。

さらにひどいことに、グリーンスパンはその後、ニューエコノミーの素晴らしさをこれまで以上に絶賛するような演説をし始めた。そのような演説は、ＦＲＢ議長が以前発していた警告の撤回を意味すると投資家たちに受け取られることを、グリーンスパンは知っていたはずである。つまり、グリーンスパンは株価の急騰は結局のところ正当化されると、シグナルを送っていたのである。

しかし、グリーンスパンの受け身の姿勢において最も重要なことは、それが過去について何を物語っているかでなく、将来について何を示唆しているかである。

何といってもアメリカにとって、グリーンスパンだけが経済政策を決定できる人なのである。財政政策は実質的に議題ですらなくなっている。それは長期的な財政赤字が、グリーンスパン本人の間違った助言によってさらに深刻化したことにも一部負っている。ナスダックが五〇〇〇ポイントに達してもバブルかどうか見極めることができないというのに、大規模な減税を正当化できるほど一〇年間の財政見通しを信頼したとは不思議なことである。いずれにしろ、真面目な財政政策は、ブッシュ政権のとてつもない楽観主義のもとでは実施できないだろう。短期的な経済刺激策を提案しようものなら、そのすべてを富裕層と法人のための恒久的な減税策へと転換しようという試みに変わってしまうのである。したがって景気回復がその勢いを失いつつある中、経済政策の成否は、ＦＲＢしだいということになる。

とはいえ、グリーンスパンのコメントは、過去数カ月私が抱いてきた心配を深めている。後から後から増え続ける経済問題に対して、ＦＲＢの高官は行動ではなく、言い訳で応じようとするのではないかという心配である。

我々は同じようなことが日本であったことを見てきた。最初、日銀の高官は、日銀には景気停滞と戦う責任はないと言っていた。日銀に課せられた唯一の責任は、物価を安定させることだけだと主張していた。その後、インフレがデフレに変わっていくと、物価の安定さえ日銀の責任ではなくなった。つまり、言い換えるなら、日本の経済問題を解決しようと努力し、失敗するかもしれないリスクを取るよりも、日銀は繰り返しその責任を定義し直すほうを選んできたのである。そうすれば、何ごとも試みることすらなくて済むのである。

私はＦＲＢが日銀と同じような道を歩むとは思ってもみなかった。しかし、グリーンスパンの、あれはできなかった、これはやるべきではなかったという説明を聞いて、私は首を傾げ始めたところである。

17

株と爆弾

STOCKS AND BOMBS

2002.9.13

「株価がこのような現状のとき、軍事的選択肢は何か?」

これは先月のニューヨーカー誌のマンガのキャプションである。しかし、このごろの現実は風刺マンガを超えている。六月には経済専門チャンネルCNBCの評論家、ラリー・クドローがワシントン・タイムズ紙に「マーケットを取り返す――軍事力によって」というコラムを書いている。その中で彼は、ダウ平均株価を上げるためにイラクに侵攻すべきだと述べていた。

かなり驚くべき内容である。しかし、ニューヨーク・ポスト紙に七月掲載されたジョン・ポドレッツのコラムほどではないだろう。その見出しは、「オクトーバー・サプライズ・プリーズ」と訴え、戦争への嘆願も添えられていた。「大統領、さっさとやって下さいよ、『噂の真相』の映画のようにお手並み拝見」

一般論として、ある政策を唱える者が、その政策によって本来の目的とは関係ない問題を解決できると主張した場合、それは悪い予兆であるといえる。ブッシュ大統領の減税政策を正当化するための論理もころころと変わってきた――財政黒字の還元策だ、いや違う、需要を喚起するためだ、いや違う、それは供給サイドの政策だ、といった具合に。だが、実は政策を正当化する理由を執拗に探しているのだと国民に知らせるべきだった。

イラクと戦争をしなければならない論理もころころと変わった――サダムは九・一一テロと炭疽菌事件に関与している、いや違う、核兵器開発に成功しそうだ、いや、しかし、彼は邪悪な人間だ（事実そうだが）、といった具合に――こちらも同じような感じである。

戦争は経済にとっていいことだというのは、この流れをもう一歩先に進めたものだといえる。とはいえ、戦争が経済に対してポジティブな効果があったことは認めなければならない。特に、第二次世界大戦が、アメリカを大恐慌から救ったことは疑う余地もない。そして今日のアメリカ経済は、恐慌ではないとはいえ、当然、何らかの支援策を必要としている。最新の統計を見る限り、景気回復はあまりにも鈍く、業種別にばらつきがあり、景気後退は長引きそうである。では、戦争はいい解決策となるのだろうか。

ノーである。第二次世界大戦というものは、新たなる湾岸戦争の経済効果を計るモデルとしてはまったく不適切である。すべてを考慮してみても、結局、そのような戦争は苦しいアメリカ経済を活性化するのではなく、景気回復を遅らせてしまうことであろう。

軍事支出は魔法の杖ではない。それは言ってみれば、有毒汚染地域の浄化作業に同様の金額を投入した場合と、同程度の経済効果しかもたらさないのである。

第二次世界大戦によって、ニューディール政策が達成できなかったことを達成できたのは、単に戦争があらゆる制約を取り除いたからではない。真珠湾攻撃までフランクリン・ルーズベルト大統領には、経済を刺激し、活性化する大規模なプログラムを実行に移すだけの法的影響力も決断力もなかった。しかし、戦争によって政府はこれまで考えられなかった規模で支出を増やすことができただけでなく、そうすることが必要となり、一九二九年以来、初めて完全雇用を維持することができたのである。

それとは対象的に、議会は現在国内プロジェクトに支出することに熱心である。もしブッシュ政権が経済に資金を注入したいのなら、農民に対する旱魃《かんばつ》援助や、消防士への新しいコミュニケーション機具の給付などに対する反対を取り下げればいいだけのことである。言い換えれば、経済が連邦政府による支出増大を必要としているとしても、戦争という形で行なわれる必要はないのである。

いずれにせよ、戦争がどれほど景気を刺激するかは定かでない。必要な軍需品はすでに備蓄されているだろうから、工場への発注が増加するということはないだろう。アメリカは平和維持に支出するだろうが――しないだろうか？――それは何年にも及ぶことだろう。

他方、戦争にはマイナス面もある。それは一言で要約できる。つまり、石油である。イラクは現在世界の原油市場にほんのわずかしか石油を供給していないため、戦争となりその生産が滞ったとしてもさしたる問題にはならない。とはいえ、一九七三年のアラブ－イスラエル戦争も、一九七九年のイラン革命も直接的に原油の生産には影響を及ぼしていない。

原油価格の高騰を招いたのは、紛争の間接的な政治的影響であった。今回、アラブの指導者たちはイラクへの侵攻は、「地獄への門」を開いてしまうだろうと警告を発している。これは原油市場にとっていい影響を与えるとは思えない。

七〇年代における二回の石油危機の後には、深刻な景気後退期が続いている。第一次湾岸戦争を前にして原油価格は若干高騰しているが、その後景気は後退している。原油価格の高騰は、アメリカの鈍い景気回復を再度後退させてしまうのだろうか。答えは、イエスである。

もしブッシュ政権が安全保障上の理由からイラクに侵攻しなければならないという説得力のある議論を展開できるのなら、上記の事情がアメリカの行動を阻止するべきではないだろう。しかし、戦争が及ぼすであろう経済的な影響を過小評価したり、ことに戦争がアメリカ経済にいい効果をもたらすなどと主張することは危険であり、また愚かなことである。

18

THE VISION THING

ビジョンなきブッシュ政権

2002.9.20

このようにして景気回復は終わるのである――大成功のうちにではなく、すすり泣きとともに。

オーケー、分かった。私が間違っているかもしれない。工業生産は低下し、レイオフは増大している。だが、数カ月後、新たな景気後退を宣言するほど経済が悪くなっているかどうかはいまのところ定かではない。その反面、ブッシュ政権は、一一月五日までには刺激策を講じることを決めているらしい。

いずれにしろ、現在、経済は停滞し、経済を運営している人々は何をどうしていいのか分かっていない。つまり、現状は一九九〇年代の初めに似ているといえる。

現状を緩やかな回復か、それとも景気後退と呼ぶのかは、たいした問題ではない。ほとんどの人はGDPの成長率がゼロより少し上か下かなどは気にしていない。大切なことは仕事にありつけることと、働き続けられることである。現在の雇用状況はみじめである。五・七%の失業率というのはそれほど悪く聞こえないかもしれないが、通常よりもはるかに多い人が職探しを諦めている。実際、経済的に苦しい状況に追い込まれている人は急増しているのだが、半年かそれ以上の期間失業しているため、全体的な失業率はその数を反映していない。それに雇用状況は最近さらに悪化している。将来の失業率を示す代表的な指数となる、新たに失業保険を給付申請している人々の数が、過去数ヵ月で急増しているのである。

すなわち、せいぜい、いくらよく見ても、いまの景気回復の状況というのは、労働者にとってみれば、いまだに景気後退が続いている状況であるとも言えるのである。民間のシンクタンク、センター・オン・バジェット・アンド・ポリシー・プライオリティーズによると、レイオフと長期的な失業を見ると、現在の景気低迷はすでに一九九〇年代初めの深刻な景気後退期に匹敵すると指摘している。

というわけで、現在はまさに一九九〇年代初頭の繰り返しというわけである。今日の困難な状況と、ジョージ・ブッシュ大統領（父）下の景気低迷との経済的類似点は、多くの人々が考えるよりも大きい。一九九〇年と二〇〇一年において景気が後退したのは、過去の行き過ぎがその原因のひとつであった。とはいえ、ジャンクボンドと不動産投機にまつわるあのスキャンダルは、今日のエンロンやタイコの不正などと比較すると、誠に大人しい事件であったように思えてしまう。今日と同じように、一九九〇年の初めにも、景気後退の後に続いたのは、GDPは伸びるのだが雇用は増えないという「雇用なき成長」であった。また、当時も現在と同じように、FRBによる金利引き下げだけでは景気を回復させるのに十分ではないのではないかと心配されていた。現在との違いは、当時はまだ「流動性の罠」を示す日本の例がなかったことだろう。日本経済は、金利をゼロにまで下げても景気を回復するのに十分ではないということが、現実の可能性として今日でもありうることを示しているのである。

しかし、私が見る限り、現在と一〇年前の最も顕著な類似点は、その政治にある。穏健な父親と非常に保守的な息子という違いはあるものの、いまも当時も、政権の要職を占めている人物たちは、基本的に経済政策に無関心であり、また経済政策が不得手である。

この指摘を不思議に思うかもしれない。オサマ・ビンラディンが現われる以前、減税は現大統領たるジョージ・W・ブッシュの最大の実績だといわれていた。しかし、減税は決して経済政策として考案されたものではないのである。それはスティーブ・フォーブスからの挑戦をかわし、保守基盤の要求を満足させる政治的な策略でしかなかった。ブッシュ政権はその後になって初めて、減税は景気後退と戦い、家族的な価値を広め、一般的なカゼにも効くのだと、幸運な発見をしただけのことである。

景気後退と戦うはずだった減税が、当然のことながら失敗したいま、ブッシュ政権は減税以外に何も考え出せないでいる。ポール・オニール財務長官が、テキサス州で行なわれた滑稽なあのウェーコ経済サミットで新しいアイディアを提出しろと言われた際、彼の答えは――心の準備はできたかな？――なんと、減税の恒久化であった。

アメリカはことに、経済面におけるブッシュ政権のビジョンの欠落を心配すべきなのだろうか。イエス、心配すべきである。一九九〇年代の行き過ぎは、一九八〇年代のそれを超えている。そのため経済的リスクもそれに応じて大きいことになる。たとえば雇用環境が悪化し（その可能性は徐々に増大しつつあるのだが）、アメリカ消費者の根強い楽観主義を傷つけ、不安にしたとしよう。そのような場合には決定的な行動が必要である。行動とは経済が何を必要としているのかで決まるのであって、共和党の選挙参謀、カール・ローブが選挙でウケがよいと考えるようなもので決まるものではない。とはいえ、その行動が実施されるという可能性とは、どのくらいあるというのだろうか。

19

DEALING WITH W

日本の教訓から学ぶ

2002.10.1

私は日本経済が流行遅れになってから取りつかれるようになった。

アメリカは一九八〇年代、日本に大いに注目していた。当時、日本の製造業は世界を制覇していた。覚えているだろうか、空港の書店に、表紙にサムライが描かれた経営書が山積みになっていたあの頃のことを。しかし、日本のバブルが破裂すると、多くのアメリカ人は、適切な経済と政治的な指導力がなければ国がいかにつまずくかということ以外、日本から学ぶことは何もないと考えるようになった。そして、もちろん、アメリカにはそんな問題は存在しないと思われていた。

果たしてその通りだっただろうか。ビジネスマンとして尊敬されていたはずのジャック・ウェルチは、過大評価されていたサムライたちのように落ちた偶像となっている。アメリカの政治的指導者の言動も、決して国民に自信を与えているというわけではない。事実、私はある憂鬱な思いに悩まされている。日本の政策は間違っていたが、アメリカはそれを上回る間違いを犯すのではないかという思いである。

バブル後の経済への日本の対応を誉めることは難しい。とはいえ私は、他の国が同じような問題に直面した場合に、いかに対処するだろうかと何年も心配してきた。そして不安は的中した。アメリカがバブルの崩壊に対処している様子を見れば、間違った政策がどのように採られるのかがよく分かる。

アラン・グリーンスパンとFRBが、日本の金融当局と比べて早く対応したことは事実である。彼らは、日銀が金利を下げる時期を逃し、経済状態の深刻さを把握した時にはすでに手遅れだった、ということを承知していた。日銀が金利をゼロにまで下げても、景気回復の起爆剤にはならなかったのだ。そのためFRBは金利を早めに下げ、それをしばしば繰り返した。二〇〇一年には一一回も金利を下げている。それによって住宅購入と住宅ローンの借り換えが活発化し、そのおかげで景気のさらなる後退を避けることができた。

しかし、金利を下げるだけでは十分ではないようである。株式市場の悪い状況についてはここで書くまでもないだろう。経済指標を見る限り、アメリカ経済はマイナス成長から回復しながらも再度マイナスに落ち込む「W型」不況に突入するか――ホワイトハウスにいる「W」がつく御仁にちなんでいるわけではないが――ないしは横ばいで推移する見通しが高い。債権市場を見ると、明らかにFRBが再度金利を下げることを予期している。しかし、もしFRBが日銀のように金利をゼロにまで下げても景気が回復しなかったら、いったいどうなるのだろうか。

日本の経済政策が、ある意味で、不況にかなり効果的に対処してきたことはあまり多くの人に理解されていない。日本がいかに巨額な資金を公共事業に投じてきたかを冷やかすのは簡単である。無駄な橋や、車が走っていない道路に莫大なカネが費やされてきたことは疑う余地もない。とはいえ、経済に資金が注入されてきたことは事実であり、それがなされていなければ失業者の増大を伴う広範な不景気に陥っていたことは間違いないだろう。

では、それに匹敵するアメリカの政策とは何か。現在、アメリカは日本と逆の政策を採っているといえる。つまり経済の停滞に直面して、国内支出を削減しているのである。その一部は連邦政府レベルで起こっている。ブッシュ政権は公共事業をできる限り削ろうとしている。退役軍人の手当から国内防衛費、老人医療保障のメディケアまで、こっちで一〇億ドルを、あっちで一〇億ドルといった具合にである。さらに深刻なのは、連邦政府は州や地方政府をまったく援助しようとしていないことである。州や地方政府も景気後退で収入が減少しているため、差し迫って必要でない支出を大幅に削っている。同時に、差し迫って必要であるはずのものからも多くを削っている。

FRBのアラン・グリーンスパンが、問題を一人で解決できないような状況に直面したことは、事実これまでにない。しかし、経済刺激策に関する昨年秋の議論を経て、アメリカの政治的リーダーは経済問題に対して筋の通った対応ができないということが分かった。エコノミストたちが危機を叫んでいた一方、ホワイトハウスと議会の同盟者たちはそこにチャンスを見出していた。つまり、富裕層と法人に対するさらなる減税枠の拡大を強硬に実施するチャンスである。シェブロン、テキサコ、そしてエンロンに対して遡及減税を実施しようという提案を覚えているだろうか。

結果的に経済刺激策は、当時考えられていたほどには緊急に必要というわけではなかった。しかし、もし景気回復につまずいた場合（いまやそうなる可能性は非常に大きい）、そのとき我々がよりうまく対処できるという保証など、どこにもないのである。

最悪の事態は、アメリカの指導部が経済をないがしろにし、海外の敵を侵略することで、失業率の上昇と株価の下落から一般市民の目をそらそうとすることである。しかし、そんなことについて心配する必要はないだろう。いや、それともやはり心配しなければならないのだろうか。

20

MY ECONOMIC PLAN

私の経済政策

2002.10.4

戦争の犬たちが吠えているため、戦争に関係しない他のニュースは埋もれてしまっているが、アメリカ経済では不吉なことが起こっている。劇的ではないが、毎月毎月発表される経済統計は、予測されていたよりも悪いものばかりである。ここで、いったん政治を脇に置いて、アメリカ経済がどのような状態にあるのか、そして何がなされるべきか考えてみよう。

重要な点は、これはあなたの父親の時代における景気後退ではないということである。あなたの祖父の時代における景気後退なのだ。すなわち、これはインフレと戦うためにＦＲＢによってもたらされて、ふたたびＦＲＢが金融を緩めれば簡単にもとに戻ったような、戦後の典型的な景気後退ではないということである。現在の不景気は、典型的な過剰投資によるものであり、第二次大戦以前では一般的なものであった。そしてこのような不景気に単に金利を下げるだけで対処することは難しいのである。

昨年のＦＲＢによる迅速な金利引き下げが、不景気のさらなる深刻化を避けたということには、疑問の余地はない。しかし、金融政策をよく吟味してみると、ＦＲＢが十分にその役目を果たしていないことが分かる。そしてもしかするとそれは不可能なのかもしれない。ＦＲＢの通常の金融政策手段であるフェデラル・ファンド金利はここ何十年において最低の水準にあるが、投資判断の基準となる真のフェデラル・ファンド金利――金利からインフレ率を引いたもの――は、インフレがかなり低いため一九九〇年代初めの先の景気後退期における最低水準と同レベルにある。

それにアラン・グリーンスパンとＦＲＢが行なったフェデラル・ファンド金利の引き下げは、先の景気後退よりも早かったものの、その下げ幅はこれまでのところかなり小さく、前回は六・七五％だったのに対し、今回はたったの四・七五％である。かりにフェデラル・ファンド金利をゼロにまで下げたとしても、前回よりも下げ幅は小さいということになる。もし一九九〇年代の行き過ぎが、一九八〇年代の行き過ぎよりも大規模だったと思うなら、そして景気を回復させるためにはさらに多くの刺激策が必要だと考えるなら、ＦＲＢは十分な役目を果たしていないことになる。また、金利をゼロにまで下げたとしても、それでも十分ではないということもありうるのである。

それに加え、この状況はかなり長引くかもしれない。過剰な生産力の突出は、ことに情報通信関連分野においては徐々にしか解消されないだろう。二〇〇四年、そしてそれ以降もアメリカ経済が停滞するということはありうる。ＦＲＢはさらに金利を下げるべきである。それでも十分ではないかもしれないが、役には立つのである。では、それ以外には何をすべきなのだろうか。

その答えは相当規模の財政刺激策が必要だということである。企業の設備投資が回復するまでのギャップを埋めるために、いま支出を奨励するような刺激策を実施しなければならない。そのような政策がいかなるものであるかは、昨日のニューヨーク・タイムズ紙（二〇〇二年一〇月三日付け）のジェフ・マドリックによる記事に明確に書かれている。まずは失業手当の給付である。いまの失業手当は先の景気後退期と比べてはるかにその内容が劣っている。この実施によって二重の責任を果たすことができる。もっとも困窮している人々を支援すると同時に、人々に消費するためのカネを渡すことができる。

次に、財政的に厳しくなりつつある州政府を援助することである。これも二重の責任を果たすことになる。この実施によって公共事業費削減（貧困層のための医療費はその槍玉にあげられやすい）を阻止することができる。そしてこの政策によっても、需要が喚起される。

もしこれらの政策でも十分な効果がない場合、私はマドリックの意見に賛成である。つまり、来年一〇〇〇億ドルを目標に税金の払い戻しを実施してはどうだろうか。今回は給与に対して税を払っている全員に払い戻すのだ。

その予算はどうやって捻出するのか。その答えは分かっているはずである。将来予定されている減税を中止するのである。アメリカ経済にはいま、景気刺激策が必要なのである。大金持ちのための今後五年間におよぶ減税などいらない。

これはロケット工学ほどに複雑な話ではない。アメリカの現状に教科書レベルの経済学を率直に適用しただけである。

これはまた、政治的にはまったく問題外であることを私はよく承知している。しかし、我々はなぜそうなのか聞く権利があると思うのだが。

第4章

アメリカの血縁資本主義

21

CRONY CAPITALISM, U.S.A.

アメリカの血縁資本主義

2002.1.15

四年前、アジア諸国が経済危機に陥り、悪戦苦闘している際、多くの人々がアジアの血縁資本主義《クローニー・キャピタリズム》を批判した。アジアの裕福なビジネスマンたちは、投資家に資産や負債、または利益についての事実を告げていなかった。政治的なコネがあるのだから大丈夫なのだ、と思われていたのだ。金融危機が起こって初めて、人々はビジネスの実体を見極めようとするようになったが、それらのビジネスは即座に崩壊していった。

これはどこか耳慣れた話ではないだろうか。

表面的には、エンロンに関する突然の政治的な混乱は不思議に思えるかもしれない。別にブッシュ政権はエンロンを倒産から救ったわけでもない。では、なぜブッシュ政権はあれほどまで長くエンロンとの関係を隠していたのか。なぜ、ブッシュ大統領は、エンロンの最高経営責任者であるケネス・レイはブッシュの州知事選立候補には反対していたのであり、彼と知り合ったのはその選挙の後であった、などという不可解な説明をしているのだろうか。そしてなぜ報道関係者は、大きなスキャンダルになるのではないかと言わんばかりに動き回っているのだろうか。

それはエンロン事件に関する最新の情報が明るみに出れば、アメリカ流のクローニー・キャピタリズムが暴露されることをブッシュ政権が恐れ、そしてマスコミもそれを疑っているからである。

クローニー・キャピタリズムは、アメリカにおいて目新しいものではない。クリントン政権は、大統領選挙の際に多額の政治献金を寄付したチキータ社のために、大きな貿易戦争の瀬戸際まで行ったことがある。しかし、ブッシュ政権は、その特権意識のためか、もっとも露骨な公私の利害対立に対してすら無頓着らしい。たとえば、共和党全国委員会の新しい委員長になったマーク・ラシコである。彼はロビイストとして数百万ドルにも上る多額の給与を受け取り続けている（彼は現在、ロビイストとしての仕事に関わっていないというが、その給与は受け取り続けている）。

ブッシュ政権とエンロンとの関係の本質的な問題は、このエネルギー会社が坂を転げ落ちる前から始まっていた。たとえば、ケネス・レイが、連邦エネルギー規制委員会の委員長に、その職に留まりたいのならもっと協力的になるようにと言った時のことである（委員長は協力しなかったため、職に留まることはできなかった）。

ディック・チェイニーがエネルギー計画を立案するのをエンロンが手伝った時のこともそうである。その計画は、彼の委員会に助言する企業が、自らの利益のために自ら立案したようなものであった。チェイニーは、その委員会の審議内容の一切を公表することを拒否しているが（これは明らかに違法だが）、彼はいったい何を隠しているのだろうか。

また、エンロンは崩壊したが、他のエネルギー関連企業はブッシュ政権との親密さを保ち続けている。エンロンに関する最新ニュースが明らかになる数日前、ブッシュ政権は発電所に関する公害規制を緩和する意向を示し、先週の終わりには、ネバダ州に放射性廃棄物を貯蔵するという、論争を巻き起こしていた計画を実行に移すと発表した。これらの決定は、ブッシュに強いコネのある企業にとって、何十億ドルという規模の価値があるものである。CBSマーケット・ウォッチ・ドットコムは、放射性廃棄物に関する決定についての記事で、「政治献金を行なっていたある大手エネルギービジネス・グループは、大きな成功を収めた」と書いている。

その発言の出所に注目したい。九・一一のテロ事件以降のここ数カ月、政治記者たちが愛国心に燃えて星条旗を振っているあいだ、ビジネス界で実際に何が起こっていたかを伝えていたのは経済記者たちであった。彼らは自分たちが目撃していたことに嫌気がさしていたようだった。「ビジネス界のトップで構成される小さなグループが、自らの利益のために法規制を改変すべく、ブッシュと彼の側近たちに対して非常に強い影響力をふるっている」と警告を発したのは、愚痴ばかりこぼしているどこかの政治コメンテーターではなく、CBSマーケット・ウォッチの編集委員だった。

『レッドヘリング』というビジネス誌は、秘密のベールに包まれていたカーライル・グループについてこれまでになく、大きな暴露記事を掲載した。この投資会社に関する記事の内容は、まるでできの悪いテレビドラマのプロットのようであった。

カーライル社は落ちぶれた軍需関連企業の買収を専門としていた。買収後、その企業が政府から新たな防衛契約を取得し、奇跡的に立ち直ると、それを売却するのである。その企業に雇われていた者の中には、元大統領でブッシュ大統領の父であるジョージ・H・W・ブッシュの名がある。一〇月末まではその投資家のリストには、サウジアラビアのビンラディン一家も名を列ねていた。

違う政権なら、カーライル社におけるブッシュ元大統領の役割を相応しくないと思ったことだろうが、現在の政権はそうではないらしい。それどころか、国防長官のドナルド・ラムズフェルドは最近、大学時代のレスリングのパートナーで、カーライル社のトップであるフランク・カルルーチに素敵なプレゼントを送っている。ラムズフェルドは、非常に多くの批判を浴び国防総省すら中止を望んでいたクルセーダー砲の導入計画を進めることを決定した。その結果、またもやカーライル社傘下の企業の業績が回復したのである。

残念なことに、これらのどれも、限りなく怪しいけれども明らかな違法行為というわけではない。だからブッシュ政権は、エンロンの一件が他に飛び火しないように努力しているのである。しかし、本当の事件はもっと広く、深いことを忘れてはいけない

22

エンロンのような企業は他にもある

TWO, THREE, MANY?

2002.2.1

ここに恐ろしい質問がある。アメリカにはエンロンのような企業があと何社あるだろうか。

今日におよんでも、エンロンは不正を働いていた特別なケースだというのが、世間一般の見方である。まあ、他の企業も「積極的な会計」を行なってきた。「積極的な会計」とは、つまり詐欺の一種である。だが、他の大手企業も、会社の外見は素晴らしいけれども、その実態はねずみ講やマルチ商法のちょっとましなものでしかないということはありえるだろうか。

悲しいかな、大いにありえるのである。私はどの大手企業が実体のない紙切れでできているかを指摘することはできないが、これからエンロンのような会社が二つ、三つ、いや、それ以上出てこないことのほうが驚きだといえるだろう。

なぜ、そう思うかといえば、他の犯罪同様、ねずみ講やマルチ商法にも手段、動機、そして実行する機会というものが必要で、近ごろこの三つはすべて豊富だからである。

まずは手段。赤字か、少しの利益しか出していない会社を非常に収益性の高い会社に見せ掛けるのがいかに簡単かは周知の通りである。従業員の給与を、経費として計上されるかたちで直接払うのでなく、経費とならないストック・オプションで払うのである。そうすれば、企業が発表する収益に驚くべき効果が表われるはずである。イギリスのエコノミスト、アンドリュー・スマイザーズによると、一九九八年、シスコは一三億五〇〇〇万ドルの収益を報告している。もし同社が、ストック・オプションを経費として計上し市価で計算していたら、同社は四九億ドルの赤字を報告することになったであろうという。そしてストック・オプションは、収益を故意によく見せかける多くのテクニックの一つでしかないのである。

動機。収益を底上げする目的は、もちろん、株価を上げることである。しかし、なぜ企業はそうしたいのだろうか。

ひとつの答えは、高い株価は企業の成長に貢献するからである。資金調達が容易となり、他の企業の買収が簡単になり、人材を集めやすくなる。経営者が株価を膨らませるのは、企業を成長させたいという純粋な願いからだというのは疑いもないことである。とはいえ、企業が倒産したというのに、そのトップが金持ちになって去っていくのを見ると、経営者へのインセンティブとはいったい何であるか考えさせられる（実際、エンロンよりもひどいケースがある。グローバル・クロシングの創設者は、会社が倒産したというのに七億五〇〇〇万ドルを持ち去っている）。現代の経営者たちは、高い株価で会社のために何ができるのかよりも、高い株価で個人の財布に何ができるのかを気にしている。

それに高い株価は、企業が実体のない利益をつくり出すための会計トリックとして利用できる。そしてそのことがまた株価を吊り上げることになる。これこそまさに一種のねずみ講的な仕組みだといえるのではないか。

では、実行する機会はどうだろうか。一九九〇年代後半、以下のような三つの要素が重なり、ここ何世代かでは見られなかったような大規模な信用詐欺への道を開いた。

まず最初に、「ニューエコノミー」の台頭である。新しいテクノロジーが新しいビジネス・チャンスをつくり、業界の再編を迫ったことは疑いもない。しかし、それは信用詐欺が起こるような混乱をも引き起こしたのである。ある企業が収益性の高い、ニューエコノミーの隙間市場を本当に見つけたのか、それとも単にそのふりをしているのだけなのか、どうして見分けられよう か。

第二に、株式バブルである。ロバート・シラーが『根拠なき熱狂』で指摘したように、高騰する株価というのは、自然発生的にできたようなねずみ講である。新しい投資家が現われるたびに、その前の投資家が儲けるという連続的な構図である。この構図のために、騙されやすい人たちがいなくなるまで、すべてはうまく行っているかのように見えるのである。彼が指摘しなかったことで、いまとなっては歴然であることは、そのような環境下では故意につくったねずみ講式販売やマルチ商法を運営することも容易だということである。一般大衆が魔法を信じている時、それは山師にとっての春なのである。

そして最後に、そのような行為を黙認する法律環境というものがあった(現在もあるといえる)。以前は、不正会計を行なう企業や会計監査人は、訴えられるかもしれないという恐れを抱いていた。しかし、一九九五年、議会はビル・クリントンの拒否をくつがえして、私募証券訴訟改革法を可決し、そのような訴訟をはるかに難しくしてしまった。まもなく、会計士や監査法人、そしてそれらが監査した企業、それにその企業の株式を売っていた投資顧問銀行は、当然のことながら馴れ合いの関係になった。

ここでも企業の動機だけでなく、その経営トップの個人的な動機にも注目するべきである。エンロンの経営者たちは投資家に――投資銀行そのものではなく個々の銀行家に――資金の吸い上げと負債隠しのためにつくられた見せかけだけの企業の株式を購入する機会を提供していた。他の多くの企業ではそのようなことが起こらなかった、と言えるだろうか。

私はエンロンの事件が特別なケースであったことを祈る。しかし、本当にそうなら、とても驚きである。

23

ENEMIES OF REFORM

アメリカの抵抗勢力

2002.5.21

「（アメリカの）資本市場を形成するにあたって最も重要であった技術革新をひとつ挙げるとするなら、それは一般的に広く受け入れられている会計ルールの原則だと言えるでしょう」一九九八年の演説でそう語ったのは、当時、財務省副長官だったラリー・サマーズである。サマーズは当時ひどい経済危機に直面していたアジア諸国に対して、アメリカ的な「透明性と情報開示」を見習うようにと促していたのである。

それがいまや、エンロン事件に代表されるように、アメリカ自身が企業会計の問題を抱えるようになった。アメリカ自身がアメリカの忠告を聞かなくてはならなくなったということだろうか。アメリカの企業は、投資家が詳しい情報に基づいて決定ができるよう、事実を提供できるのだろうか。たぶん無理であり、それは残念なことである。なぜならエンロンのケースは、極端であったとはいえ、特に珍しいケースではないからである。

アメリカ企業全体にとって、一九九七年は転換期であったといえる。政府の統計によると、企業全体の収益は、一九九二年から一九九七年のあいだに急成長しているが、その後は失速している。二〇〇〇年の第3四半期における税引後の収益は、三年前と比べてわずかに高かった程度であった。ところが、S&P500社の営業利益、つまり企業が投資家に報告した収益は、その三年間で四六%も上昇している。

企業の収益を示すこれらの数字が必ずしも同率で伸びるとはかぎらない専門的な理由はあるものの、過去のデータでは、この両者があまりかけ離れることはなかった。では、なぜ突然、両者の開きは大きくなったのか。その大きな理由は明らかで、一九九七年以降、企業は収益が増大しているような幻影をつくり出すために、会計上のトリックを段々と積極的に使うようになったからである。

企業のトップは株価を上昇させ続けることに必死であった。当時の環境下では、二〇%以下の増益など失敗だと見なされていたのである。どうしてトップたちは必死だったのだろうか。ひとことで言うなら、それはオプションのためである。強気の株式市場と、それにストック・オプションなどを含む報酬の上昇とが相まって、経営トップの給与は爆発的に伸びた。ビジネスウィーク誌の推定によると、一九八〇年、大企業で働く経営のトップは、管理職ではない労働者の四五倍も稼いでいた。それが一九九五年になると、一六〇倍にまで伸び、一九九七年になると、三〇五倍にまで上昇していた。最高経営責任者たちは、その好景気を維持しようとし、またそれに成功した。二〇〇〇年には、実際に収益は伸びていなかったのにもかかわらず、普通の労働者の四五八倍も稼いでいたのである。

ここで指摘したい点は、経営トップたちがあまりにも多くの報酬を得ていたということではない(実際にはもちろんそうなのだが)。彼らは、現実がどうであれ、会社が成功しているように見せることによって、報酬を得ていたのである。

まさに、このような不正を会計基準が防ぐべきであった。アメリカ企業に君臨する経営トップたちにそのような不正の隠匿を許したのは、会計基準の甘さと、彼らの言いなりになっていた会計監査人である。大手会計監査法人は、儲かるコンサルティング契約さえ結べるなら、企業のカモフラージュに喜んで騙された。

では、改革するべき時が来たということなのだろうか。ある筋の人によるとそうではないという。今日、上院の銀行委員会は、ポール・サーベンス委員長による法案を討議することになっており、それは会計と監査の改革に向けたわずかな進歩となるであろう。この法案は金融界で最も尊敬されている人々によって支持されている。たとえば、優れたFRB議長だったポール・ボルカー、それに著名な投資家、ジョン・ボーグルらである。ところがフィル・グラム上院議員は、会計監査業界による圧力を受けて、その法案を潰すべく活動していることを明らかにしているのである。

私はこの件に関して超党派でありたいと思う。本当である。民主党議員の中にも、会計監査企業から巨額の献金を受け取っている者はもちろんいる。しかし、意味のある会計制度改革を拒否するような現在の活動は、明らかに共和党のイニシアティブによるものであり、行政の最高責任者からの命令によるものである。ニューヨーク・タイムズの報道によると、サーベンス法案を阻止するために、グラム上院議員は「ブッシュ政権と緊密に調整している」という。

前回、私が言ったことを繰り返したい。正直な企業会計とは、右派か、左派かという問題とは関係ないのである。それが必要なのは、すべての投資家を、内部情報を利用した犯罪から守るためである。ブッシュ政権は、問題あるシステムの改革を妨害することで、一般国民の利益よりも数社の独裁を優先しようとしているのである。

最後にひとこと。これはアメリカの投資家を公平に扱うかどうかの問題ではない。アメリカは経済危機以前のアジア諸国と同様に、海外からの資金流入に多くを頼っているが、それはアメリカ市場が公正であるという国際的な信頼があればこそなのだ。ブッシュ政権は、投資家はアメリカ以外に行くところはなく、たとえ改革しなくとも資金は自国に流入し続けると思い込んでいるようである。それはインドネシアのスハルトが信じ込んでいたことと同じだ。

24

金銭欲は悪である

GREED IS BAD

2002.7.4

「レディーズ・アンド・ジェントルマン、ここで大事なことは、つまり金銭欲は善だということです。金銭欲があってこそ、物事はうまくいくのです。金銭欲は正しいのです……そして私のこの指摘を忘れないで下さい、つまり金銭欲はテルダー・ペイパーという会社を救うだけでなく、アメリカ合衆国という名の機能不全に陥った企業をも救うのです」

企業の乗っ取り屋であるゴードン・ゲッコーは、一九八七年の『ウォール街』という映画でそう演説していたが、彼は物語の中で自らの行ないに対して罰を受けている。しかし、現実の世界では、彼の哲学はアメリカの企業文化を支配するようになっていった。そしてそれが現在、アメリカのビジネス界を押し流さんばかりのスキャンダルの波の背景となっているのである。

ここではっきりさせておきたいことがある。私は道徳について話しているのではない。経営理論について論じているのだ。昔と比べて企業のトップの質が、人間として悪くなった（ないしは良くなった）ということではない。何が変わったかというと、企業トップに対するインセンティブである。

二五年前、アメリカの企業は、今日の強情で抜け目のないものとは似ても似つかない存在だった。

それどころか、今日の基準からすると、それらは社会主義的な存在ですらあったといえる。最高経営責任者の給与は、今日の贅沢なものと比較すると少額であった。また、経営トップは株価を上げることに腐心してはいなかった。彼はいくつもの目的のために奉仕し、従業員のためにも働いた。その最たる例はゼネラル・モーターズで、ゲッコーの登場以前は「ゼネラス（気前のよい）・モーターズ」と社内で呼ばれていたほどだ。

アメリカは今日、金銭欲は善であるというイデオロギーに埋もれているため、そのようなシステムが以前機能していたと想像することすら難しくなっている。事実、第二次大戦後のアメリカでは生活水準は二倍に跳ね上がっていた。しかしその後成長が止まると、企業の乗っ取り屋が登場したのである。

企業の乗っ取り屋は、会社をリストラしてスリム化することで収益を増大させ、そのことによって株価も上げられると主張した（その主張はほとんどの場合正しかったのだが）。借金を減らし、株価を上げろと、経営者にシッカリとやるか、それとも倒産するかと迫った。同時に、経営トップの給与も株価に大きく左右されるようにすることで、いかなる手段を用いても株価を上げるようにと仕向けたのである。

これらのことは、企業会計を教える教授たちにとってはまったく正しいことだった。ゲッコーの演説は実際、「プリンシパル・エージェント」と呼ばれる理論を模範にしたものだった。つまり、経営者の給与は株価に大きく左右されるべきであるという理論である。「今日、経営者は会社と利害をともにしていない。経営トップ全員を合わせても、会社の株式の三％以下しか所有していない」

そして一九九〇年代、企業はこの論理を実践に移した。その結果、乗っ取り屋たちは姿を消した。

アメリカの企業内にゲッコー的なものが宿った以上、もう彼らは必要ではなくなったのだ。シカゴ大学ビジネススクールのスティーブ・カプランは、一九九八年、満足げに「我々は現在、全員ヘンリー・クラビスになった」と指摘していた。つまり、何が何でも株価が上がりさえすれば経営者は豪勢な報酬を手にすることができるという、新たな現実感覚がアメリカの企業文化に吹き込まれたのである。

そして数カ月前まで、それはうまく機能していると思われていた。

しかし、毎日のように新しいビジネス・スキャンダルが起こっているような現在、我々はその理論の決定的な欠陥を目の当たりにしたのである。つまり、経営トップに贅沢な成功報酬を与えるシステムのために、社外への情報のほとんどをコントロールできる経営陣は、あたかもその企業が成功しているかのように装いたくなるのである。「積極的な会計」、売上げを水増しする事務処理、株価を上げるためなら何でもやるのである。

とはいえ、いつの日か真実は明らかになるものだ。数年にわたる見せかけの成功は、経営トップを大金持ちにした。ケン・レイ、ゲーリー・ウィニック、チャック・ワトソン、デニス・ゴズロウスキーは、早期退職を強いられたが、数億ドルもの退職金をもらうのだから文句はないだろう。刑務所送りにならないかぎり、不正行為こそは間違いなく最善の手段なのである。しかし巨額の富を手にした現代の犯罪人が、本当に刑務所に送られると考える者がいるだろうか。

これは数個の腐ったりんごについて話しているのではない。過去五年の統計を見ると、企業が投資家に報告した収益と、企業の成長を測る他の指標とでは、劇的な隔たりがあることが分かる。これは多くの大企業が（もしかするとそのほとんどかもしれないが）数字をごまかしているかもしれないという明らかな証拠である。

現在、企業に対する不信感が、いまだ本格化していない景気回復の行方を危うくしている。結局のところ、金銭欲は悪だったのである。しかし、何がアメリカのシステムを改革するのだろうか。ワシントンは、ノンポリ色の強いインターネットサイト、コーポレイト・ガバナンス（corpgov.net）の判断に賛成しているかのようである。つまり、「企業のロビイストの力を考慮に入れると、やはり、政府の影響力というものは、事実上しばしば企業の影響力と同等のものなのである」と。

もしかすると、企業は自らを改革するのかもしれない。しかし、いまのところ何の変化の兆しもない。だから考えざるをえない――アメリカ合衆国という名の機能不全に陥った企業を、いったい誰が改革するのだろうかと。

25

詐欺の味

FLAVORS OF FRAUD

2002.7.28

あなたがアイスクリーム屋の店長だとしよう。その店はあまり儲かっていない。では、どうすれば儲かるようになるのだろうか。これまでに発覚した巨額のビジネス・スキャンダルから分かるように、経営トップたちはいくつかの異なる策略をめぐらしてきた。

まず、エンロンの策略である。今後三〇年間、アイスクリームを毎日客に提供するという契約を結ぶ。その際、わざと一個当たりのアイスクリームの供給コストを過小評価する。そして将来までのアイスクリームの予測利益のすべてを今年の収支決算に計上する。すると突然、非常に収益性の高いビジネスを行なっているかのように粉飾でき、吊り上がった価格で株式を売ることが可能になる。

次がアメリカのエネルギー大手、ダイナジーの策略である。アイスクリームの販売は儲かっていないが、将来的には儲かると投資家を説得する。そして近所のアイスクリーム屋と秘密の内に協定を結ぶ。お互いに毎日、何百というアイスクリームを買う協定を結ぶ。または買っていると見せかけるのである。そうすれば、実際にアイスクリームをいちいち運ぶ手間が省ける。その結果、取引額が水増しされるので、将来性のある市場であたかもあなたの会社がすでにビックプレイヤーであるかのように見せかけることができ、株式を高値で売ることができる。

またはアメリカ、ケーブルテレビ大手、アデルフィアの策略もある。顧客と契約を結び、投資家の注意を収益性よりも契約数に向けさせるのである。このやり方では、架空の取引の必要はなく、単に架空の顧客をつくりあげてしまえばいいのである。契約数が急増しているので、アナリストは会社を高く評価し、吊り上がった価格で株を売ることができる。

最後にアメリカ通信大手、ワールドコムの策略がある。このやり方には、架空の販売は必要ない。直接の費用がなかったかのようにしてしまえばいいのである。運営費、たとえばクリーム、砂糖、チョコレートシロップを新しい冷蔵庫の購入費の中に含んでしまえばいい。すると簿記上では、儲かっていない商売がすごく儲かっているように見えるのである。資金を借り入れているのは、新しい設備を購入するためだけのように見える。そうやって吊り上げた値で株を売ることができるというわけである。

おっと、忘れるところだった。では、そのカネをあなた個人の懐に入れるにはどのようにすればよいのか。最も簡単な方法は自分自身にたくさんのストック・オプションを与えることである。そうすれば、吊り上がった株価の恩恵を受けることができる。また、エンロンのように特別目的会社を多数設立し、債務を簿外に移す会計操作をしたり、アデルフィアのように会社の資金を不正に流用し、個人のローンに使ったりして、儲けを膨らませることができる。CEOとは実にいい商売である。

これらの不正行為に関して不吉なことがいくつかある。まず、これまで発覚した巨額のビジネス・スキャンダルは、それぞれ異なる手口を用いている。したがってエンロンや、ワールドコムのような策略をめぐらした企業が他にもあったと考えるだけでは、十分ではないのである。当然のことながら、他の企業は他のトリックを使ったに違いないのだ。

第二に、詐欺行為を摘発するのはそれほど難しいことではなかったはずだという点である。たとえば、ワールドコムは現在、昨年の投資の四〇%はいんちきで、実は運営費だったと認めている。どうしてそのような巨額の粉飾を、会計監査人、銀行、監督官庁など、企業の詐欺行為に対して注意を促さなければならない人々が、見逃してしまったのだろうか。その答えは、もちろん、目を背けたか、それとも対策を講じることを阻止されたからである。

私はアメリカのすべての企業が腐敗していると指摘したいのではない。しかし、経営トップが不正行為をはたらいたとき、たいした障害に直面しなかったことは明白だ。会計監査人は、多額のコンサルティング費用を払う企業に対して厳しく対応するようなことはしなかった。エンロンのケースのように、儲かるサイドビジネスの仲間に加えてもらった銀行のトップも同様だった。そして政治家たちは、政治献金や他の誘惑によって企業の言いなりになり、監督官庁にその職務を遂行させないようにした。つまり、監督官庁の予算を削ったり、法の抜け穴をこしらえたりしたのである（ワールドコムが強く非難されているその最中でも、ブッシュ大統領は、悪名高き「エンロン免除法」――まさにエンロンを厳重な調査から保護するためにつくられた法律――を草案した者を、重要な監督官庁のトップに任命しようとしている。また、議員の中には、ニューヨーク州の司法長官、エリオット・スピッザーが調査している汚職事件について何か対応しようとするよりも、スピッザーを弾圧することに熱心な者もいる）。

その間にも新たな事件は次々と発覚している。半年前、このコラムで、私は長い目で見るとエンロンのスキャンダルのほうが、九・一一テロ事件よりも、アメリカが自らの見方を変える大きな転換点となるだろうと書き、それは多方面から批判を浴びた。それは、今日でもまだ、あまりにも信じがたい指摘として聞こえるだろうか。

26

みんな怒っている

EVERYONE IS OUTRAGED

2002.7.2

ビル・クリントン前大統領がアメリカ証券取引委員会の委員長に任命したアーサー・レビットは、企業会計の監視強化を推進しようとし、しばしばロビイストたちの抵抗に遭い、窮地に追い込まれた。そこでブッシュ大統領は、ハーベイ・ピットを彼の後任として任命したのだが、ピット委員長の公約は「やさしく、思いやりのある」証券取引委員会にすることだった。エンロンの不正会計事件が起こった後でさえも、ブッシュ政権はいかなる会計ルールの見直しにも断固として反対してきた。たとえば、ウォーレン・バフェットのような大物投資家たちは、企業の決算報告に記載される収益から、経営トップのストック・オプションが差し引かれることを求めてきたが、ブッシュ政権はそれを拒否している。

とはいえ、ブッシュ大統領とピット委員長もワールドコムの事件には憤慨しているという。下院の金融サービス委員会の共和党議長、マイケル・オクスレー議員は、一九九五年に（クリントン大統領が拒否権を行使していた）法案を成立させるにあたって、大きな役割を果たした。その法律は投資家が訴訟を起こすことを妨げたため、企業犯罪が増加するようになったのである。もっと最近では、メリル・リンチが自社内で価値がないと評価した株を投資家に推薦していた事件について、オクスレー議員は怒っている。怒っているのは、投資家を騙したからでなく、メリル・リンチが補償金を払うことに同意したことが前例をつくってしまうかもしれないからである。しかし、彼もワールドコムの事件には憤慨しているという。

このオクスレーの突然のモラルの発露は、一般の人々が企業の不正に対して苛立ちを募らせていると世論調査が示していることと関係があるのだろうか。

たとえそれが世論調査に起因する突然のひらめきであったとしても、歓迎するべきであろう。しかし、たぶんその怒りは本物ではないと思われる。エンロンなどの企業犯罪をウォッチしているウェブサイト、デイリー・エンロン（dailyenron.com）が先週指摘しているように、「狐たちは、行方不明になった鳥を一生懸命に追いかけているのだ、とアメリカ国民を説得しようとしただけ」なのであろう。

特に大統領の怒りを真面目に受け止めることは難しい。超党派の調査報道NPO、センター・フォー・パブリック・インテグリティーのチャック・ルイスが見事に言い当てているように、ブッシュ大統領は、「これまでのいかなるCEOたちよりも、問題を抱えるエネルギー関連会社と不正会計についてもっとも熟知している」のである。ルイスが指摘しているのは、公の場で討議されるべきハーケン・エナジー社の問題である。

私はこの前のコラムで企業詐欺のテクニックについて述べたが、エンロンが好んだやり方をひとつ書き忘れてしまった。つまり、架空の資産売却である。例のアイスクリーム店の話でいえば、あなたの所有する古い配達トラックをXYZ社に法外な価格で売り、そこから得た利益を企業の収益として計上するのである。しかし、その処理はいんちきである。XYZ社というのは、実際にはあなた自身、つまりアイスクリーム店が所有する架空名義の会社でしかないのである。しかし、このことが投資家に知られてしまうまでは、自社の株を人為的に高く吊り上げた値で売ることができるのだ。

ハーケン・エナジーの事件について、三月四日付けのウォール・ストリート・ジャーナル紙は次のように書いている。一九八九年、ブッシュ大統領はハーケン・エナジーの役員を務め、監査委員会のメンバーでもあった。彼がその地位とハーケン株をたくさん手に入れたのは、ハーケンがスペクトラム7という、多額の借金を抱えていた赤字の中小企業を買収したためである。ブッシュ大統領は、その会社の最高経営責任者であった。なぜ買収したのかと聞かれたハーケンの創設者は、こう説明したそうである。「彼の名前がジョージ・ブッシュだった」

不幸なことに、ハーケンも赤字で、どんどんカネを失っていた。しかし、一九八九年、ハーケンは損出のほとんどを隠すことに成功している。子会社であるアロハ・ペトロリアムを高額で売却し、その利益で赤字を穴埋めしたからである。誰がアロハ・ペトロリアムを買ったのだろうか。それはハーケン社内の幹部グループ、つまりインサイダーたちであり、買収資金のほとんどはハーケンからの借入金であった。証券取引委員会は後にそれを不正な会計処理だと判断し、一九八九年度の収支報告を修正するように命じている。

しかし、そのかなり前、といっても悪いニュースを隠しきれずにハーケン株が暴落する数週間前のことなのだが、ブッシュ大統領は持ち株の三分の二を売却している。売却益は総額八四万八〇〇〇ドルにのぼったが、それはインサイダー取引疑惑に揺れる「カリスマ主婦」、マーサ・スチュアートが得たといわれる金額の四倍である。法律ではインサイダーによる株式売却は即刻情報開示されなければならないが、不思議なことにブッシュ大統領はその取引を証券取引委員会に報告するまでに三四週もかかっている。証券取引委員会の内部文書は、ブッシュ大統領は法律に違反したと結論しているが、彼は告発されずに済んでいるのである。関係者たちは口をそろえて、この処置に関しては彼の父親が大統領であったということとはまったく関係がない、と主張している。

いま述べたような大統領の経歴を踏まえ、またディック・チェイニー副大統領も大手エネルギー企業、ハリバートンでCEOを務めていた頃に同じような興味深い経歴があるということを考慮すれば、現在の政権ほど企業の不正を監視するのに適している政権はないと言えるだろう。何といっても、ブッシュ大統領もチェイニー副大統領も、その方面では直接の経験があるのだから。

そしてもしどこかの皮肉屋が、企業不正に対するブッシュ大統領の突然の怒りは本物ではないと指摘するようなことがあれば、彼のスポークスマンがいかに反応するか、私は知っている。彼らは憤慨するのだ。

27

THE INSIDER GAME

インサイダー・ゲーム

2002.7.12

アメリカ資本主義の現在の危機は、不正会計、ストック・オプション、経営トップに対する報酬などの特定の事情によるものだけではない。真の問題はインサイダーの利益のためにゲームが不正に行なわれている点にある。

ブッシュ政権にはそのようなインサイダーがたくさんいる。だからいくらブッシュ大統領が不正を行なった閣僚を厳しく取り締まると強い口調で演説しても、何の解決にもならないのである。（いまのところ）最も極端な例は、トマス・ホワイトである。彼が担当していたエンロンの部署は五億ドルもの架空の利益を上げ、彼自身もエンロンが倒産する直前に一二〇〇万ドル相当もの株式を売却している。それなのに彼はまだアメリカ陸軍長官の職に居座っているのである。それでどうしてブッシュ大統領の説教を真面目に聞くことができるだろうか。

ブッシュ大統領の言動を見ていると、まったく分かっていないようである。彼が以前重役をしていた石油会社、ハーケン・エナジーにおけるアロハ・ペトロリアムとの一件――企業の自己売買によって巨額な収益が報告された――は、明らかに企業の収益を多く見せようというものである。このことについて尋ねられると、ブッシュ大統領はこう答えている。「見解の相違があったことは事実だ……会計の手続きに関しては、時として白黒をつけることができないものだ」

それに大統領はまだ、経営陣への報酬であるストック・オプションを費用として計上することを義務付けるなどの、企業による詐欺事件を減らす改革にも反対している。また、会計監査法人が監査する企業からコンサルティング料を受け取ることを禁じるなど、詐欺を容易に行なえなくするような改革にも、反対しているのである。

ブッシュ大統領の強気の、しかし、ほとんど中身のない火曜日の演説は、詐欺行為で有罪と宣告された経営トップにさらに重い刑を科すことを訴え、これまでで一番まともな提案らしきものだったといえる。しかし、それは空虚な脅かしでしかない。現実には、最高経営責任者はめったに詐欺行為で告発されることはないのである。エンロンの事件でもいまだに起訴されたケースは、ひとつとしてない。「チェーンソー・アル」ダンラップ（アルバート・ダンラップ、企業再建のために何千という従業員を解雇してきたことから「チェーンソー」とあだ名されている）という連続帳簿詐欺師とでもいえるような人物でさえ、民事訴訟でしか告訴されていないのである。それにほとんどの場合、有罪判決を受けることはない。会計の問題はあまりに技術的すぎるので陪審員の多くは混乱してしまう。高い費用を取る弁護士が、その混乱を最大限に利用する。もし、すべての手が尽きたとしても、著名な経営者には守ってくれる政府のお偉い友人が控えている。

このごろビジネス・スキャンダルが相次いで発覚しているが、企業管理の問題であるという以上に、それはブッシュ大統領のこれまでの経歴からしてあらかじめ予想されていた事だと言える。

ここで余談。ブッシュ大統領のビジネス・キャリアを疑問視する声をしりぞける評論家もいる。それは昔の事で、いまはもう関係ないというのである。しかし、その同じ評論家たちの多くが、七年間と七〇〇〇万ドルを費やしてまでもビル・クリントン前大統領の土地売買取引を調査することをまったく適切だと考えていたのである。その取引は不成立に終わっており、ブッシュ大統領の場合よりもさらに過去にさかのぼるというのにである。もし、もっと最近の事件を挙げるとするなら、野球チーム、テキサス・レンジャーズへのブッシュ大統領の投資について調査してはどうだろうか。その一件が巨額の利益を生んだのは、政府の政策と個人の取引の利害が非常に密接に結びついていたからである。ハーケンの一件に関しては、調査する必要はないだろう。およそ二年前、ジョー・コナソンがハーパーズ誌にすべてを書いている。

しかし、ハーケンの一件は我々にもっと多くのことを教えてくれている。アメリカ証券取引委員会は、ブッシュ大統領の株式売却を調査しているのだが、その調査結果を見ると、なぜ政府要人とコネを持つ悪党たちが、大統領の例の演説に耳を傾けないかがよく分かる。

ブッシュ大統領は、証券取引委員会によって「綿密に調査された」と主張している。だが、実際のところ委員会による調査は、異様なほどいいかげんであった。委員会は、ブッシュ大統領の見事なまでにタイムリーな株式売却でさえ、内部情報を利用したものではなかったと、大統領にもハーケンの取締役たちにも直接質問しないままに結論付けてしまっている。ひょっとすると証券取引委員会の高官たちは、ブッシュ大統領についてもう十分に知っていると思ったのかもしれない。なぜなら大統領であった彼の父親は、その親友を証券取引委員会の委員長に任命しているからだ。それに通常、法的処置を決定する委員会のトップは、ブッシュ大統領の元顧問弁護士であり、テキサス・レンジャーズの買収交渉に当たったのもその人間であった。私は決してデタラメなことを書いているのではない。

企業で不正を働く者の多くは、ブッシュ大統領ほど太いコネを持ってはいないだろう。しかし、彼と同じように、丁重に扱われることを期待するだろうし、事実、たぶんそうなることだろう。興味深い類似だが、証券取引委員会は、損失を収益として報告していた大手エネルギー会社、ハリバートンの非常に疑わしい会計を調査しているというが、当時の最高経営責任者に対してはいまだに事情聴取を行なっていない。その最高経営責任者とは、副大統領のディック・チェイニーである。

要はブッシュ大統領が過去と決別して、必要な企業改革に着手するだろうという期待は先週、消え去ったということである。大統領は真の改革者ではないのである。彼はそれをテレビで演じているだけなのだ。

28

怒りの抑止力

THE OUTRAGE CONSTRAINT

2002.8.23

アメリカの最高経営責任者(CEO)の高給は、最高級の経営能力を求める企業間の熾烈な競争を反映するものである。ストック・オプションや他の典型的な報酬は、最高のパフォーマンスを引き出すためのインセンティブとなっている。それらのインセンティブは、経営者の個人的な利害と株主のそれとを結び付けるものである……。

この内容はすべて事実ではないというのが、経済シンクタンク、ナショナル・ビューロー・オブ・エコノミック・リサーチ(NBER)が行なった驚くべき調査の結論である。この調査報告は、アメリカ経済で本当に何が起こっているかを知りたいと思っている者にとっては必読書である。

この「アメリカにおける経営トップの報酬――適切な契約か、それともぼったくりか」という調査報告は、ルシアン・ベッドチャック、ジェシー・フライド、デイビッド・ウォーカー(それぞれハーバード、バークレー、ボストン大学)の手によるもので、私が初めて読んだのは去年の一二月だった。この分析を読んだがゆえに、私はエンロンの事件が明るみに出始めた頃、これは数多いスキャンダルのひとつでしかないだろうと悟ったのである。

その調査が明らかにしているのは、CEOが株主の利害を代表して会社のために働いているという建て前の理屈はまったく間違っているということである。実際には、現代のCEOは自分で自分の報酬を決めている。その報酬を制限できるのは、「怒りの抑止力」だけである。「怒りの抑止力」とは、重役たちからのものではない。重役たちの待遇の多くはCEOの配慮によるものだからである。「怒りの抑止力」は社外の人々によってもたらされるものであり、世間で騒がれて問題となることもある。経営トップへの報酬の多くの要素は、インセンティブではなく「カモフラージュ」を提供することが真の目的となっている。つまり、CEOは自分自身に豪勢な高給を与えると同時に、その法外な報酬が引き起こすかもしれない怒りを最小限に抑えているのである。

この点が最も歴然としているのが、ストック・オプションである。経営トップの給与とその会社の株価がリンクすることにはもっともな理由があるとしても、インセンティブという本来の意図を実践しようという試みは、まったくなされていないのが現状だ。たとえば、経営トップの給与はその企業の株価に連動して算出されるべきだが、それは他の関連企業で構成された株価平均と比較して計算されなければならない。そうすれば経営トップの給与は、株式市場全般の動きでなく、その仕事ぶりを反映することになる。

しかしながらCEOは通常、ストック・オプションを市場の価格で受け取っているのが実情である。それ以上でも、それ以下でもない。つまり、もし株価が上がれば儲かり、もし下がれば、低い価格で新たなるストック・オプションを受け取るのである。公平を期すために言うが、ストック・オプションを与えるほうが会社にとって税制上有利であるために、この習慣が助長されているというのも事実である。しかし、経営者がこのようにして給与を受け取るのは、そのほうが得だからである。株価が下落し続けないかぎり、遅かれ早かれ、市価でストック・オプションを受け取っていれば、大金を手にすることができるのである。だが、それはそのおいしい契約をカモフラージュするような方法で行なわれている。ストック・オプションはほとんどの場合、企業の経費として計上されることもなく、常に成功報酬という形で支払われている。

企業のカモフラージュ・テクニックが上達し、露骨な行き過ぎに対する抑制が段々と弱まったことによって、大企業のCEOの平均給与は急上昇した。一世代前、平均的な労働者との給与格差は、「たった」四〇倍でしかなかった。それがいまでは五〇〇倍にまで跳ね上がっている。これはたしかに巨額ではあるが、最大の問題は額面そのものではない。問題は、巨額な給与をカモフラージュするためのトリックこそが、ストック・オプションを受け取る経営者トップに株価を吊り上げさせる大きなインセンティブとなっている事実である。

アメリカは、インセンティブがいかに企業の行動を歪めているか理解し始めたばかりである。これまで企業が巨額買収と事業拡張をはかり、悲しい結末に終わったケースがいくつかあった。しかし、それが判明したのは経営トップたちが巨額なカネを手に入れた後である。また、アナリストの期待に応えるため、またはそれを超えようとするために、大規模な「架空の会計」があったことも判明している。バブルが終わりを迎える前の数年にわたって、大企業のほとんどは二桁の収益増を報告している。しかし、国の統計を見るや、実際の企業収益はまったくといっていいほど伸びていなかったのである。

私はCEOが意識的に犯罪を犯していると主張しているのではない。口ヒゲをいじりながら、自分たちの悪事を思ってほくそ笑んでいたと言っているのでもない。ただ、彼らは自らの行動を正当化することが非常にうまく、エンロンの元CEO、ジェフ・スキリングでさえ自分を被害者だと考えているという。大半のCEOは、法を遵守して行動したというだろう。

しかし、アメリカの企業システムが、悪い行動に対して巨額のインセンティブを払っているというのは事実である。エンロンの最高財務責任者（CFO）だったマイケル・コッパーが水曜日に裁判所に申し立てを行なうが、それが「終わり」の「始まり」になったとしたら、それは私にとって驚きである。それはよくて、「始まり」の「終わり」でしかないだろうからである。

第二部

いい加減な数字

南米のある国の政治家たちには虚偽の公約をする癖がある、という記事を読んだことがある。ある政党などは、すべての道路を下り坂になるように整備し、ガソリンの燃費を改善すると公約したという。

いまやアメリカでは、そんな冗談は冗談ではなくなってきている。

二〇〇一年のブッシュ大統領の減税と、その二〇年前のレーガン大統領の減税とのあいだには明らかな類似点がある。しかし、政治をめぐる現代の環境は当時とはかなり異なり、もっと恐ろしいといえる。私はレーガンを尊敬しているわけではないが、レーガンは少なくとも自分の計画を正直に提案した。彼は、富裕層に対して大規模な減税を実施しようとしているのだ、ということを否定しなかった。また、彼のサプライサイドの経済理論を受け入れてこそ、初めてその政策が実現可能になるという事実も隠さなかった。

しかし、ブッシュ大統領が似たような政策を提案した際、彼はそのすべてを偽った。減税は主に中産階級のためだと偽り、財政予算の枠の中で楽にそれを実現することができると主張した。少し宿題をやればその二つの主張がまったくの嘘であることは分かったはずである。だが、なぜかマスコミはその宿題を怠っていた。

二〇〇〇年の大統領選挙が始まって数ヵ月間、私にはそこで起きていた事が信じられなかった。大政党の大統領候補が、自らの政策の中身について露骨な嘘をついているのだろうか。果たして、マスコミはそれを本当に見逃してしまっているのだろうか。その通りであった。

そして、ブッシュ大統領は、歴史上最大のおとり商法に成功したのである。まず、彼は減税に関して、一般家庭に財政黒字を還元する政策だと説明した。実際には財政は破綻し、減税のほとんどが大金持ちの利益のためだったのだ。そして財政が大幅に赤字になり始めると、彼はその政策を星条旗に包んだ。赤字を邪悪なテロリストと、彼のコントロールの及ばない勢力のせいにした。エコノミストとして、私は何が起こりつつあるか理解し、コラムの中で説明しようとした。評論家たちは、私のことを凶事の予言者と呼んだ。彼らは正しかったと思う。誰も予言者の言葉を信じなかったが、予言は当たっていた。

第5章では、ブッシュ大統領の減税の売り込みについて述べる。最初は大統領選挙のために、そして後には議会を通すために使われたトリックや、ごまかしや、真っ赤な嘘などについてである。その背後には、本来であれば社会の公益を守るべき組織や個人の失態がある。マスコミはその事態の説明に完全に失敗していた。そのためにブッシュ大統領は財政について信じられないほど露骨な嘘をつくことができたのである。それに金融の健全性を守るべき者たちでさえ、信念を捨て去っている。その顕著な例が、クリントン時代の財政規律の守護神、アラン・グリーンスパンである。彼は知的に混乱してしまい、ブッシュ大統領の無責任な減税を支持してしまった。

私には、苦労して勝ち取った財政黒字をブッシュの政策が浪費してしまうことは明らかだった。私が見抜くことができなかったのは、いかに早く財政規律が崩れてしまうかであった。記録的な財政黒字は、瞬く間に赤字に転じてしまったのである。そしてもちろん、九・一一事件が彼らの計画を隠し、赤字を海外の犯罪人のせいにする口実を与えることなど、知る由もなかった。第6章では九・一一事件以降、財政破綻――そのことについては誰も心配していなかったように思えた――の規模が徐々に明らかになるにつれて起こった財政論議を追っている。

だが、なぜ財政破綻を心配する必要があるのか? ブッシュ政策を擁護する者たちは、経済全体と比較した場合、アメリカの財政赤字は過去の水準からしてそれほど巨額ではないという。また、現在の財政赤字は前例のないものだが、全体の経済規模と比較するとそれほど例外的ではないとも主張していた。しかし、過去とのそのような比較は大きな誤解を招く。ブッシュ政権の政策は、非常に無責任であり、近い将来、アメリカに大きな危機をもたらすだろう。なぜか。「Bデイ」の到来が数年先に迫っているからである。つまり、ベビーブーム世代が引退し始める日である。

アメリカ政府を、軍隊を持っている大きな保険会社と考えるとよいかもしれない。巨大な年金プログラム――社会保障とメディケア(六五歳以上の老人を対象とした老人医療保障)――は、すでに政府予算の多くを占めている。その額は一〇年後、さらに増大するだろう。政府がそれを負担し続け、巨額な財政赤字の金利も払い続けるのなら、何かを切り捨てるしかないだろう。したがって今日ほど財政を黒字にし、政府の借金を返すべき時はないのである。また、今日ほど財政を大きく赤字にするのに最悪の時期もない。

では、社会保障とメディケアを改革してはどうだろうか。いい考えではないだろうか。大統領選挙中、ブッシュの社会保障「改革案」は、好評であった。しかし、第7章で説明するように、その改革案は当初から欺瞞に満ちていた。ブッシュは本質的に2－1＝4だと主張していたのである。つまり、社会保障の収入の一部を民営化し運用すれば、その制度を強化することができるというのである。だが、簡単な計算で分かるだろうが、それは実際にはまったく逆の結果をもたらすのである。メディケアに関する政権の嘘は、それより巧妙であったが、同じように露骨であった。実際、どちらの改革案も両制度をさらに悪化させてしまうし、無責任な財政政策によって問題は深刻化するだろう。

その結果何が起こるのだろうか。本書をまとめている際、私はアメリカの国家財政の将来について深く考えてみた。その結果、私は住宅ローンを固定金利に切り換えた。ここ数年、たぶん大方の予想よりも早く、金融市場は経済状態を見極め、アメリカ政府が矛盾する約束をしていたことに気がつくことだろう。将来定年を迎える者に対する年金手当ての約束、アメリカの国債を買った者への返済金、そしてそれらすべてをまかなうにはあまりにも低すぎる税率。何かを切り捨てなければならないだろうが、それは綺麗事では済まないはずだ。事実、私の見るところ、アメリカは南米諸国型の経済危機に向かっているといえる。つまり、政府が債務問題を解決するためにインフレを起こそうとするかもしれないという懸念が、金利の急上昇を招きうるということである。

第5章

安い商品で客を引きつける……

29

しまった！　彼がまたやってしまった
OOPS! HE DID IT AGAIN

2000.10.1

経済ニュースにおいて、いまは告白の季節である。収益が市場の期待に達していないと多くの企業が認めている昨今、CNNの「マネーライン」のような番組を見るのは辛くなってきた。テレビでは毎晩、収益がなぜ予測を下回ったのかとインタビュー攻めにあい、経営トップたちがもがき苦しんでいる。言うまでもなく、その会社の会計は正直なものであるはずだ。だから、インタビュアーはちゃんと予習をしており、数字が間違っている時は容赦なく攻撃してくる。

しかし、中には特別扱いされている人もいるようである。

正直なところ、私はジョージ・W・ブッシュが述べる数字について、もう本当にコラムで書くつもりはなかった。しかし、先週水曜日、彼がマネーラインに出演した際の発言にはびっくりさせられた。私は彼の言葉をちゃんと正しく聞き取れていたのかを確かめるため、番組のサイトに掲載された彼の発言をダウンロードしたほどである。それはまるで彼のアドバイザーたちが、次のように書かれたメモを事前に渡していたかのようであった。「これまでの遊説であなたは、いくつかの間違ったことを述べてきた。いま、番組の数分の持ち時間におけるあなたの使命は、それを繰り返すことにある。一般論で話すのでなく、ある特定の間違った数字を述べよ。それで彼らを納得させられるはずだ」

　まず、ブッシュは財政について「およそ四兆六〇〇〇億ドルの財政黒字が見込まれている」と語った。見込まれている額は怪しいとしても、そのこと自体は事実であろう。それから彼はこう続けた、「その黒字の一部、一兆ドルに近い金額を高齢者のための医療プロジェクトに振り向けたい。また平和を守るための軍事力強化にも。私は世界における教育についても考えがあるし、また、環境のためにもその一部を確保したいと思っている」

　一兆ドル近い金額？　三週間前、ブッシュ大統領候補陣営が発表した財政に関するステートメントでは、新しいプロジェクトへの支出は四七四六億ドルだとしていた。つまり、一兆ドルの半分以下である。ブッシュは教育や環境などに強い関心のある、感性豊かな人間であるということを印象付けたいのだろう。しかし、だからといって、自ら発表した数字の二倍もの額をそれらに使ってもいいわけがない。

　また、彼は減税規模についてこのように続けた。「しかし、まだ四分の一ほど未使用分が残っており、その額は約一兆三〇〇〇万ドルほどになる。私はそれを、税金を払っている人々に還元すべきだと考えている」だが悲しいかな、四かける一兆三〇〇〇億は五兆二〇〇〇億であり、四兆六〇〇〇億ではない。いずれにしても、金利を含めた減税の総予算は一兆六〇〇〇億ドル、つまり見込まれている黒字の三分の一以上なのである。

　次には社会保障の問題が挙げられる。ここでは若干の説明が必要だろう。社会保障に問題があるのは、そのシステムに大きな「穴」があるからである。それは基本的には隠れた借金だといえる。なぜならこれまでの退職者の年金手当ては、若い労働者によって支払われてきたものだからである。その穴がある限り、ブッシュが提唱しているように社会保障の民営化を正当化することはできないだろう。個人が国債に投資して得られる利回りと、社会保障の想定利回りを比較しても意味がないのである。その比較は、誰かが支払わなければならない何兆ドルにも上る借金を無視している。

ブッシュは一瞬たりとも時間を無駄にせず、次のいんちきな比較に移った。「安全の上に安全を期した――その四％という数字〔国債の利回り〕は――今日、社会保障基金から得られるものの倍にあたる」

ブッシュの発言を正当化することができるのだろうか。数分の間に三つも、利己的で大きく誤った発言をしているのである。私の知る限りそれを正当化する手立てはない。ここで問題にしているのは疑わしい経済分析についてではなく、単に事実か否かだけである。ブッシュが全国放送の視聴者に向かって言ったことは、単純に事実ではなかったのである。

ここで顕著な点はマスコミの沈黙である。保守派に「リベラルだ」と批判されてきたようなメディアが沈黙している。「マネーライン」のキャスターなら、企業の最高経営責任者が、プレスリリースに発表した額よりも研究費を二倍も多く使うと発言したら、黙って見逃さないだろう。しかし、ブッシュが自分の選挙陣営が発表した額の二倍のカネを新しいプロジェクトに使うと発言したのに、キャスターは何も言わなかった。そして誰もその点を追及しようとはしなかった。

すでに書いたように、私はこのようなことを書き続けたくないのである。しかし、記者は日々の取材に追われ、大統領候補の実際の政策提案に関する発言を吟味するには忙し過ぎる。だから誰かが指摘しなければならないのだ。自らの経済政策を披露する番組で、ブッシュはまたやってしまったのだ。彼は支出計画を大きく誇張し、減税のコストを過小評価し、社会保障の問題をごまかしたのである。

30
WE'RE NOT RESPONSIBLE
アメリカは無責任である
2000.10.18

この大統領選挙がいかなる結末に終わろうと、将来の歴史家は今年をアメリカが大きな政治的テストに失敗した年と見なすことだろう。

数十年にわたり、民主党、共和党による政治的無責任が続いた後、一九九〇年代に入るや、アメリカは奇跡的に成熟した国家になったかのように見えた。つまり、将来に対して長期的な視野を持ち、景気が悪くなる時に備えて、景気のいい時に貯蓄する国になったように思えたのだ。しかし、それは幻想でしかなかった。アメリカは結局のところ、大人のふりをしていただけだったのである。

国の責任ある財政政策の基本ルールは、家族にとってのルールとほぼ同じだといえる。景気のいい時に借金を返し、貯蓄する。そうすれば後にその貯金を使うことができる。現在はアメリカ政府にとっていい時であるといえる。その理由は三つある。

まず、第一にアメリカは平和である。主だった軍事的な敵は存在しない。このような平和が長続きしないのが世の常だからと言って、新しい冷戦の勃発など考える必要もないのである。いずれにせよ、いつの日か防衛費は現在の低い水準から上昇することになるであろう。

第二に、アメリカの人口構成は近い将来までは良好に推移するだろう。いまのところアメリカ政府は、高齢者の医療負担と収入をほぼ保障しているといえる。しかし、いまからちょうど一〇年後、失業保険、社会医療、養老年金などの社会保障や、メディケア（六五歳以上の老人を対象とした老人医療保障）をもらう資格のある人口は増え始め、それはどんどんと増えていき、その上昇傾向は終わることはない。そしてそれに対する政府の支出も増え続けることになる。もし定年を迎えていない世代からの税収がかなりの水準で推移するのなら、いまのうちにアメリカは貯蓄を始めるべきである。

最後に、アメリカ経済は現在――間接的に考えればアメリカ政府の財政も――アメリカこそがもっとも有利な投資先だという世界的に一致した認識に支えられているといえる。海外からの巨額な資金流入が、アメリカの金利を低く抑え、株価を上げてきた。その双方とも国庫への資金流入を助けてきたのである。エコノミストの中には、そのような資金の流入は、一九九七年以前におけるアジア諸国への資金流入と同じように、将来の危機のお膳立てにすぎないと主張している者もいる。私は心配していないなどとは言うつもりはない。しかし、危機がないとしても、海外の投資家は（そしてアメリカの投資家も）、いずれアメリカの外によりよい条件の投資機会を発見するし、資金流入はいつかは流出になるのだ、その日のためにアメリカが準備しておかなければ、後で後悔することになるだろう。

したがってアメリカ政府がとるべき責任ある賢明な行動は、いまのうちに、巨額な黒字を貯め込むことである。事実、財政を長期的な視野で分析している者によれば、大統領候補たちが提案している減税や支出計画が実施されなかったとしても、今後一〇年、アメリカは蓄積できるほどの大きな黒字を出すことはないだろう、と言うのである。つまり、やるべきことは増税であり、支出のカットである。

しかし、このような長期的な見通しをどのように国民に説明すればいいのだろうか。実のところ、アメリカの政治指導者たちは、説明しようと努力すらしたことがないのである。また、責任ある政策を実行しようとしてきた政治家さえ、真実の半分しか話してこなかった。財政黒字で余った資金を「金庫」にしまい込み、社会保障やメディケアに使用するといった議論は、その必要性を有権者に説明することなく責任ある財政政策を実施しようとする努力の表われではある。したがってアメリカが最悪の事態に直面したということは、驚きではないかもしれない。真実の半分しか話さず、半分しか責任ある政策を実行しようとしないアル・ゴアのような政治家については、国民は人を見下すような態度で話していると感じている。これは正しい見方だといえる。その一方で国民は、甘い話を持ち出してくるジョージ・W・ブッシュのような政治家を市井の政治家だと思っているのである。これは誤った見方である。

ブッシュ候補は、国民は数字に弱いと思い込んでいるようであり、そのことにはぞっとさせられる。二回目の討論において、ブッシュ候補はこれまででもっとも重大な偽りを述べている。今回は自らの税制政策について、「減税のほとんどは社会のもっとも底辺にいる人々に恩恵をもたらす」と語ったのである(この発言とともに聞こえてくるのは、金持ちのくすくす笑いと、大金持ちの高笑いであろう)。

しかし、ブッシュ候補の遊説で「いい加減な数字なんかいらない」と、いかにもオーウェル的なフレーズを叫び、大喜びした国民がいるということは(なぜオーウェル的かというと、それが実際に意味していることは「明確な数字はいらない、我々は知りたくない」ということだからである)、すなわちアメリカは責任ある行動を取るための現実的で冷静な思考をまだ備えていないということを示しているのである（アル・ゴア大統領候補が、ブッシュの減税案を富裕層のためのものだと批判したことに対して、ブッシュは、ゴアが「いい加減な数字」を使っていると反論した）。もっとましな政治家が正しい政策を実施するために、ましな提案をすることができたかもしれない。それとも、落ち度は政治家にあるのではなく、我々にあるのだろうか。

31

グリーンスパン、おまえもか

ET TU, ALAN?

2001.1.28

FRBのアラン・グリーンスパン議長の発言が不明瞭だというのは伝説的だが、彼が言わんとすることは通常かなり明瞭で、ちゃんとした英語に翻訳すれば知的に理路整然していることが分かる。しかし、先週の木曜日に行なわれた上院の予算委員会における証言は、あいまいでしばしば矛盾していた。グリーンスパン議長が新政権を側面から支援し、安心させながら、その政策を否認するもっともらしい口実をも確保しておこうとしている、という印象は免れない。

事実、グリーンスパン議長は、景気後退を避けるために即座に減税を実施すべきだというブッシュ政権の議論を明確に否定した。今四半期における経済成長がプラスに転じたとしても、それはほんのわずかであるだろうことを認めながらも、グリーンスパンは減税の効果が表われる前に景気は回復するだろうと語っていた。実際、ここ数カ月かなりの下落傾向にあった製造業は、すでに回復し始めたと新たなデータが示している。

しかしながら、マスコミはグリーンスパン議長が減税を支持したという見出しで溢れていた。そうなることはFRB議長は承知していたはずである。しかしグリーンスパン議長が減税支持に達した苦しい論理を確かめてみると、そのような見出しを彼がはたして望んでいたのかどうか疑わざるをえない。

議長の論理はこうだった。次の一〇年間で予測される財政黒字で、アメリカ政府は債務を返済するだけでなく、その余剰資金を利用して民間の資産を購入できるだろうという。議長によると、これはしかしながら、問題を起こすかもしれないという。なぜなら「政府の投資判断を政治的な圧力から切り離すことは難しい」からだという。したがってその「予防措置として」、アメリカ政府は結局のところ、債務を完全に返済することができないほどに減税を実施すべきであるというのである。

ここで私は黒字額の予測に対して反論したいと思うが、同時に「黒字が支出によるよりも減税によって減ったほうがはるかに賢明だ」という指摘は、グリーンスパン議長の職務を逸脱していると言いたい。いつから新しい医療補助、またはミサイル防衛システム計画の実施よりも減税を実施したほうがいいと助言することがFRBの仕事になったのだろうか（このどちらの計画も黒字予測には含まれていない）。グリーンスパン議長本人も危ういことを発言しているということを承知していたのだろう、非常に不適切な言い訳を口にしていた。「これは私個人の意見で、必ずしもFRBのものではない」

しかし、彼の議論で本当に不思議なことは、なぜ政府が将来機関投資家になるかといえば、ひとえに社会保障とメディケアに必要な資金——つまり、ベビーブーム世代のために将来必要となる資金——を貯蓄しなくてはならないからだ、という点に触れていないことである。実際、いかなる将来の予測値を見ても分かるように、いくら黒字が大きくてもその目的のためには十分ではないのである。「もちろん、社会保障の黒字がアメリカの長期的なニーズに対応できるほど大きくなければならない」と、グリーンスパン議長は指摘している。しかし、残念ながら、それはアメリカ政府が機関投資家にならなければ可能ではないことである。

グリーンスパン議長がその点を本当に心配していたのなら、政府が投資家としての立場を悪用しないような措置をいかに講じるかという問題を考えるべきである。そのためには多くの方法がある。たとえば、連邦政府が何兆ドルかを払って現在の債務を清算してしまわなくてはならなくなるよう、社会保障を部分的に民営化する現実的な方法である（それはブッシュ大統領が選挙中約束した空想とは違う）。そうすれば余計な黒字の「問題」を簡単に解決できる。

しかし、グリーンスパン議長は減税が必要であるという結論にどうしても到達したいようである。彼は、景気回復のためにはいま減税が必要だという議論を退け、減税を「景気後退が始まってから終わるまでのあいだに実施すること」は歴史的に見て難しいと認めている。だが、その後、あいまいな表現で次のようにも述べている。「現在の景気低迷がいま予測される以上に悪化した場合、減税を実施することは、実際、顕著な効果をもたらすであろう」とはいえ、その同じ文脈で言うなら、もし減税が実施されるまでに景気が回復したのなら、減税は逆効果をもたらすのではないか。グリーンスパン議長は、それに関連する質問に答えることを拒んだ。

いつもは明晰な思考の持ち主が、新大統領がまさに耳にしたいと思っていることを言うために知的に混乱してしまうのを見ると、何が起こっているのか想像することは難しくない。しかし、それは美しい光景ではない。

32

カネの落とし穴

THE MONEY PIT

2001.3.18

ある建築業者があなたの自宅の改築工事をしているとしよう。この建築業者に決まったのは不思議な成り行きだった。あなたは複雑な契約書の間違ったところにチェックマークを入れてしまい、裁判所に苦情を申し立てたのだが、裁判官は建築業者の親友で、いまさら建築業者を変えられないという。いずれにしろ、あなたとしては雨漏りがする屋根の修理を優先してほしいと告げたはずなのに、建築業者は最初に贅沢な化粧室をつくりたいと言って聞かない。

当初、建築業者が契約を結ぼうとしていた際には、化粧室をたった一万ドルでつくれると言っていたが、他の業者はその見積もりはあまりにも安過ぎると疑っていた。それがいまになって、当然といえば当然なのだが、少なくとも二万五〇〇〇ドルはかかるという。しかし、建築業者は他の工事にかかる費用を倹約し、その差額を埋め合わせることができるという。そして一人の従業員は屋根の修理は忘れないと保証するものの、結局のところそれは彼の決定事項ではないことを認め、建築業者の社長は書面でそれを確認することを拒んだ。

去年の五月、ブッシュ大統領が一兆ドル規模の減税しか計画していないと主張した際、独立系の専門家たちは、彼の減税計画が及ぼす一〇年間の財政負担は実際二兆ドル近くになるだろうと予測していた。また彼らは、ブッシュ計画によって代替最低税という、これまで税制において曖昧だった項目が、大きな問題に発展するだろうと警告している。そしてこの問題を解決するために、減税実施の費用は跳ね上がるだろうという。

当然のことながら、今月初め議会において超党派の「税収に関する合同委員会」は、ブッシュの提案は今後一〇年の歳入を二兆二〇〇〇万ドルほど減少させるだろうと予測した。そして同委員会は、代替最低税についての驚くべき予測も発表している。

ほとんどのアメリカ人は、この代替最低税という言葉を耳にしたことがない。これは富裕層が税金逃れをするのを阻止するためのものだったが、主に控除額の多い中流の上に属する家庭に適用されてきた。この税が適用されると、腹が立つほど厄介だ。すべてを丁寧に計算したのに、また計算し直さなければならないことに気づき、実際にはもっと多くの額を払わなければならないことになる。代替最低税のために通常の所得税より余計に税金を払わなければならないのである。いまのところ、これは納税者の一・五%にしか適用されていない。同委員会は、ブッシュ計画のもとでは、この数字は納税者の三分の一にまで跳ね上がるだろうと結論している。当然のことながら、そのような事態にならないよう法改正が行なわれるだろうが、それに伴い少なくとも三〇〇〇億ドルの余計な経費がかかるだろうと言われている。

したがって「一兆ドル減税」は二兆五〇〇〇万ドルに膨れ上がり、そしてさらに増えるかもしれない。つまり、ブッシュ大統領のミサイル防衛や医療費などの支出計画は、社会保障とメディケアの予算を削ることでしか実現できないということである。

先週、トミー・トンプソン保健省長官は、そのような予算が削減されるのではないかという疑いを退けるため、第二次大戦後から一九六〇年ごろまでに生まれたベビーブーム世代のためのメディケア予算を他の目的のためには使わないと約束した。とはいえ、ブッシュ大統領は、それを彼の「特別緊急予算」の中に含んでおり、トンプソン長官もこの問題は彼の権限外だと認めている。そしてブッシュ政権に味方する上院議員たちは、トンプソン長官の約束を拘束力のあるものにしようとする動きを阻止している。私はどうも安心できない。

最新の情報では、ブッシュ大統領は経済を刺激するために今年新たなる減税を実施したい考えだという。彼は一〇年をかけて段階的に導入する減税対策では、現在の支出を増大させることはできないことにやっと気づいたのだろう。これは財政負担をさらに何千億ドルも増大させることになる。したがって読者ならこう考えるかもしれない。新たなる減税は財政負担を増大させるので、将来計画されている減税を減額するようブッシュ大統領は提案するだろう、と。だがそれはありえない。政権の閣僚たちは今年二〇〇一年の減税は彼らの将来の計画に何の影響も及ぼさないと言うのである。なぜなら予算は二〇〇二年から二〇一一年までの長期にわたるものであり、今年何があろうと関係がないというのである。これは私のつくり話ではない。

重要なことは、予測される減税のコストは新しい計画のために膨れ上がったわけではないという点である。それは、単に当初の予測が不正直だったからである。ブッシュ大統領は当初から、彼の出した予算案の与えるインパクトに関して、国民を欺いてきたことを知っていたし、それと同じようにいままでも彼は、誰の税金がどの程度削減されるかに関して、国民を欺いていることを承知しているはずである。建築業者は正直な間違いを犯したわけではない。彼は故意に家主を騙したのである。そのやり方がとがめられない限り、彼は自らのビジネスのやり方を変える必要などまったくないと思い込んだままでいるのだ。

第6章

……そして高い商品を売りつける

33

HITTING THE TRIFECTA

三連単の馬券を当てたぞ

2001.12.7

九月一一日のテロ事件の直後、ブッシュ大統領はテロリストに対する痛烈な批判を一時止め、冗談を飛ばしたことがある。大統領は景気後退、戦争、そして国家の緊急事態といった場合を除いて、少なくとも社会保障と同額の財政黒字を達成すると繰り返し約束してきた。「私はラッキーだ」と大統領は行政管理予算局局長であるミッチ・ダニエルズに言った。「三連勝単式の馬券を当てたぞ」

大統領はまさに幸運だった。この件とエンロン事件との類似点はこれから言い尽くされてしまうだろうが、それでもこの二者を比較する誘惑には抵抗しがたい。エンロンの経営陣も同じ戦略を用いていた。まず、経営陣への巨額の報酬を正当化するために数字をでっち上げる。それでもうまく行かなければ、経営陣を信用していた普通の従業員たちの給与を削ればいいのである。しかし、エンロンのトップの経営者たちは捕まったが、ブッシュ大統領は九月一一日の事件が彼を窮地から救ってくれると思い込んでいるようである。

今年初め、ブッシュ大統領は巨額の財政黒字予測を理由に、一〇年にわたり段階的に導入する減税案を可決させている。その恩恵を受けたのは年二〇万ドル以上の所得層がほとんどである。いまになって、ダニエルズ局長は、財政は二〇〇四年を通じて赤字になると言っている。それも社会保障の枠外だけでなく、財政のすべての項目で赤字になるという。ブッシュ政権のいんちきな財政予測が年を増すほどにいんちきになるので（いまとなるや「いいかげんな」予測などという程度では済まない）、これはアメリカが実質上、恒久的な赤字国家に再度転落したことを意味する。

しかし、テレビ局はタリバン勢力やオサマ・ビンラディンが隠れているというアフガニスタン東部のトラボラ洞窟の取材に忙しく、減税がまったく誤った前提のもとに国民や議会に売られてきたことが発覚しても、ニュースにすらならなかった。

ブッシュ政権の高官たちは、財政赤字は減税でなく、景気低迷とテロ対策費によるものだと強調している。しかし、これはまったく事実ではない。テロ対策費は大した額に及ばないし、この赤字の状態が将来までもずっと続くのなら、景気低迷もこの赤字の原因ではない。

いずれにしろ、ブッシュ政権はこの点を理解していない。ブッシュの政策に反対してきた人々は、巨額の減税を仮定の黒字予測に基づいて実施するのは賢明でないと何回となく忠告してきた。実際の財政状況を把握してから実施すべきだと促してきたが、無駄だった。いまでは彼らの忠告は現実のものとなり、その政策によってないがしろにされた普通のアメリカ市民が、その被害を受け、苦労することになる。

いまやブッシュ政権は、減税は現在の景気後退に対処するために必要だったと言っている。だが、すでに実施した四〇〇億ドルの税金の払い戻しについて、誰も疑問を投げかけていないし、来年行なわれる次回の減税を疑問視する者も少ないだろう。問題は、二〇〇二年以降行なわれる予定の大規模な減税である。それはすでにこの国の法律として成立してしまっている。我々は将来の減税を既成事実として受け入れなければならないのである。ブッシュ大統領、あなたは確かに三連単の馬券を当てた。

その間、財政が再度赤字に転落したことにより、現実にかなりいやらしい結果がもたらされている。処方箋薬代への公的医療保険の負担拡大は、もちろん、もうおしまいである。社会保障の強化？　冗談は言わないでくれ。所得税による歳入は資産の購入にも、政府の債務の支払いにも使われていない。その代わり、政府の財政赤字を補助しているのである。

その結果、すべての面において予算がカットされることになった。これまで優先度が一番高いと思われてきた分野でもそうである。ニューヨークの再建？　悪いがノーだ。ブッシュ政権内の専門家たちすら生物兵器などのバイオテロに対抗するには三〇億ドルは必要だと言っているが？　その額を半分に削ってくれ。減税のほうがもっと重要なのだから。

州と地方政府は、景気後退と新たな安全保障経費増大という二つの打撃を受けたため、教師たちを解雇し、行政サービスを縮小している。連邦政府と税収入を分け合うというのはどうだろうか？　そんな事があるわけがない。

有権者は問われるたびに、ブッシュ大統領の「情のある」選挙公約――すなわち社会保障の確保、処方箋薬や教育により多くの予算を割り当てること――は、自分たちにとって減税よりも重要であると言ってきた。そして有権者たちは、そのすべてについて十分な予算を保証すると言われてきたのだ。だがそんな保証は嘘だった。減税は神聖で冒すことのできないものだったが、他は犠牲にされても構わなかったのである。

ブッシュ大統領は被害を食い止めるためにも、高所得者層に対する将来の減税を廃止することができるはずである。しかし、彼はその時期を早め、繰り上げて実施したいという考えである。それはエンロンが倒産する数日前、トップの経営陣に巨額のボーナスを払った行為と倫理的には同等であろう。

競馬はゼロサムゲームである。したがって財政にまつわる政治も同じように思えるかもしれない。

ブッシュ大統領は三連単の馬券を当てた。そして大多数のアメリカ人は負けた。それも大きく。

34

OUR WRETCHED STATES

悲惨な州政府

2002.1.11

多くのアメリカ人は、政府の巨額な財政黒字がかくも早く赤字に転落したことに驚いている。しかし、驚いていない者もいる。彼らは、リッチモンドやオースチンで何が起こったか見てきたからである。一九九〇年代、ほとんどの州は共和党の知事であった。彼らはブッシュ大統領が二〇〇一年、全国レベルで適用したのと同じ政策を用いた。つまり、デタラメな予測といんちきな会計を使って富裕層のための減税を実施してきたのである。それが全国レベルだろうが、州レベルだろうが、どちらの結果も当然予測できた。

連邦政府と州政府の違いは、州政府には借入金で赤字を埋めることが法律上一般的に許されていないという点である。いつしか連邦政府も収入の予算内で活動するしかなくなるだろうが、現実に対する偏見や否定が立ちふさがって、なかなか実行に移されていない。州の財政問題が爆発するのは、全国レベルよりも早いだろう。つまり、州の問題は全国規模で起こるであろうことの予兆であるといえる。

州の財政危機はどのくらいひどいのだろうか。全国州知事連盟は最近、加盟している州の合計赤字額、つまり予測される歳入から歳出を引いた合計は、少なくとも四〇〇億ドルで、五〇〇億ドルに上る可能性もあると報告している。五〇〇億ドルなら州財政の一〇％近くになり、まさに巨額である。もし一〇％がそれほど巨額だとは思えないのなら、州の支出項目の多くは、連邦政府と同様、急に短期間でカットすることはできないという点に注目してほしい。一九九〇年代の初め、州財政が六・五％不足した折には、行政サービスの厳しいカット、そして四四の州では増税が実施されなければならなかった。だから一〇％というのはかなり悪い数字だといえる。

どのようにして州政府はこのような状態に陥ったのだろうか。財政が逼迫した最大の直接原因は、一九九〇年代のバブルの終焉だろう。次に、医療費の高騰である。そして国内の安全保障費の増大がそれに追打ちをかけた。

しかし、事故は起こるのである。なぜ州政府は雨の日のために備えなかったのだろうか。景気が悪い時に借入れをすることはできないが、景気がいい時には州政府は貯蓄できたはずである。しかし実際、多くの州知事は、バブルは終わらないかのように振る舞ったのである。

知事たちは巨額ではなかったが、支出を増やした。州および地方政府の支出は、一九九〇年代の始まりと終わりでは対GDP比であまり変わらなかった。

さらに重要なことは州政府が減税を実施したことである。一九九〇年代の初めに州政府が増税を行なったのは事実であるが、センター・オン・バジェット・ポリシー・プライオリティーズの新しい調査が示すように、州政府は以前に上げた税と同じものを減税したわけではない。逆進的な税、つまり売上税のような低・中所得者層にもっとも影響を与えるような税は、全般的にもとに戻されることはなかった。そのかわりに、州政府は高所得者層にもっとも影響するような税を減税した。その結果、税負担は持つ者から持たざる者へと再分配された。たとえば年三万ドル稼ぐ家庭は、一九九〇年当時の同じ年収の家庭と比べると、かなり多くの税金を払うことになったが、逆に六〇万ドル以上の家庭はかなり少なく税金を払っている。

恩恵を受ける者を選ぶかたちでの減税の実施方法は、不測の事態が起こって追加コストがかかることはないという未来予測に基づいているのではなく、それはエンロンばりの創造的会計に基づくものだったのである。たとえば、一九九九年、テキサス州知事——そう、あの人——が新しい法人減税を実施しているが、その際テキサス州政府は、低額所得者のための医療制度であるメディケイドのコストを五億五〇〇〇万ドルも少なく報告しただけでなく、保育や他の行政サービスに対する支出を二〇〇一年度の最後の月から二〇〇二年度の最初の月に移動して隠していたのである。わずか一年前、財政状況がすでに厳しくなりつつあった頃、ヴァージニア州のジェイムズ・ギルモア知事は、(共和党がヴァージニア州とニュージャージー州を選挙で失った際、共和党全国委員会のトップの地位から退いている)は、税収不足に陥った場合、減税を延期する「引き金《トリガー》」ルールの適用を巧みに避けている。タバコ会社から将来支払われる予測額のすべてを現在の収益として記載したのである。

いまや州政府は、景気後退、健康保険料の高騰、そして財政を直撃したテロ行為などに直面しながら、過去のごまかしによるもろもろの悪影響に対応しなければならない。その結果が教師と警察の解雇、貧困層に対する医療の減少、橋や道路の修理工事の遅れ、そしていつかは避けられなくなるであろう増税である。そしてなぜか私は誰の税金が引き上げられるのかを知っているのである。

これは心地良い状況だとは言いがたい。しかし、それには慣れておくべきである。州政府の崩壊のあとには、アメリカの崩壊が続くのだから。

35

アメリカ人ブルーカラーの本当の姿

TRUE BLUE AMERICANS

2002.5.7

ニューヨークの議員たちが二〇〇億ドルの援助資金を勝ち取るのに、いかに苦労したか覚えているだろうか。テロで打撃を受けた街の再建のためにすでに約束されていた資金だったのにもかかわらずだ。それなのに最近、議会は農業に従事する人々に、今後一〇年間にわたって一八〇〇億ドルもの助成金を出すことを決定している。ニューヨーク市の人口は、アメリカの全農業人口のほぼ二倍にあたるというのに。

私はブッシュ政権を厳しく批判してきたが、この場合の主犯は上院の民主党の政治家たちだった。感心なことにブッシュ政権は当初、農業の助成金に反対だった。とはいえ、鉄鋼に対する保護政策同様、政治的な駆引きがブッシュ政権の方針らしきものを曲げるまでにそれほど時間はかからなかった。しかし、政治はさておき、この農業法の失策は、我々を危険な国家神話からやっと解放してくれることになるかもしれない。つまり、アメリカの中核地域《ハートランド》——アメリカ大陸の中心部に位置し、比較的農村部の多い州——が、国の他の地域よりも道徳的に優れているという神話である。

もうこの話は何回となく聞かされてきたはずである。アメリカのハートランドに住む住民たちは厳格で独立心が強く、家族を大切にするというのである。それに対して沿岸州の住民は、泣き虫ヤッピーだと言われてきた。なるほどブッシュ大統領がテキサス州のクロフォードにあるステージセット、いや、農場を訪れるのは、「真のアメリカ人と触れる」ためだと語っている（では、我々のようにニュージャージー州に住むアメリカ人は何なのか。心臓《ハート》ではなく細切れにされた肝臓か？）。しかし、アメリカのハートランドに対する賛辞にも、沿岸州に対する中傷にも、実際には何の根拠もない。

そこで私はハートランドに対してよく使われる定義を用いて、この二つの地域の統計を比較してみた。両海岸の州と中核地域とが争った大統領選挙で、ブッシュ候補に投票したのが「赤い州」である。「赤い州」は、アル・ゴア候補に投票した「青い州」と比較してどうであろうか。

まず、当然のことなのだが、家族的価値ということでは他の地域に比べて優位に立っているというハートランドの主張には根拠はなかった。むしろ個人の責任と家族へのコミットメントという点では、赤い州は青い州よりもやや劣っているといえる。赤い州の子供たちのほうが、ティーンエイジャーや未婚の女性から生まれることが多い。一九九九年、赤い州では三三・七%の赤ん坊が私生児であったのに対して、青い州では三二・五%だった。全国的な離婚率の統計はまだらだが、州の人口一人当たりの統計で見ると、ニュージャージーよりもモンタナのほうが離婚率は六〇%も高かった。

それに赤い州は、「汝、殺すなかれ」というキリスト教の十戒の第六戒に特に違反している。赤い州では殺人事件は住民一〇万人に対して七・四件起こる。それに対して青い州では六・一件、ニュージャージー州では四・一件である。

しかし、本当にひどすぎるものはというと、ハートランドは独立独行であるという主張である。そんな主張は、あのバカげた農業法の成立によって終わりになるはずだった。それどころか、それはハートランドの州が国からすでに受け取っている巨額な助成金の追加分でしかないのである。ひとつのグループとして見ると、赤い州は連邦政府が支出しているよりもかなり少ない税金しか収めていない。それに対して青い州はかなり多く払っている。全体的に見ると、青いアメリカが赤いアメリカを毎年およそ九〇〇億ドル相当補助しているのである。

そして赤い州の中でも税金を払っているのは都市部であり、農村部は助成金を受け取っている。赤い州で大きな都市がない州の数字を調べてみると、それはモンタナ州に似ていることが分かる。すなわち、一九九九年、モンタナ州は連邦政府に払った一ドルの税金に対して一・七五ドルを受け取っているのだ。私の住んでいるニュージャージー州では、その数字はほとんど逆である。それに隠れ助成金、つまりコスト以下での灌漑《かんがい》用水の供給や、ほとんど無料で国の土地を牧草地として使用できることなどを加えると、経済的な観点からしてアメリカの農村部はイタリアの南部と同等であることは明らかである。つまり、アメリカのハートランドは、より生産性が高い地域の同胞からの援助によって支えられているということである。

なぜハートランドがこのような特別の扱いを受けているかは謎ではない。それはアメリカの選挙制度の結果なのである。人口の少ない州――そのすべてではないとしても、そのほとんどは赤い州である――から、上院議員と（それほどではないにせよ）選挙人が不均衡に選出されているためである。実際、上院の半数は、人口のたった一六％によって選出されているのである。

しかし、これが政治の動かしがたい現実だとしても、少なくとも偽善を終わらせることはできるだろう。ハートランドに「本当のアメリカ」を代表する特別な資格などないのである。そして青い州には「なぜ？」と聞く権利がある。なぜ連邦政府が財政赤字に転落した時、そして必要不可欠な国内のプログラムが削減されようとしている時、巨額な助成金を受け取っている少数派のアメリカ人が、さらに多くの援助を受け取る資格があると思えるのか、と。

36

THE GREAT EVASION

巨額の脱税

2002.5.14

先週、スタンリー・ワークスというコネティカット州の工作機械会社が、税金対策でカリブ海のバミューダに法人組織として登録する計画を延期した。延期はワシントンからの圧力によるものであった。この国家の非常事態時に、そのような行動は非愛国的だと非難したのである。

この最後の部分は、もちろん、私の創作である。スタンリー・ワークスの株主はバミューダへの登録を承認したが、コネティカット州当局に反対されたのである。また、税金問題を取材するニューヨーク・タイムズ紙の敏腕経済記者、デイヴィッド・ケイ・ジョンストン記者が同社の計画に関する記事を書いたため、世間の注目を浴びることになった。しかしブッシュ政権は、自分たちの行動を邪魔する者たちの愛国心を疑うのが常なのだが、スタンリー・ワークスについてはまったく何もコメントしなかった。節税を目的に海外で法人組織として登録するアメリカ企業が増えているのに、ブッシュ政権はこれまでほとんど見て見ぬふりをして、沈黙してきたのである。

公平を期すために言うが、スタンリー・ワークスが悪用しようとした法律の抜け穴をこしらえたのはブッシュ政権ではない。それに税制の穴を悪用しようとする企業を非難するだけでは問題の解決にならない。真の解決策はそのような抜け穴を潰すことである。ところが、ブッシュ政権の沈黙は不気味だ。何が起こっているのだろうか。

アメリカ企業のオフショア移動について政府が発表した公式声明らしきものとしては、財務省の税関連トップの発言が一番近いだろう。「アメリカは三〇年前に書かれた国際税法を考え直す必要があるかもしれない。法律が施行された頃のアメリカ経済は現在とかなり異なっているし、その法律はいまではアメリカ企業が国際的に競争することの障害になっているかもしれない」

不幸にも、この声明は問題を不正確に述べている。第一、アメリカ企業は必ずしも他の外国企業よりも多くの法人税を払っているわけではない。ドイツの法人税はアメリカより相当高いし、フランスはアメリカと同率でイギリスはやや低いぐらいである。いずれにしろこの財務省の声明は、アメリカの法人税収入の落ち込みは、企業が本社をコストのより低い海外に移しているからか、海外の競争相手にマーケットシェアを奪われているからであるように聞こえる。この双方とも事実ではない。実際には、アメリカの法人税が落ち込んでいるのは、儲かっているアメリカ企業がうまい具合に海外拠点を利用し、税金逃れをしているからである。

アメリカに本拠を置く企業は、バミューダに法人組織として登録するだけで――本社を移すことなく、また他に何をするということもなく――海外収益に対して課税されずに済ませることができるのである。それどころか、アメリカ企業はバルバドスのような税率の低い地域で「法的住所」をこしらえてしまえば、バルバドスの郵便受けにどんどんカネが流れるようにして、アメリカ本土における営業を不思議なことに赤字にすることができるのである。つまり、これは国際競争とは関係ない。これは脱税である。

したがって当然の答えは、脱税企業を取り締まるべきだということになるだろう。本当はアメリカ本土で稼いでいる収益に対して課税し、その収益が海外で発生したもののように見せ掛ける不正会計を阻止する方法を考え出すべきである。これは難しいが、不可能なことではない。

しかし、ひとつ重要な点がある。ブッシュ政権は法人税の徴収に熱心ではないのだ。議会に大規模な法人減税法を可決させることに失敗しているブッシュ政権は、法制化しなくてもそのような減税処置が受けられるようあらゆる抜け穴を提供してきた。『ザ・ヒル』というアメリカ議会の動向を報道している新聞は、最近そのような動きについてこう書いている。「あまり注目されなかった一連の大統領命令が……議会の承認なしで何十億ドルという税金控除を企業にもたらすであろう」

これでスタンリー・ワークスについての沈黙が理解できたことだろう。ブッシュ政権は企業の脱税を支持している、とはあからさまに言いたくはないが、同時に税金を徴収したくもないのである。まったく徴収する意志がないといったほうが正確だろう。

問題は、たとえ沈黙によってであろうとも、税金を払わなくてもいいということを示唆することは危険だということである。なぜならそれはすぐさま大規模な税収の落ち込みを招くからである。会計士や税理士はその示唆を読み取り、税金逃れをしても安全だと思い込んでいる。景気後退を考慮したとしても、今年の税収は予測よりもはるかに落ち込む。それは企業（と裕福な個人）による新たなる積極的な税金逃れが大きな原因だと私は見ている。そしてそれは来年もっとひどくなるだろう。

さらに国民はどう思うだろうか。アメリカ本土に居残ることを誇りに思っている企業が罰せられ、都合のいいように海外に飛んでいく企業が報われるとしたら？

もし、ブッシュ政権が法人税を廃止したいのなら、本当にオープンな議論を持とうではないか。まず、厳しい財政赤字のもとで、いかに税収の落ち込みを埋めるのかという説明から始めようではないか。それまで企業の脱税を取り締まろうではないか。

第7章

2−1＝4

37

定年物語

A RETIREMENT FABLE

2000.10.11

昔むかし、人間がたった二年しか生きられない土地があった。最初の一年人々は働いた。次の年、人々は貯金で暮らした。

ある時、政府は老齢者を助けることを決定した。そこで社会保障というシステムを設立する。すべての若い労働者は税金を払い、それはその年、定年退職者の手当として支払われることになった。

その恩恵を受けた最初の世代にとって社会保障は素晴らしいものだった。若い時に税金を払うことはなく、手当を受けることができたのである。しかし、それ以降の世代はシステムを誤解していた。彼らが支払いを求められていたのは実際は親の世代に払う手当のために必要な税金であったのだが、彼らはそれを投資だと思い込んでいた。彼らは、そのカネを金融市場に投資すればもっと高い利回りを得られるのにと、考えを巡らしていた。

そのうち野心的な政治家が現われ、「納めた税金はあなたたちのカネだ！　私は国民を信用するが、政府は信用しない！」と演説し、労働者が収める金額の半分を自分で投資できるようにすると約束した。中にはその金額はすでに老齢者（彼らが収めた金額も前世代の定年退職者の手当に使われた）への支払いに使用することが決まっていると批判する者もいたが、それは「そんなのいい加減な数字だ！」という叫び声にかき消された。そこでその計画は実行に移されることになった。

そして翌年、社会保障は破綻した。払い込まれてくる金額がなくなり、定年退職者に約束した手当を払うことができなくなったのである。

私はこの物語が、今年の社会保障に関する議論の重要な点を単純化しすぎていることを切に願う。しかし、実際のところも、これほど単純なものなのである。社会保障の資金の一部を、その穴埋めもなしに個人の口座に移すというブッシュ候補の提案は、本当にこれほど無責任なものなのである。アメリカ人は二年以上生きるので、この物語が終わりを迎えるまでにはもっと時間がかかる。社会保障は、およそ三〇年ほどは破綻しないだろう。したがってその犠牲者は現在の中年層であって、すでに定年退職した人々ではない。とはいえ、破綻が差し迫っていることが明らかになれば、危機はもっと早く訪れることになる。

ブッシュ候補は重要な政治的発見をした。あまりにも大きく誤った発言は、実質的に攻撃されないで済むということを発見したのである。有権者は、こんなに好感を持てる候補者がそんなことをするということが信じられないのである。先週の討論で、ブッシュはまた財政黒字の四分の一を国民のための新しいプログラムに使う計画だと言ったが、彼が自ら作成した予算案ではその額の半分以下しか使う予定にはなっていない（「そんなのいい加減な数字だ！」という聴衆の叫び声が聞こえてきそうだが、これは彼自身の出した数字なのである）。そして彼は自らの計画は社会保障を救うものだと強調してきたが、実際その具体案は、現在のままなら社会保障システムを破綻させるものである。

ブッシュの計画を支持する優秀なエコノミスト、ないしは社会保障の専門家はいないのだろうか。

これはつまりファウスト的な取引だと考えてほしい。権力や富のためでなく（もしかすると、そうかもしれないが、それは私の領域ではない）、改革のために魂を売り渡したのだと。

なぜなら社会保障を改革しなければならない立派な根拠は存在するからである。もし、我々がその代償を払う用意があればの話だが。実際、現在のシステムは今日の労働者が現在の定年者の面倒を見ているように、後世の労働者が現在の労働者の面倒を見るという約束の上に成り立っている。ブッシュのアドバイザーであるマーティン・フェルドスタインが指摘しているように、このシステムは人々を実際よりも裕福に感じさせ、必要以上に消費させ、必要以下にしか貯蓄させない。

しかし、この問題を解決するためには巨額な資金、つまりこのシステムが現在抱えている年金支払いの義務を果たすだけのカネが必要となる。換言するなら（同じことを違う角度から指摘するなら）、社会保障の問題は人々を人為的に裕福に感じさせることであるから、いかなる本格的な改革も、人々をより貧しく感じさせてしまうことだろう。だが、それはもちろんブッシュが国民に売り込もうとしていることではないのである。

彼の提案を支持しているエコノミストは、大統領選挙の後にすべてを調整することができると信じているのだろう。本当のプランが発表される頃には、それは筋が通ったものになっているだろうということである。

しかし、それがいったいどのようにしてできるのかは理解しがたい。大統領選に勝利した後のブッシュ候補が、やはり年金手当を削らなければならないとか、社会保障改革のために十分な資金を確保しなければならないので、減税を諦めるとか、そのように演説する姿を想像できるだろうか。

ここで確かなことはブッシュの社会保障に関する提案は、そのシステムを破綻させるということである。

それはいい加減な数字ではない。それは動かしようもない冷酷な事実なのである。

38

SINS OF COMMISSION

委員会の罪

2001.7.25

あなたが定年退職に向けて、一八年前から貯蓄を始めたとしよう。株式や社債を買うこともできたが、資金は家に残しておくべきだという甥に説得され、彼にカネを貸すことになった。甥は金銭的に不運な目にあっても、あなたの資金援助のお陰で切り抜けることができた。最近その甥は、あなたから借りたカネで住宅ローンを返済している。

しかし、それがいまになって、定年退職に備えるために投資を始めたほうがいいという。甥に言わせると、あなたは何と言っても本当の意味での資産を持っていないという。「私が貸したカネはどうなんだ？」と聞くと、「あれは本当の資産ではない」と彼が答える。「あれは約束に過ぎない。約束を守るためには、もっとカネを稼ぐか、使わないようにするか、そのどちらかしかない。だが、そんなことオレにできるわけがない」しかし、そう言いながらも、甥はヨットを買い、その代金はあなたへの借金を返済するのに十分なほどの額であった。

ほとんどの人はこの甥の態度を許すべからずと思うに違いない。しかし、ブッシュ大統領が選んだ社会保障改革に関する委員会は、この甥は正しい考えの持ち主だと思っているのである。社会保障は、その基金設立のために所得税を引き上げた一九八三年以降黒字である。その設立は将来の年金手当支給のためであった。黒字は株式や社債に投資することもできたが、より安全で問題がないであろうアメリカ国債で運用されることになった。社会保障基金は急速に伸び、一兆二〇〇〇億ドル程の資金を貯えている。しかし、委員会は基金が運用している国債は、本当の意味での資産とは考えられないと述べている。それはまるで甥の住宅ローンを支払ったのに、彼のキャッシュフローの改善に寄与しなかったというのに等しいことである。

社会保障制度が、社債など他の金融商品に投資せず国債を買った資金は、連邦政府が他の金融機関から借り入れてきたりする必要のない資金であったといえる。もし、社会保障基金が貯えた黒字を用いて一兆二〇〇〇億ドルの国債を買っていなければ、政府はその額を他から借りてこなくてはならなかったであろう。また政府は今年、基金に六五〇億ドルの金利を払っているが、民間の金融機関なら少なくともその倍の金利を支払わなくてはならなかったろう。したがって基金は、実際的に政府財政に貢献していることになる。これでも本当の意味での資産ではないと言うのだろうか。

社会保障基金が政府債務を支払うために使われてきたため、政府の債務履行負担は軽減され、その分、定年退職者に年金手当を払うことが容易となった。たしかに、社会保障が貸した資金を回収し始めれば、連邦政府は増税か、ないしは支出を減らすしかないだろうことも事実である。または債務の支払いを拒否しない限り、その双方を実施しなければならないだろう。ということは、この委員会が主張するように、アメリカは巨大な負担を背負っているということなのだろうか。

計算してみれば分かることである。もし二〇四〇年の人口統計学的状況が今日の現実であるとしたら（一〇〇人の労働者に対して、今日の三〇人でなく四八人の定年退職者）、今年の社会保障手当は所得税収を約一八〇〇億ドル上回ることになる。それは巨額に聞こえるだろう。だが、二カ月前に議会が可決したブッシュ大統領の減税（これが甥のヨットである）が、今日、段階的に導入されているとしたら、今年の税収は一七〇〇億ドルも減少することになるのである。

昨日、共和党寄りになりつつあるアラン・グリーンスパンFRB議長は、上院の公聴会でブッシュ大統領の減税は、「かなり控えめ」であると証言している。グリーンスパンといえば、一八年前に委員会が所得税を引き上げ、社会保障を黒字にしたときに委員会で主導的な役割を務めた本人である。それがかなり控えめな減税というのなら、補わなければならない社会保障の不足額も控えめということになる。だが、この双方が同時に事実であることはありえないのである。

しかし、その双方が事実だと信じているのが、委員会の報告書の内容だといえる。これは作家のジョージ・オーウェルが「ダブル・シンク」と呼んだものに相当するだろう。つまり、社会保障の黒字は予算が余っているだけなので意味がないが、社会保障の赤字は、独立採算でなければならないシステムにおいては恐ろしいことだというのである。減税が富裕層のためなら年一七〇〇億ドルは控えめな額だが、定年退職者の手当なら政府予算にとって耐えられない負担になるというのである。

そしてアメリカ人に対して、偏見に満ち、内容が矛盾し、知的に不正直な報告書を出したばっかりの委員会の提言を、真面目に聞き入れてくれというのである。

39

BAD MEDICINE

健康に悪い薬

2002.3.19

ニューヨーク・タイムズ紙の日曜版の一面に、医師たちがメディケア（六五歳以上を対象とした老人医療保障）の患者を断わっているという驚くべき記事があった。どうやら最近、メディケアへの支払いが削減されたことを受けて、多くの医師たちがメディケアの被保険者をまったく診なくなっているようだ。しかし、これはアメリカの政治を近い将来大きく揺るがすであろう問題の始まりでしかない。

それは抑えられない流れ（健康保険コストの上昇）と、動かすことのできない目標（政府をダウンサイズするというアメリカ保守派の決意）の対立だと考えられるだろう。現在、ブッシュ政権とその支持者たちは、いまだに小さな政府のイデオロギーと定年退職者への公約が対立することを認めていない。しかし、アメリカはすでにその対立をインチキな数字で覆い隠すことのできない段階に来てしまっている。非現実的なほど低いメディケア予算は、すでに医療機関への非現実的なほど小さな支払いに繋がっている。そしてそれは今後さらに悪化することだろう。

なぜ健康保険のコストは上昇し続けるのだろうか。それは医師や病院が貪欲だからではない。それは医学の進歩のためである。これまで医師が治療できなかった病気がますます治療可能になり、患者の寿命もそれによって伸び、高齢者が健康を維持するのに大いに役立っている。しかし、そのための費用も増大してきた。心臓のバイパス手術は、医者の患者に接する親切な態度よりもあなたの健康に役立つだろうが、かなり高額である。

一九九〇年代、健康保険にかかるコストの上昇傾向は止まったかのように見えた。しかし、それはHMO（健康維持機関）に移行する際の一時的な経費削減であったことが明らかになっている。現在、医療費はまた上昇し続けているのである。

もし医療が完全に個人の事柄に属するなら、医学の進歩はたとえば自宅で楽しむ娯楽用品の進歩と同程度のものでしかないだろう。しかし、実際は他の先進国同様、アメリカでは本質的な医療を、特権ではなく国民の権利として扱ってきた。アメリカのメディケアとメディケイド（低額所得者のための国民医療保障）の両制度が、時として一貫した計画性を欠いていたことがあったとはいえ、それでもこの権利を国民に提供してきたのは、その支払い能力のいかんにかかわらず、国民は誰でも医療の恩恵を受けられるべきであるというのが、その制度の意図だからである。

なぜ医療を個人に任せないのだろうか。それは基本的に、このアメリカ社会でさえ一般国民が不平等を容認できる範囲に限界があるからだ。普通の家族より金持ちのほうが、大きな家や贅沢な休暇を楽しむことができたとしても、アメリカ人はそんな違いを当然のこととして受け入れることができるだろう。しかし、金持ちが病気を治療でき、普通の人々は死んでしまうとしたら、それはアメリカ人にとってさえもあまりにも厳し過ぎる社会と言える。

だからアメリカには、メディケアとメディケイドがあるのだ。一般国民は、そのような理由のために、メディケアの医療保険が拡大され、処方箋薬にも適用されることを圧倒的に支持している。ほとんどのアメリカ人は、人間の命を大きく左右する薬がその薬代を払える金持ちだけに与えられるというのは、間違っていると考えている。メディケアに薬代を含むということは、医療保険の拡大ということよりも、その制度の根本的な意図に忠実であることを意味する。

しかし、一般国民のメディケアに対する期待に応えるためには、つまりすべてのアメリカ人が、ことに定年退職したすべてのアメリカ人が基本的な医療保険を受けるためには、巨額な政府支出が必要となる。そして保守勢力は一般的に、そしてブッシュ政権は特に、そのような支出をするつもりはない。つまるところ、政府の支出は最終的に国民の税金によってまかなわれなければならないのである。

とはいえ、彼らは支払い能力のない者には、基本的な医療を提供しないつもりだなどとは絶対に公言しない。では、その代わりに何をしているのだろうか。

ブッシュ政権はまだ国民の目をごまかそうとしているのである。先月提出された財政予算案を見たエコノミストは目を疑った。それはメディケアへの支出を、誰が考えても妥当だと思う額よりもはるかに小さく見積もっていたからである。超党派の連邦議会予算事務局が今後一〇年間に必要だと考える額よりも、総額で三〇〇〇億ドルも少なく見積もっていたのだ。にもかかわらず、処方箋薬保険を実施することができるという信じがたい主張を繰り返しているのである。それもそのような保険の実施に必要であろうといわれる額の半分か、それ以下の低予算で実施できると主張しているのである。

しかし、アメリカの現状はすでに保健医療に対する支出を増やすか、定年退職者に対し保健医療の提供を中止するかというところまで来ている。日曜日の記事の教訓は、メディケアの支払いは、すでにその限界を超えているということである。それは被保険者が病気を診察してくれる医師を探すことができないところまで来ているのである。何かがその犠牲にされなければならなくなるだろう。それも近い将来に。

40

恐怖の総和

FEAR OF ALL SUMS

2002.7.21

作家アプトン・シンクレアはこう書いている。「自分自身が理解していないことで給与を得ている場合、人に何かを理解してもらおうと思っても難しい」社会保障改革についての議論に意味を見出すためには、民営化推進派――現行システムの少なくともその一部を個人口座システムに移行させたいと考えている者たち――は基本的な数学を理解しないようにしている、ということに気づかなければならない。そうでなければ、彼らはそのような改革が社会保障の財政基盤を強化するどころか、弱体化させてしまうということを認めざるをえないはずである。

我々の知る社会保障というものは、ある世代の所得税が主に前の世代の定年退職者を支えるために使われるというシステムである。もし、その代わりに若い労働者からの支払いが個人口座に移されたら、どのような問題が起こるかは歴然としているだろう。すなわち、誰が今日の定年退職者と老齢労働者に年金手当を支払うのかということである。これは簡単な数学である。2－1＝1。つまり、民営化は財政に穴を開け、それは年金手当を削ることで埋めなければならない。または政府の他の予算から巨額の資金を移すことが必要となるだろう。ないしはその双方を実施しなければならない。

二〇〇〇年の大統領選挙でブッシュ候補は、個人口座はローリスク、ハイリターンを可能にするだけでなく、社会保障をも救うだろうというナンセンスなことを主張したにもかかわらず、うまく逃げおおせることができた。その理由がどうであれ、ブッシュ候補が2－1＝4だと主張している、ということを指摘した記者は少なかった。しかし、具体的な計画を提示しなければならない時が来ると、数字の計算は避けられなかった。

当然のことながら、ブッシュ大統領の「社会保障の強化を検討する委員会」は、できるだけ皆を困惑させるようにその具体案を提示したが、そこには厳しい年金手当のカットと、公表されていない某所からの何兆ドルもの資金注入の両方が含まれていた。その双方がいかなる打撃を与えるか、民間シンクタンクであるセンター・フォー・バジェット・アンド・ポリシー・プライオリティーズの新しい報告書が記している。報告書はマサチューセッツ工科大学（MIT）のピーター・ダイヤモンドとブルッキングス研究所のピーター・オルサーグによるものである（世界でもっとも著名なエコノミストの一人であるダイヤモンド教授は、年金システムに関してはおそらく世界一流の専門家であり、私がMITで教鞭を取っていた際の同僚であった）。

この報告書からは習うことが多く、私もそのいくつかには驚かされた。たとえば、委員会が想定している謎の資金注入があれば、年金手当をカットなどしなくとも、現行の社会保障をほぼそのままの状態で維持するのに十分だろうということだ。また、これは民営化を主張する者たちがよく見落としている点だが、委員会の計画は、社会保障の重要な一部である身体障害者への手当の大胆なカットをも含んでいることである。

しかし、ある意味でこの新しい報告書についてもっとも興味深いのは、それに対するブッシュ政権の反応である。

委員会のトップで、現在ホワイトハウス入りしているチャールズ・ブラルーは、その報告書に対してヒステリックとしか言えないような反応を数ページのメモにまとめている。彼がほんの数ページのうちに不合理な結論と不正確な指摘を詰め込んだ度合いといったら、前例がないほどだといえるだろう。さまざまな内容の中で、ブラルーはダイヤモンド教授とオルサーグ教授がかなりはっきりと指摘している事柄について、その件が扱われていなかったと怒って抗議をしている。だが、そのような抗議に対してオルサーグ教授は冷静に答えている。「我々の報告書にいち早く反論しようとしたため、彼は最後の表を見落としたようである……それがまさに指摘している問題に答え、彼が要求している比較を示している部分である（彼はその結果に満足しないだろうが）。我々はその表を見てほしいと思う」

ブラルーの反論の戦法は、個人口座は社会保障を弱体化しないということを繰り返し強調することである。なぜなら社会保障基金から資金を個人の口座に移しても、使用可能な資金の総額には変わりがないからだという――もし個人口座を総額の一部として数えるのであればだが。そんなこと言われなくても、初めから周知の事実である。もちろん、資金は消えてなくなったりはしない。しかし、それは定年退職したアメリカ人の年金手当にはもう使われないのである。彼らが支払ってきた社会保障は前の世代の年金手当に使われてきたというのにである。

社会保障民営化に関する事実が徐々に表面化するにつれ、民営化推進派の基本戦略は、どうやら国民をできるだけ長く混乱させておこうというものになったらしい。もちろん、共和党の政治家たちは、いまや個人口座をつくることが「民営化」に繋がるということを否定するように指示されている。個人口座が設けられれば、民間投資と同程度のリスクを負うことになるのである。ある共和党の回覧メモは、「国民を煽動する民主党デマゴーグの共犯にならないよう」と指示している。つまり、それはアヒルのように見え、アヒルのように歩くが、次の選挙が終わるまではアヒルではないのである。

だが、彼らが何と言おうが、それはアヒルである。そして民営化は社会保障を強化すると主張しているブッシュ政権のエコノミストたちは、これまで以上にガーガーとアヒルのように鳴きまわっているのだ。

第二部

勝者と利権

アメリカはどのようにしてこんな状態に陥ってしまったのだろうか。一九九〇年代を通じてそれなりに優秀な経済のリーダーを輩出してきたアメリカの政治システムは、どのようにして現在の不正直と無責任の泥沼に転落したのだろうか。私はこの疑問に答えることができるとは思っていない。私はいまでも自らを政治コラムニストだとは考えていないのである。それどころか、本書の序章でも説明したように、私はニューヨーク・タイムズ紙のコラムには、もともと国内政治ではなくビジネスと国際経済について書くつもりでいた。ところが政治状況が悪化するにつれ、私はなぜアメリカの政策がこんなにもひどいのか説明する必要に迫られたのである。

私が見るところそのひとつの答えは、アメリカの政治が非常に分極化したことである。つまり、中道政策を維持できなくなったということである。その分極化の背景にあるのは、ますます不平等化しつつある所得である。その結果はある種の階級闘争だといえる。それは貧困層が富裕層から吸い取ろうとすることによってではなく、経済的に恵まれているエリートたちがその特権を拡大しようとする試みによってもたらされている。第8章では、所得分配の分極化と並行して起きている、アメリカ政治の分極化について経済的な観点から考える。それに加えて、たとえば、特権を相続することはよいことであるとか、貧乏人たちはろくに税金を払っていないとか、つい最近まで社会的に常識外れだと思われていたような考えが次第に政治の場で議論されるようになってきた経緯についても探っている。

福祉国家に反対する運動は、国防以外政府がやることのほとんどすべての活動を忌み嫌うイデオロギーに由来する。現在の保守派は、昔から政府の役割だと考えられてきた環境保護、証券規制、航空交通管制などからも、政府を締め出したいのである。中には、ニューヨーク・タイムズ紙の社説もそうだが、通常の軍事紛争とはまるで違った九月一一日のテロ攻撃によって、そのようなイデオロギーは変わるのではないかと考えた者もいた。しかし、それは違った。第9章で示すように、ブッシュ政権と彼を支持する議員たちはまったく動じなかった。たとえば、彼らは九月一一日からたった数日しか過ぎていないというのに、航空会社の安全管理に政府が介入することを、まだ阻止しようとしていたのである。また、感情をむき出しにしてニューヨーク市への同情を表明し、消防士と写真撮影をしたほんの数日後だというのに、約束したはずの援助は実施されないことになった。二〇〇三年二月、民営化の論理はほとんどバカげた次元にまで到達した。国内の安全保障のためにはほとんど何もしてこなかったブッシュ政権は、一般国民に粘着テープとビニールシートで自らを守るように指示したのである。

なぜアメリカ国民が九月一一日以降、ブッシュ政権は国内の政治課題を後回しにするだろうと考えたのかは、容易に理解できることである。結局のところ政権はこれは戦争だと宣言していた。戦時には国内を二分するような政策を実施すべきではないというのが、これまでの考え方である。もっとも有名な例では真珠湾攻撃の後、フランクリン・ルーズベルト大統領が「ドクター・ニューディール」は「ドクター・ウィン・ザ・ウォー」に変わったと宣言したことである。つまり、彼は国家をひとつにまとめるために、国内の政治的課題を一時的に凍結したのである。

しかしながら、九月一一日以降、ブッシュ政権はその反対のことを実施している。テロを共和党の政治の道具として利用したのである。私が、ブッシュ政権は九月一一日を政治目的のために利用していると責めるコラムを書くと、嫌がらせの手紙がたくさん送られてきた。これまで書いたコラムでそれほどの反応を呼んだものはなかった。私は、ブッシュ政権は星条旗に自らの身を包みながら、環境規制を弱体化し、富裕層と企業に対する減税を実施し、そして中間選挙を有利に進めようとしたと書いた。第10章で説明するように、それはテロが起きてから数時間のうちに始まっていたのだ。そして徐々に私だけでなく、他の多くの人々にも、非常にあくどい連中がこの国の政治を牛耳っていることが明らかになってきた。

どのような政権にも皮肉な政治屋が存在しているものである。その存在なくしては、いかに優秀な政治家であろうとも政権をとることはままならない。しかし、ブッシュ政権には皮肉な政治屋しかいないようである。国の悲劇を政治的に利用し、現実の問題を直視することさえ避け、自分たちはめちゃくちゃなことをやっておきながら、その残骸を他人に片付けさせようとしているのである。

どのようにしてアメリカは、このような人々に支配されるようになったのか。第11章では最近のアメリカ政治の秘密とも言えないような汚い秘密、そして非常に潤沢な資金を持つ右派グループによるマスコミ操作と政治への介入について書いた。そう、そこには右派の政治的陰謀がうごめいていたのである。それはことに隠蔽されているというわけでもない。コンピュータとモデムと暇な時間さえあれば誰でも、著名なリベラルに計画的に嫌がらせをし、自分たちとは異なる意見を表明する人々をいじめるネットワーク組織の存在を知ることができる（もちろん私自身もその標的になった）。しかし、大新聞はそのことについてほとんど触れていない。読者は以下の章でその事実を知るだろう。

第8章

引き裂かれるアメリカ

41

分極化するアメリカ

AMERICA THE POLARIZED

2002.1.4

議会が休み明けに再開されると、舌戦がまた始まることだろう。そして共和党も民主党も互いを批判しあうことになる。なぜ両党は仲良くなれないのだろうか。

なぜならいま議論されているのは根本的な問題であり、それらの問題に関しては両党ともこれまで以上にかけ離れているからである。

『スレイト』というオンライン・マガジンに最近掲載された記事に、政治学者のキース・プールとハワード・ロゼンタールの調査結果が載っていた。両氏は議会の投票行動のデータを使用して、政治家のイデオロギー「地図」を作成したのである。それによると議員の投票は、二つの側面からかなり正確に予測できるという。ひとつは人種関連であり、もうひとつは税率や貧困層への手当などの問題に反映する、経済に対して右か左かの態度の違いであるという。

そして、あまり驚くことではないが、両教授は中道的な立場は存在しなくなったと指摘している。ラルフ・ネイダーは「共和党的民主党員」のことを嘲笑うかもしれないが、一九八〇年代以降、共和党と民主党はそれぞれまったく異なった方向に向かった。現在、経済問題に関しては、二〇世紀初頭以来これほどかけ離れていたことはなかったといえる。

誰の政治的立場に変化があったのだろうか。トム・ダシュル議員は、たとえば晩年のティップ・オニールほど際立ってリベラルではないだろう。他方、近いうちに共和党下院院内幹事に就任するトム・ディレイは従来の共和党のリーダーよりも右寄りであることは明らかである。つまり、深く分析しなくとも、アメリカの政治は共和党が右に寄ったのに民主党がそれに付いていかなかったために分極化したのだと指摘できるだろう。そして当然のことながら、プールとロゼンタール両教授による調査結果が物語っているように、その隔たりは経済政策に対し共和党がさらに保守的になったことの反映であった。民主党はどちらかというと、経済に対しその立場を変えていなかった。ジェイムズ・ジェフォーズやリンカン・チャフィーが指摘するように、これまで共和党穏健派と呼ばれてきた立場を維持することは、非常に困難になったのである。

しかし、なぜ共和党は右傾化したのだろうか？

それは単に知的信念によるものなのかもしれない。共和党は、低い税率と小さな政府はすべての国民にとってよいことだと考えているが、民主党はそうは思っていないのである。しかし、ある思想が根を下ろすには、社会と経済のトレンドがその土壌を準備しなくてはならない。プール教授は、政治分極化の最大の原因は経済の分極化だろうと指摘している。つまり、所得と富の不平等の拡大がその原因というわけである。

私は経験上、所得分配について言及するだけで、「それは階級闘争だ」という怒りの非難を受けることを知っている。しかし、ここに（真に）超党派の連邦議会予算事務局が最近報告した数字がある。アメリカにおける中流家庭の所得は、インフレを調整すると、一九七九年の四万一四〇〇ドルから一九九七年には四万五一〇〇ドルへと九％上昇した。他方、高額所得層のトップ一％の所得は、四二万二〇〇ドルから一〇一万六〇〇〇ドルへと、約一四〇％上昇している。違う言い方をするなら、トップ一％の所得は一九七九年には一般家庭の一〇倍であったのが、一九九七年には二三倍に跳ね上がっているということである。

このような経済構造上の変化があったのだから、それが政治に反映されていなければ驚きであろう。高額所得層のトップに富が集中しているのだから、富裕層から富を搾り取れという大衆の要求が起こるだろうと思うかもしれない。しかし、私がすでに指摘したように、ちょっとした観察からも、そしてプールとロゼンタール両教授の調査結果からもわかるように、民主党は左傾化していない一方で、共和党が右傾化したのである。実際、共和党があまりにも右傾化したので、普通の有権者はその政策を受け入れるのが難しくなってきている。すでに以前のコラムで指摘したように、あるフォーカス・グループが、下院の共和党議員のリーダーたちが党の政策に沿って議会を通過させた経済活性化策の正確な内容説明を受けたところ、グループはその内容を信じることができなかったのである。

なぜ増大する不平等が富裕層に対する減税に繋がったのか。これはいい質問である。それは金持ちが自分たちに有利な政策に投票しているからだといった単純なものではない。金持ちはそんなに大勢はいない。アメリカにおける政治動向を理解するには、選挙資金、ロビー活動、そしてカネの力がいかに政治的争点を形づくるかを考えなければならないだろう。

いずれにしろ、このことの教訓は、現在ワシントンで起こっている政治的対立は取るに足らない、つまらない口論ではないという点である。右派は攻撃をしかけている。左派は、元は中道といわれた位置に立ち、その立場を守ろうとしている。いまだに多くの評論家は、両党が対立しているのは一時的なことだと都合の良い思い違いをしている。残念ながら、諸君、それは違う。かなり先までこの状態は続くだろう。慣れるしかないのである。

42

息子たちもまた出世する

THE SONS ALSO RISE

2002.11.22

知っての通り、アメリカはチャンスの国である。人生における成功は個人の能力とやる気によるものであって、父親が誰かによるものではない。

ならばブッシュ兄弟にそれが果たして本当か聞いてみるがいい。または国務省に特別につくられた職に就いたエリザベス・チェイニー、もしくは行政管理予算局の主任顧問である彼女の夫にも尋ねてみるがいい。

労働省のトップの法律家であるユージン・スカリアや、保健省の主任検査官のジャネット・リンクイストにもインタビューしてみるがいい。それからウィークリー・スタンダード誌の編集長であるウィリアム・クリストルや、保守派の評論家、ジョン・ポドレッツにも確認したほうがいいだろう。

何が興味深いかというと、これらの人々の事例を挙げても、非難どころかほとんど何の反応も呼び起さなかったということである。これはマスコミによる寛大な扱いのもうひとつの例かもしれないが、これはもっと広い現象の徴候ではないかと私は考えている。つまり、地位を受け継ぐということがまた活発になってきているということである。

金持ちで力のある父親がいることは常にいいことである。先週、私のプリンストン大学の同僚、アラン・クルーガーが、アメリカ社会における上昇神話の正体を暴く統計調査について、ニューヨーク・タイムズ紙にコラムを書いている。「もしアメリカが他の国と比較して際立っているとしたら、それはどの世代においても所得分配に変化が少なく、上昇するチャンスが限られていることだろう」という。また、ケビン・フィリップスがその著書『富と民主主義』で指摘しているように、アメリカの泥棒貴族たちは、その富を維持するために通常伝えられているよりもはるかに多くの手段を講じてきたという。

しかし、そんな過去はプロローグでしかない。クルーガーが引用したある研究によると、ここ数十年、社会的地位を相続するということが増えているという。そしてそれは始まりでしかない。経済、社会、そして政治の動向は、今日の富裕層の子供たちにはるかに有利に働くだろう。それはそうではない両親を持った子供たちと比べたら歴然としている。

まず、彼らは多くの特権を受け継ぐことができる。三〇年前、大手企業の最高経営責任者（CEO）は官僚的であった。高給取りであっても、本当の意味での大金持ちというわけではなかった。その地位もその富も相続人に渡すことはできなかったのである。それに対し今日の堂々たるCEOは、巨額な財を残すことができ、また、しばしば彼らは自らの子供たちに高額報酬の職を与えることができる。すなわち、全体的に見るなら、アメリカにおける凄まじい不平等の拡大は、金持ちと中流の溝を広め、階層を上ることをこれまでよりもさらに難しくしているのである。

一方、社会階層を上るひとつの鍵として、国民に開かれていた教育システムが閉ざされつつある。公立の教育システムは行き詰まっていて将来がない、と思っている野心的な親はどんどん増えている。

自分のカネのためでなく、子供を入園競争の激しい保育園に入れるために、不正を働いて辞任を余儀なくされた元ソロモン・スミス・バーニーのアナリスト、ジャック・グラブマンの例が、この点を物語っているだろう。悲しいかな、多くのアメリカ人の魂は、子供を有名保育園に入れるために売られてしまうほどの価値しかなくなっている。

また、社会的地位の相続という傾向は、不動産への固定資産税が廃止されればさらに強まるだろう。これは政府の政策と世論が、富裕層に利する方法にシフトするという奇妙な動きの最たる例である。アメリカはますます階級社会的になりつつあるというのにだ。

常にこうだったというわけではない。ケネディ家、ロックフェラー家、そして、そう、シュルツバーガー家（ニューヨーク・タイムズ紙社主）など二〇世紀における影響力のある名門一家は、世襲による地位の継承について、一般の人々から不信の目を向けられたものである。その不信を打ち消すために、彼らは高い身分に伴う義務を果たし、高い理想を掲げることで自らの存在を正当化してきた。ケネディ家の神話など、イギリス王室のチャールズ皇太子をどこか彷彿とさせる一面すらあったほどである。正当な継承者たちは、虐げられた人々を権力から守る者たちだと信じられていたのである。

しかし、今日の継承者たちは、自分よりも恵まれていない者たちに配慮する必要を感じていない。その反対に、虐げられた者たちから自分たちの権力を熱心に擁護しているのである。スカリアが有名になった大きな要因は、仕事場で労働者を事故から守っている規制に対して反対運動を起こしたからである。また、リンクイストは、不正行為があった医療関連企業に対する処罰を軽減しようとして論争を巻き起こしている。

アメリカのエリートの公式イデオロギーは、実力主義であることに変わりない。この国の政治リー

ハヤカワ文庫の最新刊

●表示の価格は税別本体価格です。
●発売日は地域によって変わる場合があります。

失われた記憶の謎を追いかける男の冒険を描く話題作

〈SF1468〉

映画化

ペイチェック

フィリップ・K・ディック／浅倉久志・他訳

2004年3月上旬〈日比谷スカラ座1〉ほか全国ロードショー（UIP映画配給）

自分の記憶とひきかえに奇妙な報酬を手にした男の冒険を描く表題作など、全12篇を収録

本体940円［23日発売］

〈SF1467〉

宇宙英雄ローダン・シリーズ297

メタ心理戦争

ダールトン&フランシス／田中栄一訳

隕石宇宙船を調査するべく派遣されたグッキーとトロトは、行方不明になってしまった！

本体540円［絶賛発売中］

〈JA746〉

クレギオン②

フェイダーリンクの鯨

野尻抱介

太陽化計画が進行するガス惑星。ロイドらはそのリング上で定住者のコロニーに遭遇する

本体640円［9日発売］

〈JA747〉

ワンダフルライフ

清原なつの

ある意味、理想の家庭を描いたSFホームコメディ。　本体840円 ［9日発売］

〈FT352〉

〈時の車輪〉シリーズ　第8部（全5巻）堂々完結！

竜騎争乱5 —竜王軍の逆襲—

ロバート・ジョーダン／斉藤伯好訳

ショーンチャン軍を迎え撃つべく、アル＝ソアが取った禁断の策が予期せぬ悲劇を招く！　本体640円 ［絶賛発売中］

ハヤカワ文庫FT創刊25周年記念企画〈プラチナ・ファンタジイ〉第2弾！

〈FT353〉

塵クジラの海

ブルース・スターリング／小川 隆訳

結ばれることのない異星人ふたりの悲恋は⁉　幻想の海を舞台に描かれる冒険ファンタジイ　本体660円 ［9日発売］

〈FT354,355〉

シャーリアの魔女②

夢の灯りがささやくとき（上・下）

ダイアナ・マーセラス／関口幸男訳

魔女への愛に苦悩する伯爵。そんな彼はある日幻影に誘われ……。ロマンス三部作第二弾　本体各880円 ［23日発売］

シャーリアの魔女①

海より生まれし娘（上・下）

ダイアナ・マーセラス／関口幸男訳

好評発売中／本体各780円

〈NV1056,1057〉

映画化

英国海軍の雄ジャック・オーブリー／ラッセル・クロウ主演映画化！

南太平洋、波瀾の追撃戦（上・下）

映画化名「マスター・アンド・コマンダー」

パトリック・オブライアン／高橋泰邦・高津幸枝訳

2004年2月28日（土）より日劇1ほか全国ロードショー（ブエナビスタインターナショナル（ジャパン）配給）

米フリゲート艦を討て。指令を受けた艦長オーブリーは、遙か南太平洋へと敵艦を追う　本体各700円 ［23日発売］

〈HM284-3〉

「名探偵レーダー・チャート」で実力をズバリ診断！

まだまだ2分間ミステリ

ドナルド・J・ソボル／武藤崇恵訳

君の推理力、常識、直感など持てる能力を総動員して難事件を解決せよ！　好評第三弾　本体514円 ［絶賛発売中］

〈HM286-1〉

世界が認めるイタリアの新星

弁護士はぶらりと推理する

マルチェロ・フォイス／草皆伸子訳

南伊の美しい島で起きた羊盗難事件は思わぬ悲劇へ……詩人弁護士のスローライフな推理　本体740円 ［23日発売］

ダーが大衆のためであろうとするのと同じだといえる。しかし、それは長続きしないかもしれない。近い将来アメリカ社会は、良家の生まれであることが重要で、才知に長けた成り上がり者は下品だと、改めて認識することだろう。

もう何年もオピニオン・リーダーたちは、家族的価値が重要だと強調してきた。まさにその通りである。だが、それが正しい家柄を意味していたということを人々が理解するまでには、まだ時間がかかるだろう。

第9章

民間の利益

43

PAYING THE PRICE

安全のためのカネは誰が払うべきなのか

2001.9.16

いま、ほとんどのアメリカ人は、九・一一テロ事件の犯人を罰することに躍起になっている。しかし、火曜日の悲劇には自業自得という面もなくもない。なぜアメリカは、これほどまでに自国を攻撃されやすい無防備な状態にしてしまったのであろうか。

これは単なる極悪非道な連中の話なのではない。事件をさらに大きくしてしまったケチな節約と、それを推奨し、強制しさえもしている社会システムの話なのである。それはテロリズムを超える問題である。何かがアメリカの政治哲学に欠けていた。つまり、アメリカは公共の安全のためにカネを払うことを拒んできたのである。

思い返せば、アメリカが空港の安全を無視してきたことは、信じがたいことである。アメリカがテロの標的であることは、もう何年も前から分かっていた。それにほとんどの専門家は、テロ計画は民間の旅客機を標的にするだろうと警告していた。

しかし、アメリカ中の空港の安全を預かっているのは、一時間六ドルで雇われている警備員たちである。それはファーストフード店の時給よりも安い。アメリカ人の生命を守る警備員はほんの数時間の訓練しか受けていないし、乗客の荷物などをチェックする検査員の九割以上が、六ヵ月以下の実務経験しかない。

どうしてこんな事態に陥ってしまったのだろうか。去年、会計検査院による報告書は、他の先進諸国のシステムと比較し、アメリカの空港の安全管理の現状は劣悪だとして激しく非難していた。ヨーロッパでは、利用客のバッグなどをチェックする検査員は時給一五ドルの手当をもらい、長時間の訓練を受けている。なぜ、アメリカは同じようにできなかったのか。

その答えは、ヨーロッパでは空港の安全は法的に強制される事柄なのであり、その費用は政府か空港によって負担されている点にある。それに対して、アメリカでは安全管理の費用は航空会社が負担している。だから航空会社がその出費を可能な限り抑えてきたことは驚くにはあたらない。航空会社を責めることはできない。その責任は、公共部門に属するはずの仕事を民間企業に負わせているアメリカ人にあるのだから。

過去何年にもわたり、その仕事を公共部門へ戻そうという提案は数多くなされてきた。たとえば一九九七年、アメリカン航空の会長ロバート・クランドールは、空港の安全は政府系の非営利団体によって空港の安全が守られるべきだと提案していた。だが、その提案は実現することはなかった。それは、政府の役割を拡大ではなく縮小しようとする当時の流れに呼応しなかったためである。

それに当時は、明確な軍事関連支出以外の政府支出の増大には真っ向から反対しようとする空気があった。残念ながらテロを未然に防ぐ安全対策が取られなかったこれまでの経緯を振り返ってみると、いまとなれば少額にしか思えない予算でも常に問題視されていたことが分かる。一九九六年、航空安全に関する政府委員会は、改善のために年一〇億ドルを支出することを提案していた。それは利用客一人当たり二ドル程度である。しかし、委員会は安全向上のための特別空港税の提案を拒否している。これは国家の安全に関わる問題であるから、その予算は一般的な税収から拠出されるべきであると主張したのである。これに対して、行政管理予算局は、委員会は「予算に関して非現実的な期待」を抱いていると警告していた。つまり、政治家が予算を通すと思うな、ということであった。そして事実、政治家は予算を通さなかった。

これはテロリズムをゆうに超越する問題である。『カミング・プレイグ――迫りくる病原体の恐怖』の著者ローリー・ギャレットは、続篇として『崩壊の予兆――迫りくる大規模感染の恐怖』を昨年発表している。その本の中で彼女は、空港の安全管理の問題に不吉にも酷似している話題を取り上げている。重要不可欠なアメリカの公共インフラが、崩壊寸前まで傷んでいるというのだ。それは一つには、公共部門の仕事を民間企業にまかせきっているからであり、もう一つには、「大きな政府」に反対を唱える政治家たちのために政府機関が資金不足に陥っているからである。もし、アメリカがテロリストの攻撃に対して無防備であったように、細菌に対して無防備であったとしても、驚くことはない。

私はテロの犯人が法によって裁かれることを望んでいる。しかし同時に私は、アメリカ人が冷静さを取り戻すときに重要な教訓を学んでくれることをも期待したい。つまり、政府には必要な支出というものがあるのであって、それらのすべてが軍事関連というわけではないのである。この教訓を学ぶことを拒否し、重要な公共サービスが削られ続けるなら、あのテロ事件で見たように、アメリカは自らの命を削ることになるだろう。

44

公共の利益

THE PUBLIC INTEREST

2001.10.10

私は、通常の評価にしたがうならば縮小ないしは廃止の標的にされかねない政府機関を見つけた。中にはその任務を民間に任せたほうがいいと言う者もいるだろう。それに、民間企業にその職務を委譲したほうが経費を削減できることは、疑いがない。民間企業なら従業員の雇用や解雇に関して厳しい規則にしたがう必要がなくなる。実際、その職員の多くは、民間の同程度の技能を持った従業員よりもかなり高い給与を得ている。

私が見つけたと機関とは、ニューヨーク市消防局である。

なぜニューヨークには消防署が必要なのだろうか。そこには明白で、明白であるべき理由がある。なぜ消防の仕事を個別のビルのオーナーにまかせられないかというと、あるビルで起こった火事は隣のビルに広がっていくかもしれないからである。

しかし、ニューヨーク市が消防の職務を民間企業に委譲してはならない理由は、それほど明白ではないかもしれない。それは、市が万一の場合を考慮して起こりうるすべての事件を網羅するような契約書を作成することができないからである。民間企業は法律の抜け穴をくぐって、公共の安全を犠牲にしてまでも経費を節約しかねない。しかし、それは人命に関わることである以上、受け入れがたいことである。ことに市民を守るためにはいかなる犠牲をも払うこともいとわない――たとえばニューヨークの英雄的な消防士たちのような――誇り高き公僕を、アメリカ市民は必要としているのだからなおさらである。利益のことしか考えない企業のもとで、できる限り安く使われていると思っている職員にその任を負かすことはできない。

端的に言うと、政府がやらなければならない公共サービスというものは存在するのである。そこでいま重要である議題に移ることにする。つまり、空港の安全管理の問題である。

これまでに行なわれたあらゆる調査の結果が、空港の安全は連邦政府が担うべきであることを示唆している。その理由は、消防の任務を市政が負ってきたのと同じである。アメリカ人は、空港の警備員に命がけで仕事をすることを期待していないかもしれないが、彼らこそが利用者の命を握っていると言っても過言ではない。それに加えてもうひとつ理由があるといえる。すなわち、テロリストかもしれない人物に関する極秘情報を共有する必要があるということだ。九・一一のテロ事件は、連邦政府の介入に反対していた人々の意見を変えただろうか。

いや全然！　共和党のボブ・バール下院議員（ジョージア州）はこう発言している。「保守派の私として、この問題を考えてみたが、これは連邦政府がやるべき仕事なのかと聞きたい？」

ちょっと考えてほしい。テロリストはボストンで飛行機に乗り込み、その飛行機を利用して、ニューヨークで何千という罪のない人々を殺害したのである。それなのにバール議員はまだ、空港の安全保障は政府の任務だということを理解できないのだろうか。連邦政府の介入が必要だということを、どうすれば納得するのだろうか。もしアメリカ陸軍が存在しなければ、彼はその創設に反対するのではないかと疑ってしまう。もしかすると、彼は民間の請負会社（つまり傭兵を雇う企業）と州の軍隊でその任務に当たることができると議論するのではないだろうか。

バール議員の意見は決して例外ではない。議会における共和党のリーダーたちは、連邦政府が空港の安全保障を担うべきだという提案に対して真っ向から反対する発言をしている。新たなる官僚主義を連邦政府内につくることに繋がるからだという。連邦政府による介入を「社会主義」だとさえ批判している。彼らは、連邦政府の機能を増やすことになるなら、空港の安全管理に関する法律などないほうがマシだと、ブッシュ政権に伝えたという。

これは空港の安全管理よりも重大な問題である。まだ十分に理解されていないのかもしれないので、きっぱりといま言っておくが、アメリカの強硬右派は単純に狂信的なのである。連邦政府の支出の増大が必要だということを、彼らに受け入れさせることは事実上不可能なのである。私は決して孤立した共和党の異端児について話しているのではない。実際に議会で共和党を牛耳り、ホワイトハウスをも支配している人々について、話しているのである。

ブッシュ政権は、テロ攻撃の後のこの数週間、穏健になったように見えたが、国家の危機においてさえも、強硬右派――反対勢力に対して容赦なく悪意を抱いてきた勢力――の意見を尊重するという姿勢に、また戻ったようである。

この件は私には理解しがたい。私はそれに賛同はしないが、なぜ人々がこと所得の再分配に関することとなると何にでも反対するのか理解はできる。しかし、基本的に一般の人々の安全を守り、信頼を取り戻そうとする目的しかない政策に対して、なぜ反対することができるのだろうか。

その説明がいかなるものであろうと、空港の安全管理に関する議論によって、あることが明らかであるのは疑問の余地もない。つまり、国がテロの恐怖で揺れている時でさえも、右派の狂信的ともいえる政府への不信感は、アメリカ政治の中心的な課題であるのだ。

45

55%の解決

THE 55-CENT SOLUTION

2001.11.21

昔、当時のジェラルド・フォード大統領がニューヨーク市への経済支援を断わったとき、デイリー・ニュース紙の一面にはこんな大きな見出しが躍った。「フォード大統領、ニューヨーク市に告げる――倒れて死ね」

ところが最近となるや、ブッシュ大統領がテロ攻撃を受けたニューヨーク市に対して約束した援助を中断したことは、新聞を熱心に読む者にしか知られていない。そして政策通でもなければ、これがもっと大きな出来事の一部にすぎないことを知らないだろう。つまり、ワシントンで現在検討されている経済政策は、アメリカじゅうの州と地方政府の経済に打撃を与えるだろうということを。

ジェラルド・フォード元大統領には、実際あのように大きな見出しで酷評されるいわれはなかった。彼はニューヨーク市に何も約束していなかったし、市の財政が悪化したのは、疑いもなく市政による自業自得だったのである。彼が市を助けようと思わなくて当然だった。

今回は事情が違う。覚えているかと思うが、あのテロ攻撃からの数日間、ブッシュ大統領の行動は不可解だった。九月一一日の彼の動きを疑問視する者もいる。ニューヨークでは彼が即座に市を訪れなかったことに怒った者もいた。そのような批判にホワイトハウスは、大統領専用機のエア・フォース・ワンに対して「憂慮すべき脅威」があったと答えている。それよりも重要なことは、ブッシュ大統領はニューヨークとの関係をつくろおうとして、市の議員代表団に対し十分な援助を施すことを約束したことだ。大統領はチャールズ・シューマー上院議員に「額面はそちらで決めてくれ」とまで発言していた。

ブッシュ大統領は細かい内容までは言及しなかったが、関係者は全員、大統領が何を約束したか理解したつもりだった。当時のニュース記事を読むと、提案していた四〇〇億ドル相当のテロ対策費の半分をニューヨーク市に分配すると考えられていたことが分かる。そしてこれは全額でなく、初回の払い込みでしかないと多くの人が思い込んでいた。

しかし、先週、下院の歳出委員会は、やっとその詳細を決定した。ホワイトハウスのガイドラインに沿い、テロ対策費は、ニューヨーク市に対し約束された二〇〇億ドルの半分以下の九〇億ドルしか拠出されないことになったのである。これに怒った共和党議員とのぎりぎりの折衝で、その額は一一〇億ドルに上がったが、それは約束額の五五％でしかない。

ホワイトハウスの高官たちは、いずれ二〇〇億ドル全額を拠出すると言っている。だが、ブッシュ大統領の約束が守られなかったというのに、彼らをどうして信用できるというのであろうか。テロ攻撃の記憶が薄れ、ブッシュ政権が九・一一以前の強硬保守路線に戻りつつあり――もうすでにその徴候はかなり見られるのだが――ニューヨーク市が残りの援助額を受け取る可能性はますます薄れてきている。

ブッシュ政権がニューヨーク市に対して、倒れて死ねと言う日は来ないかもしれない。その代わりに曖昧な約束と、大規模な「創造的会計《クリエイティブ・アカウンティング》」が行なわれることだろう。たとえば、州兵を配備する経費を二〇〇億ドルの中に含むかもしれない。しかし、ニューヨーク市民が約束されたと思い込んでいた援助、この街の再建のために使われるはずの援助は、だんだんと幻になりつつあるようだ。

すでに指摘したように、これはもっと大きな出来事の一部でしかないのである。景気低迷と九・一一テロ事件の後遺症という、その二つの影響が重なって、アメリカじゅうの州と地方の政府は経済的に厳しい状況へと追い込まれている。ほとんどすべての州政府は、法律によって財政均衡を保たなければならないため、支出に大鉈をふるわなければならなくなるだろう。

ワシントンで検討されている「景気刺激策」に、厳しい状況下にある州政府への援助もいくらか含まれるのではないかと期待する向きもある。だが、実際はその反対で、厳しさは増すのである。法人に対して提案されている大型減税は、州の税収入を減少させることになる。そして来年、大変なことが起こるかもしれない。企業と年収三〇万ドル以上の人に対しては減税が実施されるというのに、州政府は支出の削減を迫られる。そしてその最大の削減項目となるのは、教育と貧困層に対する医療手当である。

ニューヨーク市に話を戻そう。私が不思議に思うのは、約束が守られなかったということがあまり注目されていないことである。九・一一事件以降の数週間、誰もがワシントンは国をあげてニューヨーク市の再建に努力するだろうと思い込んでいた。いまや、それが起こらないことは歴然としている。ブッシュ政権は、約束した援助は実施したと言うかもしれないが、ニューヨーク市が残りの援助を得るためには、それがたった一ドルだろうとも、頼んで恵んでもらわなければならないのである。

市民の怒りはどこに行ってしまったのであろうか。ニューヨーク市民は、文句の言い方を忘れてしまったのであろうか。

46

MONEY-GRUBBING GAMES

予算分捕りゲーム

2002.2.8

まず、約束があった。その後、約束はなくなった。そしてまた約束があった。だが、それはニューヨーク市民の注意が他にそれるまでのことである。

九・一一テロ事件直後、つまり、ブッシュ大統領の支持率が急上昇する前、そしてテロ事件後初めてニューヨークを訪れる直前、彼は自らこう約束していた。政府はニューヨーク市の再建のために少なくとも二〇〇億ドル規模の援助を拠出する、と。当時、その額は上限でなく、下限だと思われていた。

すると不思議なことが起こった。ニューヨーク市への援助は、予算にはたった一一〇億ドルしか組み込まれなかったのである。このことについて先月のコラム「五五%の解決」で書いたが、それによって私は批判の集中砲火を浴びた。ブッシュ大統領は当然その約束を守る、という内容の反論であった。

しかし、ブッシュ政権は二兆一〇〇〇万ドルの予算案をすでに発表しているが、不思議なことにニューヨーク市に対する新たなる援助は含まれていない。どうやら援助はもうそれでおしまい、当初の約束の五五%で終わりらしい。

ニューヨークの議員たちはそれに素早く反応し、ホワイトハウスで予算を担当しているミッチ・ダニエルズに対し不足額についての説明を求めた。ダニエルズは初め、九・一一事件の犠牲者に対する五〇億ドルの救援金をニューヨーク市への援助の一部として計算すると答えていた。これはこれまでの経緯からすると、明らかに約束違反であったと言える。すると彼はニューヨークの議員たちに、「これでは予算分捕りゲームだ。驚きだ」と反論した。

ホワイトハウスは、その発言をすぐさま打ち消そうとし、ダニエルズも自らのコメントを撤回している。ブッシュ大統領は、ニューヨークの消防士や警官たちとの写真撮影を目前にして、二〇〇億ドルを供与するという約束を繰り返した。しかし、残りの援助は予算の中に含まれていない。この事実からは――ダニエルズのコメントが彼の本当の気持ちをよく表わしていることとも相まって――この政権下での優先順位がよく分かるといえる。

このニューヨークの一件を理解するためには、ブッシュ政権は減税と軍事関連支出の予算においては無制限のやりたい放題だ、ということを知らなければならない。いまは戦時であるから国民は犠牲を払わなければならないといった大袈裟な政治レトリックはたくさん聞かれるが、全国民のほんの数%にすぎないもっとも裕福な人々には、戦時中の耐乏生活は適用されないのである。彼らは、すでに立法化されている将来の減税でもっとも恩恵を受けるだけでなく、ブッシュ政権が現在提案している六〇〇〇億ドル規模の追加減税でも、そのほとんどの恩恵を享受するのである（実際は会計のトリックがなければ約一兆ドルなのだが、誰がその額を計算しているかは知っての通りである）。

限られた予算内の厳しい選択だとかといった議論をよく耳にするが、ブッシュ政権は軍事支出となると選択なんかまったくしないのである。カーライル・グループの子会社が、冷戦時代にしか配備する意味がなかった（もし実際に意味があったとしてだが）七〇トン級の大砲を所有しているという。ブッシュ政権は迷わず買うだろう。もう次世代のミグ戦闘機など存在しないのだが、それに対抗するために設計された戦闘機をアメリカの二社が製造したとしよう。ブッシュ政権はその両方を買うだろう。

その一方、他の項目では大きな支出削減、ないしは将来の支出削減に向けた大規模な予算シフトが実施されているのである。社会保障の黒字を使って、政府支出の赤字を穴埋めしようとしていることはすでに知られている。とはいえ、その赤字はブッシュ政権が減税を中止すればかなり削減できるはずである。それればかりか、武器購入に歯止めをかければ、その赤字は消えてなくなるはずである。だが、知っていただろうか。ブッシュ政権は、連邦議会予算事務局が現在の水準を保つために必要だと見積もった額よりも三〇〇〇億ドルも少ない予算しかメディケアに対して分配していないことを？処方箋薬代への公的医療保険の負担拡大など問題外、忘れてくれと言わんばかりである。ブッシュ政権は実際に定年退職者に対して医療保険を停止してしまうつもりなのか、それとも単に来るべき財政破綻がいかに大規模なのかを覆い隠そうとしているのかは、定かでない。

これらすべてのことを考えれば、ニューヨーク市に対する約束が守られなかったことなど、実際はたいしたことではないのである。だからこそ、首を傾げたくなる。つまり、近い将来まで財政は相当赤字になることはすでに分かっているわけだから、九〇億ドルぐらい一年さらに赤字になったとしてもそれほど変わりはないはずである。簡単に揚げ足を取られそうなこの問題を、なぜ解決しようとしないのだろうか。

ひとつの答えは、テロがあろうとなかろうと、共和党の有力議員たちはニューヨークが嫌いだということだ。そしてブッシュ政権は、右派の支持者を怒らせるようなことは絶対にしない。

しかし、私の見るところブッシュ政権は単に傲慢なのである。高支持率をよいことに、この政権は昔の約束などどうでもいいと考えているのである。結局のところ、人々はいまも戦争が行なわれているという事を知らないのだろうか？

47

THE LONG HAUL

テロとの長い戦い

2002.9.10

アメリカ人は九・一一テロ事件時における自分たちの対応を誇りに思うべきである。犠牲を払ってでも戦おうといった掛け声は聞かれず、アメリカ人はテロの恐怖に対して冷静さと忍耐で対応してきた。パニックは起こらなかった。嫌がらせの犯罪はいくつかあったものの、興奮した群衆がイスラム教徒などアメリカ人とは異なる人たちを攻撃するといった事件は起こらなかった。アメリカ人は、この国が誇りとする精神に忠実であった。

しかし、あれから一年、この国はいまだ大きな不安にさいなまれている。企業スキャンダル、低迷する株価、増大する失業率などがその原因だといえる。とはいえ、不安の原因のひとつは、あのような事件がどうしてアメリカで起こったのか、それをどう考えていいのか分からないことである。政治的リーダーたちや、マスコミの多くは、アメリカは戦争のさなかにあるのだと強調する。それは当初からあまりいい比喩とは言えなかったが、時間の経過とともにより陳腐な表現と化してきた。

その人的・経済的犠牲を考えるなら、九・一一事件は軍事攻撃というよりも、天災に似ていたといえる。実際、あのテロ事件は、一九九五年に日本を襲った大地震とほとんど気味の悪いほど共通点が多かった。あのテロ攻撃のように阪神淡路大地震は、予告なしに何千という罪のない人々の命を奪った。あのテロ攻撃のように、大地震は日本を悪夢と強い不安に陥れることになった。そしてあのテロ攻撃のように、大地震は金融バブルの後遺症に悩む国を襲った。

とはいえ、大地震の経済への影響は一時的でしかなかった。そのことは九・一一事件のアメリカ経済への影響も、一時的でしかないだろうことを示唆していた。事実、その通りだったと言える。九・一一事件と同様に、阪神淡路大地震は長いこと日本人の意識に影響を与えたが、日本はそれを乗り越え先に進んだ。アメリカもそうなるだろう。

もちろん、天災と計画的で残虐なテロ事件とは違う。アメリカはショックを受けたと同時に怒り、犯人を探し、罰することを決意した。精神的な意味においては、九・一一事件は真珠湾攻撃と同列で考えることができるだろう。そしてあの日始まった戦いは、この世代にとって真珠湾攻撃で始まった第二次大戦に相当するものだといえる。

しかし、もしこれが戦争なら、それは過去アメリカが勝利してきた戦争とはかなり異なる。国民が一丸となり、犠牲を払ってでも戦おうといった掛け声は聞かれなかった。それにアメリカは、いつ勝利を収めたのか、いや、果たして勝利したのかどうかさえ知ることができるのだろうか。軍事専門家でなくとも、第二次世界大戦におけるDデイ、つまり連合国がノルマンディーに上陸した記念すべき日や、日本に勝利したVJデイのような日が来ないことは明らかである。テロ行為を完全に根絶したと宣告できる日は来ない。テロとの戦いは犯罪との戦いと似ているかもしれない。通常の戦争とは違い、テロとの戦いは相対的なものであり、完全なる勝利などありえない。

だからこの戦いを言い表わす比喩が大切なのである。戦争中の一時期なら正当化されることでも、犯罪に対する永続的な戦いでは許されないことがある。テロリストが狂信的な人殺しだとしてもだ。

　それは政府の財政といった退屈な問題でも同じことである。これまで戦争は財政赤字の正当な理由だとされてきた。政府が、重大で一時的な危機に直面して借金することは当然だと考えられてきた。しかし、今回の危機は重大でもなければ、一時的でもない。近い将来、国内の安全と国防に対する支出は、九・一一事件以前の水準に戻すべきなのだろうか。いや、それはできないだろう。財政を均衡させるほどに、軍事関連支出を下げることなどできない相談だ。したがって政府の財政支出を継続的に負担する方法を考えなければならない。

　それよりもさらに重要なのは、もちろん、法と市民の自由である。偉大なる民主主義のリーダーたちも、戦時においては法を破ってきた。エイブラハム・リンカーン大統領が一八六一年、人身保護令状、つまり拘留が合法か非合法かを調べるため被拘留者を法廷に出頭させる令状を一時停止することがなかったならば、今日の、アメリカ合衆国は存在していなかっただろう。だが、そのような状況は極端であり、停止されたのも一時的であった。南北戦争に勝利したことで、法的秩序は正常に戻った。そのときには、もはや強力な権利の集中など必要ではない。だが、それをいまのリーダーたちに知らしめるような出来事などあるのだろうか。

　重要な点は、アメリカの新しくて恐ろしいこの戦いは一時的ではないということだ。これは長期戦になるであろうから、テロと戦ういかなる方法も、アメリカが長期間付き合う用意があるものでなければならない。

　いま、真の挑戦はテロを撲滅することではない。それは達成不可能である。真の挑戦とは、アメリカを偉大な国にしている豊かさと自由を失わないで、テロの脅威といかに戦うかということである。

第10章

九・一一をまんまと利用する

48

片目の男

THE ONE-EYED MAN

2001.10.31

どこかで読んだことがあるが、ある法律の立法の主旨を本当に理解するには、片目で髭を生やし、片足をひきずって歩く男のために特別な配慮をした条項を探すことだというのである。つまり、これが言わんとしていることは、表面上は公共の利益となるように見える法案が、ある条項によって特別な利益団体のために有利に働くことがあるので、その条項を探せばその法律の真の狙いが理解できるということなのである。

先週、議会で可決された景気「刺激」法案に対する論評の多くは、巨大企業に莫大な恩恵をもたらすことになるという点に集中していた。しかし、それだけでは特定団体への利益供与について多くを明らかにしているとは言えない。アメリカにとってよいことは、ゼネラル・モーターズにとってもよいことだという。大企業に多額のカネを与えないで、企業優先の法案をつくることは難しいのである。この法案を本当に理解するためには、それほど大きくない企業へも巨額なカネが流れていることに注目しなければならない。

法案のある条項は、特に小規模の多国籍金融企業グループに有利になるようにつくられている。他のある条項は特定の健康保険会社のためである。しかし、もっとも驚くべきことは、最低代替税を廃止することによって、いかに中規模の企業に恩恵がもたらされるかという点である。このことはブッシュ政権の経済刺激策といわれるものにも含まれていて、政権の最優先政策のひとつだといえるようである。

税制の正当性を調査している非営利団体シチズン・フォー・タックス・ジャスティスの計算によると、たとえば三八万人の従業員がいるゼネラル・モーターズが八億ドルを受け取るというのは驚くほどのことではないだろう。ところが、従業員が一万六〇〇〇人しかいないTXU（以前はダラス・パワー・アンド・ライト）が、六億ドルも受け取るということは驚きである。そして他にもTXUのような中規模の企業で、驚くべき額を受け取る企業がある。それらはシェブロン・テキサコ、エンロン、フィリップス・ペトロリアム、IMCグローバル、そしてCMSエナジーである。これらの企業に共通することは何であろうか。

それはこれらがエネルギーまたは採鉱関連の企業であり、テキサス州内か、その近辺に本拠を置いているということである。すなわち、片目で髭を生やし、片足をひきずって歩く男は、ディック・チェイニー副大統領によく似た男なのだ。

最低代替税の廃止によって利益を得る企業と、チェイニー副大統領のタスク・フォースによって作成されたエネルギー計画で多額の補助金を受け取る企業の多くが重なり合うことは、ほぼ確実である。これは明らかに違法なのだが、ブッシュ政権がそのタスク・フォースの議事録を議会に提出することを拒んだことを覚えているだろうか。それは九・一一テロ事件以降、忘れ去られたことのひとつのようである。

そしてこれらの企業でもっとも得をするのが最後の選挙で共和党に多額の献金をした企業であるということは、指摘するまでもないだろう（民主党が献金による影響を受けにくいと指摘しているのではない）。

私にとって、ブッシュ政権は『ビクター・ビクトリア』の筋書きのようになってきている。まず、そこには中道穏健派だと思われた候補者がいた。やがて、それは仮面だと分かった。もしくは分かったように思えた。実は彼は当選するために中道穏健派に見せかけていた超保守派であったのである。

だが、チェイニー副大統領のエネルギー計画のような最新の経済政策提案は、まともな自由市場主義者によるものではないように思える。それは需要サイド経済学、サプライサイド経済学のどちらにおいても意味をなさないものだが、実際のところ特定の企業に多額のカネを提供する。イデオロギーすら、企業——それも企業一般ではなく、特定の利害関係にある少数の企業——を代表する候補者のための仮面にすぎないのかもしれない。つまり、彼らは実際には超右派のふりをしているだけのことで、それ以前は当選するために中道穏健派に見せかけていただけだったのかもしれないということである。

これは面白い上に実に妥当な話である。しかし、絶対にこんな話をテレビで聞くことはないだろうし、いかにその証拠が歴然としていようとも、多くの人々は信じようとしないだろう。言うまでもなく、それこそがこれまで述べてきたようなことを可能にしているゆえんなのである。真実を見ようとしない者たちが多い国では、片目で髭をはやし、片足をひきずって歩く男こそが王様なのである。

49

もうひとつの現実

AN ALTERNATE REALITY

2001.11.25

ほとんどのアメリカ人はテレビを見てニュースを知る。そしてそこに映し出されるニュースは胸を打つもの——危機に直面しながらも、正しく行動しつつある国家の映像——である。実際、大多数のアメリカ人は決然としながらも寛容であった。

しかし、それがすべてではない。テレビで放送されなかった映像は、胸を打つものなどからはほど遠かった。そこには政治家やビジネスマンたちの悪行があった。また、それが可能になり、さらにひどいものになったのは、彼らの自己中心的な行動が星条旗というベールに包まれていたからだった。事件の全体像を見ようとするとき、アメリカ人はテレビが映し出すのとは違う世界に生きていることが分かる。

もうひとつの現実が深く隠蔽されているわけではない。それはコンピュータとモデムを持った者なら誰でも知ることができるし、質のいい新聞に書かれていることでもある。何が起こっているのか知るのにもっともよい記事は、しばしば経済面で読むことができる。経済記者や経済評論家は、バラ色のメガネで世界を見る必要がないからである。

経済学者の視点からすると、実際に何が起こっているのかを示すもっとも正確な指標は、九・一一事件以降、政治家たちが誇らしげに実施してきた「一括移転支出」である。経済学的に解説すると、これは受け取り手からの働きかけのあるなしにかかわらずなされる支払いを指し、つまり受領後の相手の態度に変化をおよぼすような刺激にはなりえないカネということである。これは受け手が援助を必要としている場合ならよいであろう。仕事へのやる気を失わせることもないはずだ。しかし、これが悪影響をおよぼすのは、その拠出の目的と言われていることが、たとえば投資や雇用の増大だとか、受け手にとって何らかの有益な行動を起こさせようとする場合である。

したがって議会が、航空会社に一五〇億ドルの援助と貸付けを可決しておきながら、航空会社の失業した従業員はまったく援助しないということになると、いったい何が起こっているのか考えてしまう。さらに議会が経済「刺激」策を可決したとはいえ、二五〇億ドルの法人遡及減税を盛り込みながら、失業者への手当がほとんど皆無となれば、いったいどうなっているのか首を傾げてしまう。これこそまさに企業への、それもほとんどが十分に黒字の企業への一括移転支出だといえる。

政治記者によるたいていの報道を読むと、経済刺激策に関する議論はイデオロギーの対立として書かれている。しかし、イデオロギーなんか関係ないはずだ。私の知る限り、それが右だろうが左だろうが、いかなる経済理論も、八〇億ドルの資金が手元にあるゼネラル・モーターズへ八億ドルの一括移転支出を行なったからといって、それで投資が増えるとは説いていないからである。

ジョナサン・シェイトが指摘するように、ディック・アーミーやトム・ディレイのような人物の真の目的を疑わずにはいられない。彼らは、自由市場を信じているのか、それとも貧しい者たちから取り上げて、それを富める者たちに与えようとしているのだろうか。それはすでに明らかであろう。

もちろん、一括移転支出だけがすべてではない。九・一一事件以降、国家の非常事態という口実のもと、石油会社や木材伐採目的のために国有地を使用しようとする動きが強まっている。ブッシュ政権は、国家の安全のためだと主張しているが、イエローストーン国立公園からスノーモービルを排除する規制を翻そうとしていることを考えれば、真実は明らかなはずだ。

では、アメリカは実際どのような状況にあるのか。テレビでは第二次世界大戦のように見える。しかし、正義はアメリカにあるとはいえ、この戦争は少数の非常に訓練されたプロによって戦われているものであり、九九・九%のアメリカ人にとっては戦う戦争ではなく、観る戦争である。そしてアメリカ国内は戦争中というより、戦後の混乱の中にあるようである。国旗のもとに集まり、政治リーダーたちを信用するという、戦時における普通の感覚すら、あまりにも容易に利用されてきたといえる。

実際、現状は第一次大戦直後の状況と気味の悪い類似を見せている。ブッシュ大統領によって法務長官に任命されたジョン・アシュクロフトは、過激なテロとの関連を疑い何千という移民を連行したが、そのほとんどは無実で、中にはアメリカ国籍の者も含まれていた。これは第一次大戦後の、パーマー法務長官が多数の移民を連行した事件を彷彿とさせる。エンロンの幹部たちは、ねずみ講で悪名高いチャールズ・ポンジーの真似をしているようであった。国有地を民間企業に利用させようとしている行為は、ティーポット・ドーム事件と呼ばれる第一次大戦後のハーディング大統領にまつわるスキャンダルを思い出させる。この事件でも国有地における石油採掘が問題となっていた。おそらく今回は露骨な買収はなかったろうが、実際に企業にもたらされた恩恵はもっと大きかった。

この国が必要としていることは、正常な状態に戻るということである。つまり、私が言いたいのは、アメリカ国民はショッピングに出かけているというのに、マスコミが戦争か、愛国心を鼓舞するようなニュースしか報道し続けないといったような状態ではない。それこそまさにブッシュ政権の望む状態に違いない。いったい何が起こっているのか、いまこそその全体像をアメリカ国民に提示する時である。

50

THE ROVE DOCTRINE

超保守派のローブ・ドクトリン

2002.6.11

数カ月前、民主党と太いパイプを持った私の大学の同僚が、ブッシュ政権を誉めるコラムを二、三書いたらどうだと進言してきた。「どうして誉めなければならないんだ？」と私は訊いた。

その問いに彼も長いあいだ考え込んだ。私がブッシュ政権に対し批判的であるため、「バランス」を取るためにそう提案したのだろうが、「バランス」そのものがコラムの目的となるとは、実におかしなことではないか。思案の挙句、彼はやっとこう答えた。「自由貿易に対するブッシュ政権のコミットメントは？」

えへん！　と私はせきばらいをした。実のところ、ブッシュ大統領はかなりの保護貿易主義者なのだ。これまで鉄鋼に対するセーフガード（緊急輸入制限措置）や、農産物への補助金を増額した農場法が注目を集めたが、それはほんの一部にすぎない。他にも（まったく正当化されない）カナダの軟質木材に対する厳しい関税や、カリブ地域に対する特恵関税の廃止などがあった。自由貿易となるや、ブッシュ政権は大賛成するが、それは彼らが掲げる原則らしきものに、政治的に少しも抵触しない限りにおいてである。

それに関連して取り上げたいのが、ワシントンで政治を追い回している連中が大きく話題にしているエスクワイア誌の記事である。その記事によると、ホワイトハウスの主席補佐官であるアンドリュー・カードが、穏健派だといわれていたカレン・ヒューズ大統領顧問が職を辞したことで、強硬派として知られているもうひとりの大統領顧問、カール・ローブの影響力が増すだろうと指摘したというのである。もし過去一八カ月間のブッシュ政権におけるローブの影響力が限られたものでしかなかったとすれば、今後を考えるとぞっとする。

ローブの仕事のもっとも顕著な特徴とは、その保守的な傾向ではなく、政権にとって政治的に有利になるのなら何でもやるといった、その考え方にある。これはもちろん、テロ行為すら利用しようという態度であり、実際ローブはすでにそう豪語していた。それに加えて、特定利益団体に対しても大盤振舞いをしてきたのである。

ビル・クリントン前大統領の功績であまり評価されていないのが、彼の経済政策に対する理想の堅持である。カリフォルニア大学バークレー校のエコノミスト、ブラッド・デロングはクリントンを誉めている。「任期中、クリントン前大統領は、大きな政治的リスクがあろうとも、アメリカにとってよいと思われる国際経済政策を取ることをいとわなかった」デロングが指摘しているのは、クリントンが一九九三年、党内の反対意見と世論を押し切って合意を取りつけるという危険を冒してまでも可決させた北米自由貿易協定である。さらに前大統領は、一九九五年、メキシコを経済危機から救うためにもっと大きなリスクを取っている。デロング同様、私もそれらの政策決定に関わった重要人物を数人知っている。彼らはその実力と功績によって選ばれた人たちであり、クリントン政権は本当に心から自分たちが正しいことをしていると信じていたのである。

その真摯な態度は政権の最後まで続いた。もしクリントンが、鉄鋼業界の要求していた関税に合意していたら、アル・ゴア副大統領がホワイトハウスを乗っ取っていたことだろう。だが、クリントン政権は実際には、特定利益団体を優遇することがアメリカ経済と世界経済に与える影響を心配していたのである。

ローブが仕切る政権はそのような配慮とは無縁である。貿易や農業への補助金だけではない。カトー研究所のアナリストが指摘するように、ブッシュ＝チェイニー政権のエネルギー政策は、反環境保護的という意味では保守的で古くさいものだと言えるかもしれないが、その他の点では、自由貿易主義者が嫌悪するであろう政策を多く実施してきた。（送電線を開通させる目的で）民間の土地を取得するために政治権力を拡大し、市場価格に頼っては運営できないエネルギー産業（ことに原子力）に対して大型の税金優遇政策をとっている。ブッシュ政権のエネルギー政策はいかなる原則とも関係がなかった。求めていたのは見返りであった。

ブッシュ政権に原則がないのなら、いったい誰が原則にしたがうというのか。私は『ザ・ヒル』という新聞に掲載されていた「労働組合、共和党を再検討」という記事に衝撃を受けた。その記事は全米自動車労組のスポークスマンの言葉を引用して、労組は「政党の枠組を超えて」、政治家が「ある特定の問題」に関していかなる立場を取るか注目していると指摘している。つまり、言い換えれば、全米自動車労組は彼らの特定利益を応援してくれる政治家なら誰でも支持するというのである。

アメリカは過去にも似たような状況を経験している。国際貿易委員会のトップであったポーラ・スターンは、ロナルド・レーガン元大統領を「フーバー大統領以降、もっとも保護主義的な大統領」だったと指摘している。レーガンは、「大きな影響力を持つ産業が、その政治力を使うことを合法化したのである――それは必ずしも経済的なメリットのためや、法的根拠によるものでなく」、欲しいものを手に入れる方法でしかなかった。つまり、ブッシュ政権はレーガンを踏襲していることになる。

しかし私には、いまの状況はさらに悪く、アメリカの利益誘導型政治がもっとひどくなってきているように見える。そのあくどさといったら、ニューディール政策が実施される前からもう見られなくなったものだといえる。そしてもしエスクワイア誌の記事が事実なら、それはさらに悪化していくということになる。国内産業保護のために関税が異常に高く吊り上げられても驚くなかれ。

51

THE REALITY THING

現実に興味なし

2002.6.25

　これがブッシュ政権について言えることである。他が問題視する事を好機と受け取る政権だと。経済の停滞は減税を推進するチャンスであった。しかし、それが短期的な経済刺激策となる可能性などほとんどないどころか、二〇一〇年の財政に大きな負担となってしまう。カリフォルニアにおける電力不足は、アラスカでの石油採掘に道を開くチャンスとなった。とはいえ、二〇一三年ごろまではそこで電力をつくりだすわけでもなければ石油を生産することもないであろう。軽装備のテロリストによる攻撃は、大型兵器とミサイル防衛システムを配備するチャンスとなった。次にはアルカイダが戦車で攻撃してきたり、ＩＣＢＭ（大陸間弾道弾）を発射してくるかもしれないからである。

　父親のブッシュ元大統領は、「私にはビジョンが欠けている」とある時告白したことがあるという。彼の息子のアドバイザーたちには、そのような問題はないようである。彼らはアメリカの将来に対する力強いビジョンを持っている。やっと最近分かってきたのだが、その将来とは、ホワイトハウスの住人が司法手続きや調査なしに、アメリカ市民を含めた誰でもを無期限に拘留できる権利を有する社会である。しかし、ビジョンはあるとしても、彼らは現実に起こっていることにはさほど興味がないようである。

現実の問題に対しブッシュ政権はこれまであらゆる対応策を取ってきたが、その際立った特徴といえば、それらがほとんど、もしくはまったく、問題解決のために役に立たなかったということである。そのような問題は彼らのビジョンを追求するために利用されてきたといえる。彼らの目的に利用できない問題は、それが企業の管理体制における自信低下だろうが、中東における混乱だろうが、それらはできれば無視したい厄介事として扱われるか、よくて表面的で薄っぺらな政策で対応するだけであった。明らかにブッシュ大統領は、現実世界の問題は自ずと解決されるだろうと考えているようであり、少なくとも夜のニュースにはならないと思い込んでいる。なぜなら偶然にも、テロ攻撃に関する臨時ニュースが通常のニュース番組に取って代わるからである。

しかし、現実の問題とは放っておけば悪くなっていくものである。過去数週間、一連の問題は重大な局面を迎えている。昨日の演説にもかかわらず、中東政策は明らかに漂流したままである。ドルと株式市場の下落は続き、すでに危うくなっている景気回復を脅かしている。アムトラックの名で知られる全米鉄道旅客公社は、政権の注意を喚起することができず、閉鎖の危機に直面している。そして連邦政府そのものが、資金不足に陥っている。共和党の議員たちが現実を直視することを拒み、連邦政府の財政赤字の限度を引き上げようとしているのである（この問題を避けようとする傾向はどうやら他に感染していくらしい）。

だからいまはホワイトハウスが常にその批判者に対して言ってきたことを実行する時なのである。つまり、党派を超えて行動するべきだということである。では、ブッシュ大統領は一日でも二日でも、政治的基盤を強化することを忘れ、何かこれまでの政治目的に含まれていない事柄を実施することがあるだろうか。まあ聞くだけ野暮か。

政治評論家のほとんどは、ブッシュ大統領が行なったオハイオ州立大学での演説を取り違えている。大統領の顧問によると、その演説はエミリー・ディキンソン、ローマ法王、アリストテレス、そしてキケロなどの思想から影響を受けたものだという。もちろん、そんな指摘はバカげているが、それはブッシュ大統領がいかに自画自賛状態にあるかを示している。次は、ブッシュ大統領は優れた書道家であり、よく中国の揚子江で泳いでいるなどということを聞かされるのだろうか。だが、誰もそれを笑うことはできない。ブッシュ大統領がアリストテレスなどとは無縁の演説を行なう前、オハイオ州立大学の学生たちは野次を飛ばしたら除名処分のうえ逮捕すると脅かされていたのである。その代わりに学生たちは、「割れんばかりの拍手」を送るように指示されていた。

国内の安全保障を担当する目的で設立準備中の、国土安全保障省は、その設立目的が疑わしいというのに、将来、内部告発される恐れがないという。この新しい政府機関は、告発者を保護する法律や、政府情報の原則的公開を定めた「情報の自由法」にも拘束されないというのである。

ところが問題は悪化しつつある。経済は一九九八年の夏以降、もっとも危ない状態になりつつある。当時は幸運にも、アメリカの経済政策は自らの間違いから学ぶことができる優秀な人々によって運営されていた。同じことをこの政権について言えるだろうか。

前にも述べたが、ブッシュ政権は間違いを犯すことに対してコンプレックスを抱いているのである。そのため絶対に間違いを犯したとは認めない。そしてその傲慢さが、いつの日か破局を招くことになる。この点についてはアリストテレスの教えで読むことができるのだが。

52

THE REAL THING

ブッシュ政権の正体

2002.8.20

言う必要などない、たぶん連中は訊いてこないだろうから。これは、退役軍人省の高官が、七月に書いたメモだという。それをジャーナリストのジョシュア・マーシャルが自ら運営するサイト、talkingpointsmemo.comに掲載したのである。退役軍人の医療保険費に関して、そのメモは「保守的な予算ガイダンス」を引用しながら、部下たちにこう指示していた。「担当地域において退役軍人の新規加入を促すような広報活動はしないように」退役軍人は医療保険を受ける権利がある。しかし、ブッシュ政権は、このことを知らない退役軍人を、知らないままにさせておくことで、経費が節約できないかと期待していたのである。

愛国心に駆られているはずのブッシュ政権からこんなことを聞くとは思わなかったろう。だが、注意深く政権の言動を追っていれば分かっていたはずである。なぜなら、これに似たニュースは、ますます増えつつあるからである。

たとえば、先週ブッシュ大統領は、国内の安全保障に関する五一億ドル規模の支出を拒否する決定をしている。これは信じられない愚行である。なぜならブッシュ大統領によって拒否されたのは、退役軍人の医療保険改善に必要な予算と、消防士に通信システムなどの新しい装備――これがあれば九・一一事件の際にもっと多くの人命を救いえた――を供与するといった予算案であったからである。あのテロ事件はブッシュ大統領の支持率を大いに押し上げたが、その現場となったグラウンドゼロでの悲劇を思い出しながら、国際消防士連盟の会長はこう警告した。「死んだ我々の同僚を英雄扱いしておきながら、その後で背中から刺すようなことはしないでくれ」

消防士だけではない。事故で閉じ込められた炭坑労働者たちはどうだろうか。救出されると、ブッシュ大統領は自ら現場に乗り込み、彼らの苦労をねぎらった。それに伴いジャーナリストのマイケル・ノバックは、事故のあったペンシルベニア州サマーセットは「世界の保守勢力の首都」であると保守系のウェブサイト『ナショナル・レビュー・オンライン』に書き立てた。

しかしノバックは、連邦政府で炭坑の安全を担当する鉱山安全保健局による肝心の援助については触れていなかった。そうしていたなら、都合の悪い疑問が飛び出していたことだろうからだ。ブッシュ政権のエネルギー計画は石炭の大幅増産を唱えているが、その支出計画では炭坑の安全管理費は削られているのである。これぞ保守派の予算ガイダンスというものであろう。

つまり、ブッシュ政権の政策には、そのイメージと現実のあいだにどうしよもなく埋めがたいギャップが存在するということなのである。

ブッシュ大統領が得意とするのは、マスコミを利用する大衆政治、つまりポピュリズムである。彼の側近たちは、大統領がブルーカラーの人々と仲良くしている光景をつくりだそうとする。しかし、現実には、テレビ・クルーがそこにいるあいだはブルーカラーに好意的であるが、実際の政策となるやブルーカラーに関心などないのである。そしてその実態を隠すことはますます難しくなってきている。

連邦政府の財政はいまや巨額の赤字を抱えており、ブッシュ政権以外の人々はその状態が続くだろうと考えている。それは支出が急増しているからでなく、昨年の減税がいまだほとんど実施されていないからである。私の同僚、フランク・リッチが指摘するように、減税による歳入の減少を埋め合わせるために、ブッシュ大統領は来年、五〇億ドル相当の支出案に対してほとんど毎日、拒否権を発動し続けなければならないという。二〇〇〇年の大統領選挙当時のように、すべてのために予算を分配できるかのように振る舞うことはもう無理である。いまとなるや減税を実施するためには、普通の人々の生活に影響をおよぼすようなプログラムを徐々に潰していかなければならない。

しかし、減税は普通の人々にとっては大切ではないのだろうか。それは場合によるだろう。昨年、税金の払い戻しは多くの家庭で実施されている。しかし、今後実施されようとしているのは、高所得者層、ことに億万長者たちに対する所得税減税であり、不動産税の廃止である。この恩恵を受けるのは夫婦でその所得が二九万七〇〇〇ドル以上ある場合と、これまで相続税の対象となっていた二〇〇万ドル以上の不動産を持っている場合だけである。消防士や炭坑労働者はそんな額とは無縁である。

言い換えるなら、マスコミを前にしての態度とは違い、ブッシュ政権は消防士、警察官、炭坑労働者、退役軍人、そして他の「アメリカのつつましい人々」（ノバックの用語）のためのプログラムを削るのに忙しいのである。それは全然つつましくないほんの一握りの人々が、減税の恩恵を受けられるようにするためである。私はその恩恵を受けられない普通の人々を煽動しようとしているのではない。これは歴然とした真実である。そしてそれをごまかすことは困難になってきている。

このことの政治的意味合いは何であろうか。ブッシュ政権の政策は富裕層しか相手にしていない、とアル・ゴアが批判すると、専門家や、ゴアの元副大統領候補を含む民主党の政治家たちの多くは、それに反対した。ポピュリズム政治は、アメリカの政治世界ではうまくいかないと全員が力説したのである。

しかし、保守派はポピュリズムを非常に巧みに操ってきた。とはいえ、それは嘘のポピュリズムである。普通の人々のための政治だと演出し、彼らの想像するところの「リベラルなマスコミの文化エリート主義」を攻撃して、ポピュリズムと見せかけてきた劇場政治である。すでに事実を掌握しているリベラル派の人々は、なぜブッシュ政権の正体を暴き、それと戦おうとしないのだろうか。

53

DEAD PARROT SOCIETY

報道機関はモンティー・パイソンの死んだオウムか？

2002.10.25

数日前、ワシントン・ポスト紙のダナ・ミルバンク記者は、ブッシュ大統領にとって「事実とは柔軟に解釈されるもの」だと書いていた。このホワイトハウス詰めの記者によると、連邦政府の財政からイラクの軍事能力にいたるまで、あらゆる事柄についてのブッシュの発言は「間違いではないにしても疑わしく」、そのレトリックは「ほとんど空想の域に達している」という。

またウォール・ストリート・ジャーナル紙は、ここ数日「何回となく、高官たちが秘密情報に言及していたが、それらは裏が取れなかったものが多かった」という。CIAのテロ対策部門の元トップはもっと単刀直入だった。「基本的に何が起こっているかというと、政府高官たちは情報をでっちあげて発言している」という。USAトゥデイ紙は、「政治目的に沿うように、情報機関に予測などを歪曲させようとする圧力がますます強まっている」と、報道している。

これらの遠まわしな言い方で書かれた記事を読んでいて、私はコメディー番組「モンティー・パイソン」に出てくる死んだオウムのエピソードを思い出した。ある客が買ったばかりのオウムが死んだとペットショップにクレームをつけに行くのだが、ショップのオーナーは休んでいるだけだとか気絶しているだけだとか言ってごまかそうとする。だが結局のところオウムは死んでいるのである。

ブッシュ政権も、ウソばっかりついているのである。

私は記者たちがそうはっきりと言い切らなかったことを責めているのではない。ミルバンク記者は勇敢な記者だ。その勇気のために代償を払わされ、彼はホワイトハウスによる中傷攻撃の的になっている。

それがブッシュ政権のいつもの対応である。ブッシュ大統領は、国民に対して率直に話しているというイメージを保っているが、これまでのいかなる政治家よりも姑息で責任逃ればかりしているのである。彼が最近このようなことを言っているのをご存知だろうか？　サダム・フセインをこのまま権力の座に居座らせたとしても「政権交代」というこれまでの主張を曲げた事にはならない、なぜならもしイラクの独裁者が国連の条件を受け入れるならば「それ自体で政権が変わったことを意味するからだ」というのである。

ブッシュ政権の不正直を訴える記事が最近増えてきているのは、ブッシュ政権がイラクとの戦争の必要性を喧伝していることと関係している。とはいえ、このようなブッシュ政権の体質は二〇〇〇年の大統領選挙時までさかのぼり、それは他の広範囲の問題に関しても明らかである。たとえば、社会保障の部分的な民営化計画については2－1＝4といったような杜撰《ずさん》な計算をしている。また、減税については、その四〇％かそれ以上が富裕層の一％の人々に恩恵をもたらすものであるにもかかわらず、それを中流家庭のためだと主張した。約六〇の幹細胞研究のための助成金を拠出するという約束や、環境保護計画で二酸化炭素の排出を制限するといった約束も反故にした。

より一般的に言うなら、ブッシュ大統領は政治勢力を「分裂させるのではなく結集させる」穏健派として、大統領選に臨んだ。イギリスの経済誌『エコノミスト』が、ブッシュ候補を支持したのは、党派主義を超越できるという理由からだった。ところがいまや、この雑誌はブッシュ大統領を「党派主義長官」と形容しているほどである。

これはすべて大統領の性格によるものと説明したいところだが、それだけでは済まされない。ブッシュ政権の嘘には一定の法則がある。

ブッシュ政権は大衆のための政治を行なっていると見せかけているが、実は非常にエリート主義の政権なのである。その国内政策は、少数の人々に恩恵をもたらすためのものであり、その人々とは基本的に少なくとも年収三〇万ドルを稼ぐ人たちで、本当は環境や恵まれない国民に関心はないのである。この政権の政治基盤が強力な特定利益団体によって支えられていることは事実である。顕著なのはことにキリスト教右派や銃規制に反対するロビー団体である。この二つは、巨額の献金を集めることができ、必要とあらば金持ちのために暴動を演出するために工作員を動員することさえもできる。しかし、その政策そのものは人気がないので、したがって事実を柔軟に歪める必要があるというわけである。

理解に苦しむのはその長期的戦略である。ブッシュ大統領は自分について都合の悪いことを書いた者をいじめてきたが、一般大衆の見方を変えることにはあまり成功していない。九・一一以前、アメリカはブッシュ大統領の急激な右傾化に驚いていた。しかし、テロで一般大衆がアメリカの国旗のもとに結集したことで、彼の個人的人気は急上昇した。とはいえ、その人気は徐々に下がり、膨れ上がった風船からはヘリウムが漏れ出している。

現在、ブッシュ政権は戦争というカードを巧みに操っている。そのために必要に応じて事実をでっちあげ、司法・立法・行政という国家統治の三権のすべてを支配下に置こうと、九・一一以降のブッシュ個人の人気を利用しようとしている。だが、その後に何が来るというのか。結局のところ、ブッシュ大統領が中道的な立場に戻ることはないようである。

つまり、一般大衆はその政策を知れば知るほど支持しなくなってきているというのに、ブッシュ政権内部の人たちは、政府を完全に牛耳ることで政治的優位を永久に確保できると信じているのである。マスコミは徐々にブッシュ政権の実体を理解し始めているが、一党支配を前にして、それをまた見失ってしまうのだろうか。

第11章

大規模な陰謀か？

54

THE SMOKE MACHINE

スキャンダル吹聴マシン

2002.3.29

デイビッド・ブロックの著書『右派に目もくらみ——元保守派の良心』のほとんどが、我こそはモラルの監視人だと自負する者たちの私生活についての話に割かれていることは、いささか残念だ。それは本が売れるのには役立つかもしれないが、重要なポイントを曖昧にしてしまっている。つまり、「大規模な右派の陰謀」とは大袈裟どころか、もはや否定しがたい現実であり、右派は特殊利益団体のロビイストのような活動をしているのだ。

現代の政治経済のもとでは、小規模で組織化されたあるグループの利益のほうが、しばしば一般国民の広範の利益に優先されることがある。鉄鋼産業は要求していた緊急輸入制限措置を実施させることに成功している。一般消費者の損失のほうが鉄鋼産業が得る利益よりもはるかに大きいにもかかわらずそうなったのは、一般の消費者が何が起こっているのかを理解していないせいである。

『右派に目もくらみ』によると、経済以外の領域でも同じようなことは見られるという。著者のブロックを雇っていた、スキャンダルを吹聴したり悪口を言いふらしたりする組織は、実際には、数人の裕福な狂信者が資金を出している特殊利益団体である。裕福な狂信者とは、ワシントン・タイムズを傘下に置く統一教会の文鮮明や、スキャンダル満載のアメリカン・スペクテーター誌をはじめとして多くの右派関連の事業に資金を出しているリチャード・メロン・スカイフである。そんな組織が成功したのは、いったい何が起こっているのかを一般読者が知らなかったからである。

その組織は二〇万ドル相当の赤字投資事業であったホワイトウォーターを、政治スキャンダル化することに成功している。だが、八年にもおよぶ調査と七三〇〇万ドルものカネを費やしても、クリントン夫妻による不正の証拠を見つけ出すことはできなかった。そのスキャンダル製造組織がもっと生々しい素材を見つけ出していたなら、いったいどんな事をしでかしていたか想像してみてほしい。たとえば、若き日のブッシュが行なっていたような明らかに普通でないビジネス取引に対してはどうだったであろうか。

しかし、もちろんのこと、左派には同じようなスキャンダルを吹聴する組織は存在しない。なぜだろうか。

そのひとつの答えは、左派がその怒りと憎しみを右派ぶつけたとしても、それはせいぜい左派のアンチ・グローバリゼーション勢力の中にほんの少しの反響しか起こさないし、本流のリベラリズムはまったく反応しないからだろう。それどころか私の知っているリベラル派の人々は、一般的に言って今日の政治の嫌らしさに辟易し耐えきれない様子だ。

また、必然的に、億万長者は左派よりも右派の狂信者である場合が多いといえる。億万長者がリベラルの案件や運動を支持する場合、それは世界を救おうという大義なのであり、アメリカの政治システムを乗っ取ろうと企ててのことではない。大雑把に言うなら、ジョージ・ソロスは海外に民主主義を広めるために巨額を投じていたが、スカイフは本国で民主主義を痛めつけるために巨額を使ってきたのである。

そしてその成果ときたら大したものである。スカイフの関連企業の重要人物はいま、ブッシュ政権の高官となっている（文鮮明の新聞は事実上ブッシュ政権の機関紙だといえる）。明らかに、スキャンダルや悪口を吹聴することは効果があるといえる。一般の読者はしょうがないとしても、まともなマスコミまでもが、火のない所に煙は立たないとあまりにも単純に思い込んでしまうのである。しかし、本当のところは何かに憤慨しているどこかの金持ちが、スキャンダルや悪口を言いふらす組織にカネを出しているだけのことである。

そしてマスコミは驚くほど騙されやすいのである。ホワイトハウスを去るクリントンのスタッフの破壊行為についての嘘をマスコミがいかに信じてしまったか、または最近のケン・レイがクリントンのホワイトハウスに滞在したといういんちきなニュースを聞けば歴然としているだろう。

このコラムをいつも読んでいる読者なら知っているだろうが、ついこの前、私もちょっとした中傷の的にされた。そのやり方はまさに典型的だった。右派のニュースソースが、私のビジネスは腐敗していると言うのだ（この場合、エンロンのためにコンサルティングしたことであるが、それは大学の教授であった時であり、コラムを書いていた時ではない。したがってエンロンに対してえこひいきできる立場ではなかった）。すると、まともなマスコミがそのニュースを追った。色々と言い立てているのだから、そこには何か真実があるのではないかと疑い始めたのである。すると、いかなるえこひいきを受けても与えてもいないのに、私が何か悪いことをしたかのような印象が残ってしまった（「彼自身もいい思いをしているのに、クローニー・キャピタリズムを批判するなんて、偽善的ではないか」）。私はブロックの本を読み終え、いったい何が起こったのかを理解するに至った。

通常私が共感できるオンライン・マガジン『スレイト』のティム・ノアは、ブロックの本には何も新しい要素はないと言い切っている。「我々は……驚くほど潤沢な資金を持った強硬右派が、クリントン大統領を中傷しようと一生懸命だったことを知っていた」しかし、「我々」とは誰か。ほとんどの人はそれを知らないばかりか、彼は過去形でそれを言うべきではなかった。驚くほど潤沢な資金を持った超保守派は、まだ活動していて、その政治目的に反対する者なら誰でも中傷しようとしているのであり、あまりにも多くの記者たちがそれに利用されている。

私にとって『右派に目もくらみ』は不愉快な本であったが、勉強になった。他の多くの人にとっても同じであろうと思うのだが。

55

THE ANGRY PEOPLE

怒れる人々

2002.4.23

　中道から若干左寄りの候補者が大統領選に出場する。合理的な世の中なら彼は楽勝するはずである。結局のところ彼の政党は国の運営に非常に成功してきたのである。失業率は下がり、経済は発展し、前政権下で国を覆っていた暗いムードは払拭されている。

　しかし、すべてが狂ってしまう。彼の穏健な態度がマイナスに作用してしまう。彼の市場優先の態度を非難した左派の候補者たちが――彼らはもともと勝つ見込みなどないどころか、政治をいわば劇場として利用しているだけだった――勝利に不可欠だった支持を撤回してしまう。その候補者は、どんな角度から見てもとてもいい人間なのだが、生まれつきの政治家ではなかった。評論家に言わせると、多くの選挙民にとって「彼はユーモアのない、国民を小バカにしたような政治家スタイル」を持っているように見えるという。これに加えて、穏健派には無気力とひとりよがりがはびこり、勝利をあまりにも確信し過ぎていた。選挙を行なったからといって、さしたる違いはないとも思い込んでいたのだ。

　選挙結果は強硬右派の驚くべき勝利である。選挙が行なわれたのは、寛大で偏見の少ない、自由な国であった。しかし、そんな国でも、有権者の二〇％ぐらいは、景気がいい時でも大きな不満を抱え、怒りを内に秘めているのである。また特異な選挙制度のため、実際には穏健左派に投票する有権者が多いのだが、少数派の右派が勝利してしまう。

これがあまりにもアル・ゴアの選挙運動の事後報告を行なっているように聞こえたとしたら、それは意識的にそうしたからである。しかし、私はフランスにおける日曜日のショッキングな選挙結果について書いているのである。現役の首相のジョスパンが過激な右派のル・ペンにおよばず、三位に甘んじたのである。つい最近まで、ル・ペンはすでに過去の政治家だった。しかし、いま、彼は驚くべき勝利を収めたのである。

私がここで示唆したように、フランスにおける政治の地殻変動と、最近のアメリカの政治動向には重要な類似点が存在する。まず、その類似点を指摘し、それから大きな違いについて述べたい。

フランスの選挙が明らかにしたことは、フランスではアメリカ同様、怒れる人々がたくさんいるということである。だが、それは多数派ではない。ル・ペンは投票数の約一七％を取得しているが、それはロス・ペローが一九九二年に得た票よりも少なかった。しかし、ル・ペンに投票した人々は非常に意欲的で、社会は寛容であるべきだと穏健派が考えているのなら、彼らはその人数以上の影響力を行使してくるだろう。

彼らは何に対して怒っているのか。経済ではない。平和と発展があろうとも、それはビル・クリントンとジョスパンへの支持には結びつかなかった。実際のところ、それは伝統的な価値観だといえる。アメリカの怒れる右派は、神なきリベラルに毒づき、フランスの右派は移民に対して怒っている。その両方のケースにおいて、本当のところ彼らを不安にしているのは確信のなさであるようだ。彼らはもっと単純な時代に戻りたいのである。面倒な人種や思想の混入がない時代に。

そして両国において、この怒れる少数派は、その数が示すよりも実際はもっと大きな影響力を保持している。それは左派の無能と、穏健派の無気力のためである。アル・ゴアにはラルフ・ネイダーがいた。ジョスパンにはバカげた左派がいた（二人のトロツキストは一〇％の投票率を得ている）。ひとりよがりの穏健派は、ゴアとジョスパンを無視し、バカにしてきた。

では、ここで両国の重要な違いを述べたい。ル・ペンは政治世界ではアウトサイダーである。日曜日の選挙結果を受けて、ル・ペンは投票率一位と二位の決戦に臨むが、彼がフランスの大統領になるわけがない。そのため超保守派の思想が近いうちに実施されることはないだろう。

しかし、それとは対照的にアメリカでは、超保守派は実質的に共和党の一部である。いや、もしかするとそれは逆かもしれない。アメリカにおいてル・ペンのような極端な考えの持ち主は、共和党を動かし、実際にその考えを行動に移すことができるのである。

たとえば、共和党のトム・ディレイである。先週ディレイは、「聖書の世界観」を広めるために神から授かった使命を遂行しているとあるグループに告げ、ビル・クリントンの弾劾を求めたのだが、それはクリントンが「間違った世界観」を持っているからでもあるという。まあ、変わった政治家というのは、どこの国にもいるものだ。しかし、ディレイは下院院内幹事であり、ほとんどの関係者の意見では、下院議長のデニス・ハスタートの背後にいる人物だと見られている。

それに司法長官のジョン・アシュクロフトがいる。

フランスの選挙によって、アメリカとフランスには両国が認めているよりも多くの共通点があるということが明らかになった。フランスにもアメリカにも、不合理な不満と怒りが表面的な政治のもとでたくさん渦巻いているのである。両国の違いといえば、アメリカでは怒る人々がすでに国政をつかさどっているということだ。

56

IN MEDIA RES

テレビ報道の影響力

2002.11.29

今週、アル・ゴアが言うまでもないことを言っていた。「最近、マスコミの政治報道はおかしい」と、ニューヨーク・オブザーバー紙に語ったのである。「正直言って、共和党の一部か、その傘下にある報道機関から流されたようなニュースが非常に目立っている」

これに対する「リベラルなメディア」のジャーナリストの反応はみっともないほどの沈黙であった。私にはよく理解できないのだが、そこには何か言ってはいけないことがあるようだ。なぜならそれがあまりにも本当のことだからである。

もっとも重要な例を挙げるなら、それはフォックス・ニュースだが、その政治的意図は明確である。その会長であるロジャー・アイルズは、ブッシュ政権にずっとアドバイスを与えてきた。フォックス・ニュースのブリット・ヒュームは、共和党の中間選挙の勝利に貢献したと豪語しているほどである。「勝利は我々の報道のおかげであるといえる」と、ドン・イムスに話したという。「人々はフォックス・ニュースを見て、選挙について知るのだ。誰もフォックス・ニュースの影響力を疑うべきではない」（これは冷やかし半分かもしれないが、もし民主党が選挙に勝利し、CBSのキャスター、ダン

・ラザーが冗談でも、勝利は彼に負うところが大きいと発言したらどうなるか、想像してみてほしい)

しかし、今日のコラムにおける私の目的は、フォックス・ニュースを非難することではない。私はもっと広い意味での問いを発したいのである。つまり、「マスコミの持つ経済的利害関係は、果たして客観的な報道を損なうだろうか」ということである。

過去五〇年間、マスコミによる偏った報道は問題だというのは、いわば公共の利益を考える際には自明の理であった。テレビの全国ネットワークが三つしかなく、ラジオ局の運営ライセンスも限られ、多くの街では一つか、二つの新聞しかなかった。そこで問題は、大きな報道機関を支配下に置く者たちが、それを悪用しないようにするにはどうすればいいのかということであった。

その答えは、規制の強化と非公式なガイドラインを組み合わせたものだった。「公平原則」は、対立する立場にある二者の両方に意見を言う機会を与えるよう、テレビ局に強制していた。報道機関の所有者に対する規制によって、意見の多様性が確保されていた。そして大きな報道機関は論争に巻き込まれることを避け、報道とオピニオンとを明確に区別するであろうと一般的には考えられてきた。この制度は必ずしもいつもうまく機能しなかったが、報道に対して一定の限度を設けていたことは確かである。

しかし、過去一五年の間に、この制度はほぼ崩壊してしまった。「公平原則」は一九八七年に廃止となっている。所有権に対する規制は徐々に緩くなった。来年、連邦通信委員会（FCC）は残っている規制の多くを取り除くという。もしかすると、三大ネットワークが互いに買収しあうことも許されるのかもしれない。そしてある党を支持するような露骨な報道に対する非公式のルールも消え去ろうとしている。それが、正しい方向での党派主義である限りはよいのだろうが。

FCCによると、市場が変化したので古いルールはもう必要ないというのである。その公式の見解では、新しいメディア――初めはケーブルテレビ、そしてインターネット――によって、一般の人々が多様な情報源にアクセスすることが可能になり、公共のガイドラインの必要性がなくなったのだという。

しかし、これは本当に真実なのだろうか。ケーブルテレビは視聴者が見られるエンタテインメント番組の幅を大いに拡げたが、報道の枠を広げることに関してはそれほどでもなかった。現在、テレビニュースに関しては三大ネットワークというより、五つの大きなテレビ局があるといえるが、この拡大は新しいメディアの出現よりも重大だ。ひとつには活字ニュースの影響力が長らく停滞を続けているからであり、もうひとつには、五大テレビ局がすべて巨大なコングロマリットの一関連会社となっているからである。つまり、一般視聴者は、AOLタイム・ワーナー・ゼネラル・エレトリック・ディズニー・ウェスティングハウス・ニューズ・コーポレーションからニュースを得ているのである。

インターネットは政策通や、ニュース狂にとっては素晴らしい道具だろう。今日では誰もがカナダやイギリスの新聞を読むことができ、シンクタンクから政策分析などをダウンロードすることができる。しかし、ほとんどの人は、そんな時間もやる気もない。現実的に考えて、インターネットは五大テレビ局の影響を減少させるには至っていないのである。

すなわち、現状では利害関係の対立が多く見られるということである。大多数の人々にニュースを供給するのはほんの数社だが、そのほんの数社が経済的利害ゆえにニュース報道を歪め、支配政党に都合のいいニュースを流す誘惑にかられることは避けられない。すでに、どういうわけだか報道されなかったニュースの例がある。たとえば、先月、ワシントンで行なわれた一万人規模の反戦デモである。あなたの政治的意見がどうであれ、それは重要な出来事であったのだが、キー局の中には無視したテレビ局もあった。

あらゆる規制が撤廃されるまでのあいだ、報道にあからさまな偏りが現われることは、古いルールと古い行動規範によって制限されている。しかし、近いうちにルールは廃止され、行動規範も我々の目の前で崩壊してしまうかもしれない。

テレビ報道はほんの数社に集中しているが、そこにおける利害の対立は、民主主義の脅威となりうるのだろうか。

私は報道した。判断は読者にゆだねるとしよう。

57

DIGITAL ROBBER BARONS?

デジタル泥棒貴族？

2002.12.6

悪い比喩は悪い政策を生む。誰もが「インフォーメーション・ハイウェー」について話しているが、経済的に考えるならテレコミュニケーションのネットワークはハイウェーでなく、泥棒貴族時代の鉄道産業、つまりトラック輸送との競争にさらされる前の鉄道産業を彷彿とさせる。鉄道業界は後に厳しい規制に直面するが、それには正当な理由があった。鉄道業界は市場に強い影響力を持っていたが、それをしばしば悪用していたからだ。

しかし、今日、インターネットの将来の指針を握る人々は、歴史を知らないようだ。ことに連邦通信委員会（FCC）のマイケル・パウエルがそうである。市場におよぼす影響などまったく眼中にないどころか、規制緩和によってもたらされる恩恵に対してばかりことごとく熱心なのである。その間、明日の泥棒貴族たちは、まるで城を要塞化するようにビジネスの壁を高くし、独占を強めようとしている。

つい最近まで、インターネットはまさに自由市場の理想を具現化したものだと思われていた。何千というインターネット・プロバイダーが競争し、誰もがどんなサイトをも見ることができるはずだった。ハイテク産業は、自由主義イデオロギーが育つ絶好の場であると考えられてきた。ハイテク企業の多くは、ワシントンの規制も援助もいらないと力説していた。

だが、万人に開かれた自由競争世界になるはずであったインターネットは、ダイヤルアップ接続が必要であったため、まさに多くのネット愛好者の忌み嫌う政府規制のもとに置かれていたのであった。地元の電話会社は必然的に独占事業であるから、規制のない状態では、否応なしにそのダイヤルアップ・サービスを利用するしかないだろう。我々にはあたかもプロバイダーを選択する権利があるように思えるが、結局のところ個々のサービスプロバイダーも、同じ退屈な電話会社の回線を使っているだけなのである。

数年前、皆ブロードバンドに関しても同じことを期待していた。一九九六年の通信法という法律が、非常に競争力のあるブロードバンド産業をつくるはずであった。しかし、それは中途半端に終わっている。期待されていた競争は実現しなかった。たとえば、私個人についていえばまったく選択の余地がない。私がブロードバンドに接続したければ、地域のケーブルテレビ会社が提供するサービスを利用するしかないのである。私は一九世紀の農民のようである。穀物を輸送したければ、ユニオン・パシフィック鉄道を使うか、諦めるかしかない。もし、私が通信会社のそばに住んでいるか、障害物を気にせずに南の空にアンテナを向けられるのであれば、他の選択肢もあるのかもしれない。しかし、実際、アメリカにおいてブロードバンド事業で競争があるのは、ほんの限られたいくつかの地域でしかないのである。

これからもずっとこの状態は続くだろう。一九九六年の通信法を変えようという政治的な努力は見られない。つまり、インターネット・ユーザーがいまだ当然と思い込んでいるような、ブロードバンドの自由な環境の実現はありえないということである。

昨年三月、FCCはことばを言い換えるトリックを使い、インターネット・アクセスをテレコミュニケーションでなく、「インフォーメーション・サービス」と定義した。これによってケーブルテレビ会社は、回線網を独立系のプロバイダーに提供しなくても済むようになった。たぶんFCCは、地域の通信会社の回線を利用するデジタル加入者回線サービス（DSL）についても同じ決定をすることだろう。その結果、典型的な一九世紀の農民が穀物を輸送するのに鉄道を利用するしか方法がなかったように、ほとんどの家庭や企業においてインターネットへのアクセスの選択肢はなくなってしまうのかもしれない。

とはいえ、選択肢はこれまでもあったし、いまでもまだあると言える。ブロードバンド業界を解体することで競争を保持することはできたはずである。つまり、地域の通信会社やケーブルテレビ会社の事業を、独立系のインターネット・サービス・プロバイダーに回線網を売ることだけに限定させるのである。さもなくば、AT&Tを規制してきたようにインターネット・プロバイダーを規制し、競争を限られたものにすることもできたはずである。しかし、アメリカのインターネット社会は現在、競争も規制もないシステムに向かっているといえる。

もっとひどいことに、FCCはマスコミと通信会社の両方を所有することを禁じる規制を徐々に緩めている。一社の巨大コングロマリットがあなたの住む地域の新聞、ローカル・テレビチャンネル、ケーブルテレビ、そして電話会社を所有し、インターネットへの唯一のアクセスを提供するということは、そう遠い先の話ではないかもしれないのである。

その結果はたぶん法外な料金であろう。しかし、それだけではない。競争や規制のないブロードバンド・プロバイダーは、ユーザーがアクセスできるサイトを限定し、それ以外へのアクセスを難しくしてしまうかもしれない。つまり、我々が知っているインターネットは、終焉を迎えかねないのである。そしてそこには政治的な意味合いもある。すなわち、もし数社のマスコミ・コングロマリットが、ユーザーが見るものだけでなく、ダウンロードするものをもコントロールできるようになったら、どうなるだろうか。

まだ考え直す時間はある。民主・共和両党のかなりの議員たちが、現在パウエルが向かおうとしている方向に疑問を抱いている。しかし、時間はなくなりつつある。

58

テレビ報道の大きな隔たり

BEHIND THE GREAT DIVIDE

2003.2.18

なぜ突然アメリカとヨーロッパの仲が悪くなったのか、そのことについては多くの推測がある。文化の違いだろうか。歴史だろうか。しかし、私が当たり前だろうと思う点についての議論はあまり聞かれない。アメリカとヨーロッパが異なる意見を持つに至ったのは、異なるニュースを見ているからなのだ。

この問題の背景を探ってみよう。多くのアメリカ人はいま、アメリカとヨーロッパの関係が冷却化したのは、フランスのせいだと非難している。フランス製品をボイコットしようという議論すら聞かれる。

しかし、フランスの態度が特に例外というわけではない。先週の土曜日、その国の政府の立場がどうであるかにかかわらず、ヨーロッパのすべての主要国で大規模なデモがあり、世論調査が示していたようにブッシュ政権への根深い不信とイラク戦争に対する懐疑をあらわにしていた。実際、もっとも大規模なデモは、ブッシュ政権を支持している国々で行なわれていた。

アメリカでも大規模なデモが行なわれた。だが、海外におけるアメリカに対する不信感は同盟国であるイギリスでも相当に高まっていて、イギリスの最近の世論調査では、アメリカが北朝鮮とイラクを抜いて世界でもっとも危険な国として挙げられていた。

なぜ、他の国々はアメリカが見るように世界を見ないのだろうか。ニュース報道のあり方がその最大の答えだろう。エリック・オルターマンの新著『これのどこがリベラルな報道なんだ！』は、国と国との比較にはあまり重点を置いていないが、アメリカとヨーロッパのニュース報道の違いを見ると、彼の指摘が正しいことが見事に証明される。海外の報道機関と比較して、アメリカの「リベラル」だと言われる報道機関は驚くほど保守的であり、この件においてはタカ派なのである。

私が問題にしているのは、活字メディアではない。違いはあるが、アメリカの大新聞とイギリスのそれとは、だいたい同じようなことを書いていると言える。

ほとんどの人々はニュースをテレビで見るが、そこにこそ大きな違いは存在するのだ。土曜日の反戦集会の報道などを見ると、海外のマスコミと比べるとアメリカのテレビ局は、ことにアメリカのケーブルテレビだが、異なる惑星の出来事を伝えているのではないかと思えるほどであった。

アメリカのケーブルテレビを見ていた人はどんな印象を受けただろうか。土曜日のフォックス・ニュースのキャスターは、ニューヨークでのデモを「いつものデモ隊」、または「連続デモ隊」と形容していた。CNNはそれほど単純に片付けていなかったが、日曜日の朝、CNNのインターネット・ニュースサイトのヘッドラインは、「反戦集会、イラクを喜ばす」とあった。そして記事に添えられていた写真は、ロンドンでもニューヨークでもなく、バクダットにおけるデモ行進の様子であった。

世界のマスコミは、土曜日の出来事をまったくこのようには報道していなかった。しかし、それはいわば当然の成り行きであった。もう何カ月間にもわたって、アメリカの二大ケーブルテレビ局は、イラクへの侵攻はすでに決定事項であるかのように報道してきた。実際、アメリカ国民を来るべき戦争に備えさせることを報道の役割だと考えてきたのである。

したがって意識調査の対象となった視聴者が、イラク政権とアルカイダとの違いを区別できなくても当然であった。調査によると大多数のアメリカ人は、九・一一事件のハイジャック犯の全員か、ないしはその数人がイラク人だと思い、サダム・フセインがこのテロ事件に関与していると考えている者が多い。あのブッシュ政権すら、特にそのように主張したことはなかったのだが。それに多くのアメリカ人は、サダムと戦争をするのは当然だと思っているため、それに同調しないヨーロッパ人を臆病者だと見ている。

同じような報道をテレビで見ていないヨーロッパ人は、なぜ北朝鮮、さらに言えばアルカイダではなく、イラクがアメリカ外交の焦点に上がったのか疑問に思うことだろう。だからヨーロッパ人の多くはアメリカの言う戦争の目的を疑問視し、実際は石油目当てではないのか、もしくはブッシュ政権はやっつけられることができる手頃な敵を単にいじめているだけではないかと疑っているのである。ヨーロッパの人々は、イラク戦争に反対することが臆病なことだとは思っていない。それどころか勇気のある行為であり、弱い者いじめをしているブッシュ政権に対して立ち上がることだと考えているのである。

この大西洋を挟んだマスコミの大きな隔たりには、二つの説明が考えられる。一つの説明は、ヨーロッパのマスコミには広く反アメリカの偏りがあり、イギリスのように二大政党のリーダーがいずれもブッシュに賛成してイラク攻撃を支持している国ですら、ニュースが歪んで伝えられているというものだ。もう一つの説明は、ブッシュ政権の外交政策に疑問を呈する者は非愛国的だと非難されるような環境で運営されているアメリカの放送局が、戦争の正当性に疑問を投げかけかねない情報を提供することでなく、戦争を売りつけることこそが自らの役目であると考えているというものだ。

さて、そのどちらであろうか。私は報道した。判断は読者にゆだねるとしよう。

59

CHANNELS OF INFLUENCE

ラジオ局の影響

2003.3.25

概して最近の戦争支持集会は、反戦集会と同じくらい多くの人を引き付けているとまではいえないとしても、その内容は確かに過激である。もっとも派手だった集会は、ディクシー・チックスのリードシンガーのナタリー・メインズがブッシュ大統領を批判した後に開かれたものだった。集められたディクシー・チックスのCDやテープ、その他の関連グッズを重量一五トンのトラクターで押し潰したのである。また、それを見るためにルイジアナに人々が集まったというのだ。二〇世紀のヨーロッパの歴史をよく知る者なら、不気味な連想にかられることだろう。アメリカの作家、シンクレア・ルイスが言っていたように、ここでは起こりえないはずのことだった。

誰がこれらの戦争支持集会を組織したのか。それはなんと、大手のラジオ局であった。それもブッシュ政権と密接な関係にあるラジオ局である。

ディクシー・チックスのCD破壊集会はラジオ局KRMDが組織していた。KRMDはディクシー・チックスを放送リストから削除したラジオ・チェーン、キュミュラス・メディアの傘下にある。しかし、国中の戦争支持デモのほとんどは、クリア・チャンネル・コミュニケーションズ傘下のラジオ局によって組織されてきた。サン・アントニオに拠点を置くクリア・チャンネル・コミュニケーションズは、一二〇〇局以上を傘下に持ち、ラジオ業界での支配を強めつつある巨大企業である。

同社によれば、「アメリカのための集会」という名前の一連のデモ集会は、個々のラジオ局が主導して行なわれてきたという。しかし、それは変だ。オンライン・マガジン『サロン』でクリア・チャンネルについての暴露記事を書いたエリック・ボーラートによれば、この企業は強力な中央集権的な管理で悪名高く、そして多くの人々に嫌われているという。

これまでクリア・チャンネルに対する苦情は、そのビジネスのやり方に向けられてきた。同社はその力を利用して、レコード会社とアーティストに圧力をかけ、放送音楽を没個性的にすることに一役買ってきたと非難されてきたのである。しかし現在、国を分断する政治論争において、同社は一方の側のみを助けるために強い影響力を行使しているように見える。

どうして、一報道機関がこのように政治に深く関与しようとするのだろうか。もちろん、単に経営陣の個人的な信念のためかもしれない。しかし、そこにはクリア・チャンネルが与党を支持するにもっともな理由が存在しているのである。この会社が過去数年で巨大化したのは、一九九六年の通信法がマスコミ企業の所有に関する多くの規制を撤廃した後のことである。現在、クリア・チャンネルは批判にさらされている。局のコンサート部門と組んでツアーを行なおうとしないアーティストの楽曲の放送を削減すると脅したかどで訴えられているからである。また、会社の成長を可能にした規制緩和を逆戻りさせようとしている政治家もいる。他方、連邦通信委員会は、特にテレビ放送の分野へクリア・チャンネルが事業拡大できるよう規制緩和を検討している。

もしかしたら、求められている見返りというのは、もっと狭い範囲のものなのかもしれない。戦争支持集会の裏にクリア・チャンネルがいることが明らかになると、ベテランのブッシュ研究家たちは一斉に「なるほど！」と言った。というのも、これまでにもこの会社の経営トップはブッシュ大統領と関係があったからである。クリア・チャンネルの副会長は、このコラムの読者にはお馴染みのトム・ヒックスだ。ブッシュがテキサス州知事だった頃、ヒックスはUTIMCOと呼ばれる、テキサス大学投資管理会社の会長で、UTIMCOの役員会にはクリア・チャンネル会長のローリー・メイズが在籍していた。ヒックスのもと、UTIMCOは大学の基金の多くを、共和党やブッシュ一族と関連が深い会社の管理下に置いた。一九八八年、ヒックスは野球チームのテキサス・レンジャーズを買収しているが、その取引でブッシュは億万長者になっている。

何かが起きている。何が起きているのかは明らかにはなっていないが、アメリカの新しい寡頭政治の台頭ではないかというのが妥当のように思える。ジョナサン・チェイトがニュー・リパブリック誌に書いたように、ブッシュ政権では「政府と経済界が一つの大きな〝我々〟に融合してしまった」のである。国内政治のあらゆる面で経済界の利益が優先される。「多くの中級官吏が……彼らがかつて働いていた業界を監督している」という。我々は、こういったことが両方向通行であることを認識しているべきであった。政治家が彼らを支持する経済界に有利になるよう熱心に便宜をはかっているのなら、経済界も政治家に有利になるようにお返しをすることはいわば当然であろう。たとえば、政治家のために「草の根」集会を組織することなどである。

もちろん、こういったことのすべてを可能にしているのは監視者の不在だ。クリントン政権下では、ちょっとした不正の兆しも、あっという間に大きなスキャンダルに膨れ上がった。今日では、スキャンダルを煽動している連中は、疑問を投げかけるジャーナリストたちについてのネタばかり追っているようだ。だが、それがどうしたというのか、いまはとにかく戦争の真っ只中ではないか。

第四部

市場が迷走するとき

あまり経済学に関する知識のない人たちは、経済学者には二つの立場があると思いがちのようだ。すなわち保守的な自由市場を奨励するか、あるいは大きな政府を志向するリベラルかのいずれかであり、そして双方の立場は決して相容れない、と。ところが実際のところは、皆が思っているより経済学者たちの意見の相違はずっと少ないのである。とりわけ、私自身のようにリベラルな政治意見を持つ者は、自由市場の持つ有効性を非常に重んじている。

しかし、市場を尊重することはそれを崇拝することではない。時として市場は迷走する。過去数年、経済学者たちが「市場の失敗」と呼び、一般国民にとって非常に不快な結果を残すこととなった顕著な例がいくつかあった。

第12章では、二〇〇〇年から二〇〇一年にかけてのカリフォルニアでのエネルギー危機に焦点をあてている。市場をより自由に競争させるべく、電力市場の規制を緩和したことが結果的に大失敗に終わった一件についてである。だが、その大失敗の本質は、自由市場に対する強い思い込みによって曖昧にされてしまった。多くの人にとって、もちろん専門家のあいだでもだが、市場は常に正しく、政府の規制は常に悪いというのはほぼ信仰に近いものになっている。したがってカリフォルニア州が突然天井知らずの電気代と、大規模な停電に見舞われた時、ほとんどの評論家たちは、それは政府の過ちの結果、つまり「規制緩和の欠陥」の結果であるに違いないと思い込んだ（だが、実際の欠陥が何であったかは分からなかったのだが）。そして彼らは環境保護論者たちを非難した。環境保護論者たちが、エネルギー産業が十分な供給力を確保するのに必要な施設の建設を妨げた、と。

しかし、私はそのような偏見にとらわれることなく、この問題に接してみた。幸い私には、この分野における本当の専門家を見つけ、彼らの意見を聞き、それを理解するのに十分な経済学のバックグラウンドがあった。その結果、カリフォルニアでの大失敗が生産能力不足によって引き起こされたのでなかったことがすぐに分かった。それはエネルギー生産者および中間業者による市場操作の結果であったのだ。

初めのうちそれを唱えていたのは私一人であった。私が見つけた証拠は強力だったが、それは状況証拠であったうえに、この件に対して一般の人々が抱いていた先入観に反するものであったからだ。しかし結局、経済学の素人にさえ明らかな証拠が表面化することとなった。市場戦略を詳述したメモや、中間業者が発電所オペレーターに運転を停止するように命じている録音さえ証拠として出てきたのである。その時点で、市場への大規模な介入が公然と行なわれたことが明らかになった。だが、ほとんど誰もそこで起こっていたことを信じようとはしなかったのである。

なぜ人々は、わずかな証拠もないまま、環境保護論者たちがカリフォルニア危機を引き起こしたなどと信じこんでしまったのだろうか。そこには別の神話があったからである。つまり、自由市場と環境保護は相容れないと思い込んでいたからである。確かに、過激な環境保護論者と過激な自由市場論者の唯一の共通点といえば、経済発展と環境保護は両立しないという点である。だが、それは事実ではない。経済学の教科書は、環境を保護しなければならないというとても説得力のある理由を挙げている。すなわち、環境破壊は他の経済的負担とまったく同様のものなのだ。私自身も含めて、経済学者はしばしば現在の環境政策のあり方を批判する。しかし、それは政策の廃止を訴えているのでなく、その手段に対する批判なのである。これまでより厳しい規制を敷くことで環境保護が弱まるなどということはないはずである。

とはいえ、アメリカの現在の政治指導者たちは、時々環境政策をより厳しいものにする話をちらつかせるものの、実際のところはいかなる規制の強化も望んではいない様子である。実際、ブッシュ政権は極め付きの反環境保護論者である。それはおそらく、その政権内部の面々の多くが――そして大統領選を後押しした企業の多くが、採取産業（油、石炭、材木など）に属するからであろう。第13章では政府の反環境政策と、それらの政策を覆い隠すための不正行為について述べている。

第14章では重大な問題に触れている。つまり、失敗であったと思い込まれている海外の自由市場政策についてである。それがフェアな指摘であろうがなかろうが、世界の多くは、アメリカが海外市場を開放するように強要しながら、通貨投機や市場混乱が起こると知らんぷりをし、その責任を回避したと思い込んでいる。私はここでいくつかの事例を提示してみた。

第12章

カリフォルニアが叫んでいる

60

CALIFORNIA SCREAMING

カリフォルニアが叫んでいる

2000.12.10

規制緩和されたカリフォルニアの電力産業は、より安くよりクリーンな電力を供給するはずであった。電力会社は送電可能なかぎりいくらでも電気を売ることができることになったためである。ところが、カリフォルニアは厳しい電気不足に直面し、知事は州が飾っていたクリスマスツリーの明かりを消さねばならない羽目になったほどであった。この電力不足によって、電力会社が非常に多くの利益を得たことが分かり、市場操作が行なわれた疑いが浮上した。

このことは規制緩和について疑問を抱かせた。そしてさらに言うなら、それはやみくもに市場を信用することへの警告でもあった。

事実、問題の一部は、カリフォルニアにおける好景気の副産物として起こった予期しない電力需要の急増にあった。もし規制緩和が行なわれなかったとしても、この電力危機は起こったと考えることも可能である。

だが、たぶんそうではないだろう。その昔、電力会社は独占企業であり、たとえ設備が過剰であっても多くの利益を保証されていた。それゆえ、電力会社は必要以上の生産能力を備えた施設を建設していた。それらはたとえ不意に予想外に高い需要が起きても、それに応えるのに十分なほどであった。だが、規制緩和された市場では価格が絶えず変動するので、過剰投資は価格と利益の急落を招いてしまう。そのために電力会社は新しい設備の建設を渋ってきたが、不意に予想外の高い需要が起こると、電力の供給不足と価格高騰が起こったのである。

だが、長期的に考えるなら、これは間違いではなかったという議論もあるかもしれない。余分な生産力を確保するための設備建設には資金が必要であるし、その負担は消費者にまわってくる。その一方で、平均的な消費者は出費をひかえるだろうから、価格自体はあまり変動しないかもしれない。教科書の経済学によれば、供給が不足したときに電力価格が急騰することは実際には良いことであると示唆している。そのことによって電力会社の投資意欲が刺激されるからである。それゆえに、政府の介入は正当ではないと議論できるのである。事実、いまだ電力価格に定められている上限は、問題をより悪化させるだけで、そのような危機を解決するために市場競争を導入するべきだと議論できるだろう。

しかし、電力市場にはどれくらいの競争があるのだろうか。カリフォルニアの電力危機が大きな政治問題と化したのは、電力の供給能力が不適当だったからだけでなく、わざと価格を急騰させたのではないかという疑惑があったからである。

市場操作はどのように行なわれるのだろうか。いまが暑い七月だとしよう。あまりの暑さにアメリカ中のエアコンがフル稼動して、電力産業もその供給能力の限界に近づいている。その時もし、何らかの理由で電力を供給できなくなったとすると、その結果生じる電力不足は電気の卸値を高騰させることとなる。つまり、大きな電力会社は技術的な問題をでっちあげ、その発電設備のうちのいくつかを停止させることで、実際その利益を増加させることが可能だし、それは残っている電力の価格を押し上げることにもなるのである。こんなことは実際に起こるのだろうか。アメリカ経済の学術研究を行なう非営利団体、全米経済調査会（NBER）のセヴリン・ボレンスタイン、ジェームス・ブシュネル、フランク・ウォラックによる最近の報告書は、まさにこのような市場操作が一九九六年以前のイギリスや、一九九八年と九九年の夏のカリフォルニアでも行なわれた証拠を挙げている。

普通このような事態は、電気に対する需要が少ない寒い時期に起こるとは考えられないだろう。だが、州職員たちがカリフォルニアの電力危機について疑惑を抱いたのは、その危機が、電力供給能力の四分の一が予定された修理や故障のために使われていなかったという奇妙な事実によって引き起こされていたからである。

もしかしたら、カリフォルニアの電力会社は電力価格の不正操作などしていないのかもしれない。しかし、電力会社には明らかにそれを実行するために必要な手段も動機もある。規制緩和を奨励した者たちは、なぜこのことを心配しなかったのであろうか。彼らがつくろうとしていた市場がその触込み通りに本当に機能するのかという当たり前の疑問を、なぜ抱かなかったのだろうか。

たぶんこれが、この市場の混乱から学べる広い意味での教訓なのかもしれない。その市場がちゃんと機能するのかどうか非常に怪しい場合、市場開放を急いではならないということである。経済学的分析とイギリスでの経験から学び、カリフォルニアの規制緩和計画にはもっと大きく警鐘が鳴らされるべきであった。だが、警告は無視されてしまった。ちょうど同様の警告が、処方箋薬の費用負担から教育までのあらゆる事柄を市場開放によって解決しようという熱心な人々に無視されているように。

61

THE UNREAL THING

本物ではない規制緩和

2001.2.18

「国家に対する反逆は成功しない。それはなぜか？」と、ジョン・ハリントン卿は問う。「それが成功した場合には、誰もあえてそれを反逆と呼ばないからだ」幸運にも近年、反逆は過去の出来事になったようである。これの現代版は次のようになるかもしれない。「規制緩和は決して失敗しない。どうしてか？　失敗した時には、それは本物ではなかったと言うからだ」

表面的には、カリフォルニアの電力危機は規制緩和がもたらした失敗の教訓的実例といえる。自由市場は魔法のように、豊富で安く、クリーンな電力を提供するはずであった。その代わりに、カリフォルニアは電力不足と天井知らずの高値に見舞われたのみならず、大気汚染に対する規制を緩和するようにという強い要求まで突きつけられたのである。明るい点があったとすれば――文字通りなのだが――自らの発電システムを保有しているロサンゼルスその他のいくつかの地域だけだった。

そのような事態にもかかわらず、規制緩和が失敗であったことを否定する声が大きくなっている。一般的な見解となりつつあるのは、干渉好きな官僚が「真の意味での」規制緩和の実施を妨げたということらしい。そしてまったく得体の知れない中途半端なシステムを代わりにつくってしまったということらしい。

これは都合のいい見解である。自由市場が絶対だと信じている人たちはその信念に執着し続けることができるし、また他の州の規制緩和推進者たちも、カリフォルニアのようなことは起こりえないと主張し続けることができるからである。

だが、カリフォルニアの規制緩和が「本物ではなかった」という主張を詳細に検討してみると、規制緩和には確かに欠陥があったものの、その欠陥が危機を引き起こしたのではないことが分かる。

カリフォルニアにおける規制緩和の限界を理解するには、それが電力産業を二分したことを思い出す必要がある。主に州外の会社が所有する発電所は、電力を生産し卸値で公益事業会社に売り、その後、それが末端の消費者に電力を小売するようになっている。

カリフォルニアが完全に規制緩和できなかった一つの理由は、卸売市場の価格は自由になった一方、公益事業会社が消費者に売る価格は州によって固定され続けたことにある。これはつまり、電力不足によって卸値が非常に高く引き上げられた時でさえ、家庭でも職場でも、節電のためのインセンティブがなかったことを意味する。小売価格操作のいきさつは少し奇妙である。本来それは、一時的な処置でしかなく公益事業会社へのある種のワイロであった。予測された卸値の下落に際して、幾らかの余分な利益をもたらしてやるための方法だったのだ。しかしながら、小売価格が固定されていたことは、州が電力危機に対処することを困難にした。

しかし、もしそれらの価格が固定されていなければ、実際に大きな違いがあったのだろうか。すべての状況から判断して、電力不足が起こらないほどに需要を下げるためには、電気価格を大幅に上げなければならない。そしてそのような値上げは、政治的には受け入れがたいものである。実際、サンディエゴでは、この危機が襲う前にすでにこれまでの小売価格の固定は解除されていた。しかし、昨年夏、価格が急に三倍に跳ね上がると、一般消費者は怒り、新たな価格設定が必要になった。

規制緩和が不完全だったもう一つの理由は、規制緩和推進者たちが、公益事業会社が長期にわたって電力を購入する契約を結ぶのを妨げ、その代わりに短期間の「スポット」市場において卸売電力を買うことを強いたことにある。だが、スポット価格の急上昇によって公益事業会社は破産し、州政府は電力の供給を止めないために何十億ドルをも費やさねばならぬ羽目となった。もし公益事業会社がより低い価格で大規模な供給量を確保していたならば、破産は免れていたかもしれない。だが、そうだったとしても、大金を失っていたであろうことには違いない。

長期契約だったならば、破産を先延ばしにすることはできたかもしれないが、ではその場合、より多くの電力を供給できたのだろうか。ある者はイエスと答えるだろう。もし電力供給のほとんどが長期契約下にあったなら、電力会社が市場におよぼす力は弱まっていただろう。スポット価格を押し上げるために供給を制限するのはそれほど魅力的なことではなかったに違いない。状況証拠は整っているとはいえ、電力会社は、もちろん、そんなことはしていないと強く否定している。もし我々が電力会社の言い分を認めるなら、たとえ長期契約をしていたとしても、現在の電力不足を防ぐためには何もできなかったことになる。

ところで、長期契約をさせないというのは誰のアイデアだったのだろうか。一九九九年には、主な公益事業会社のうちのいくつかが、そのような契約を結ぶ権利を請願していた。最初のうちは不安を抱いていた消費者グループも、最終的にはそれを支持することになった。しかし、規制当局はその要求を却下した。長期契約を許可するために規則を変えることについて、猛烈な反対にあったためである。お察しのとおり、反対したのはもちろん電力会社であった。

カリフォルニアでは、ひとつの神話がつくられようとしている。規制緩和の失敗のせいではなく、規制緩和がうまく機能するのを妨げた準社会主義的な政治家たちのせいでカリフォルニアが犠牲になったのだというのである。だが、事実はそうではない。規制緩和の推進者はいいわけをするのを止め、何がうまく行かなかったのかを真剣に探るべきである。

62

電力の値段

THE PRICE OF POWER

2001.3.24

カルテル・カリフォルニアへようこそ。先週、カリフォルニアの送電網を運営する独立系統運用事業者（ＩＳＯ）から出された報告書は、以下の事項を多少なりとも公式に認めた。つまり、カリフォルニアで起きた電力危機の原因の一部は、電力会社による市場操作であったということである。

この報告書によれば、電力会社は、消費者に電力を供給する州の公益事業体に対し、六〇億ドル以上もの金額を一〇カ月間にわたって不当に請求していたとある。

報告書は連邦政府の責任者たちに確実に無視されるであろう。私は後にこの問題に触れたいと思うが、最初に報告書の内容に関して二、三明確にしておきたい。

ＩＳＯは、電力会社がある巨大な陰謀の片棒を担いだとは述べていない。実際、私はこの文の冒頭に「カルテル」という単語を使うべきではなかった。電力会社は共謀などする必要はなかったのだ。あのような状況下では、個々の会社が容易に市場を操作することができたし、その誘惑に抵抗することは難しかったであろう。実際、電力会社が本当に市場操作に加担しなかったのであれば、彼らは聖人であるか、あるいはできの悪いビジネスマンであるかのいずれかである。なぜなら、儲かると分かっている明らかな好機をみすみす見逃すことになるのだから。

想像してほしい。カリフォルニアは猛暑に見舞われ、その電力市場はほんの数社によって支配され、あなたの会社がほんの一握りしかいない電力卸売業者の一つであったとしよう。あなたの心にこのような考えがよぎる。もし発電所の一つが偶然停止したとしたら、価格はどうなるのだろうか。そして、その会社がそのような考えに基づいて行動したとしたら……。どうなるかはお察しの通りである。

さらに、この危機が勃発した時、価格を押し上げるために電力会社が送電を差し控えていることを誰も告発しなかったということは、留意すべき大事な点である。これは政治家が自分の罪を他人に擦り付けようとするような事件とは違うのである。そうではなく、カリフォルニアの危機が大見出しで報じられるかなり前から、経済学者たちは市場操作の可能性に危険信号を発していた。実際、何人かの経済学者はカリフォルニアで規制緩和が実施される以前から、この問題について警告していたのである。このような「市場操作」には問題があるという明らかな証拠が、イギリスにあったからだ。イギリスでは、アメリカで実施に移される何年も前から、規制緩和と民営化の実験が行なわれていた。

証拠は増え続けている。ＩＳＯがその報告書を出す直前、経済学者ポール・ジョスコウとエドワード・カーンは、その研究結果を発表している。それによると、昨夏に起きた電気料金の値上げに際して、「市場操作」がその引き金となったという明確な証拠があるという。

著者たちは左翼でもなければ、ましてや規制緩和の反対論者でもない。彼らは単に証拠から事態を客観的に判断しようとしていただけである。それによって疑いなく導き出されるのは、つまり、電気の価格を押し上げるために電力供給を故意に差し控えたことが、カリフォルニアの電力危機の大きな原因であるということだ。

ワシントンは、しかし、当然のことながら、その証拠に少しも耳を貸さないであろう。ニューヨーク・タイムズ紙の金曜日の記事にあったように、国のエネルギー産業を監視する役割を担っている連邦エネルギー規制委員会（ＦＥＲＣ）は、最近は番犬というよりむしろ小型愛玩犬と化しているからである。

ＩＳＯの報告書で特に私の心に残った個所がある。ＦＥＲＣはカリフォルニアの電力会社には「潜在的に市場操作を行なう力があった」ことは分かったが、それを行使したと結論することはできなかったというのである。ならば、すでに述べたように、それらの電力会社は聖人か、できの悪いビジネスマンか、あるいはその双方であるに違いない。

では、監督すべき立場にある行政は何をすべきであろうか。私は電力会社に大きな罰金を払わせるという案には懐疑的である。問題のどの部分にどの会社が関与していたのか、また、その会社が何か法律に触れるようなことを本当にしていたのか、それらを判断するのは難しいからである。ＦＥＲＣができることは、卸値に一時的に上限を定めることである。これによってカリフォルニアへの経済的被害を食い止めることができるだろう。州政府はこれまで電力購入のために月一〇億ドル以上の補助金を費やしている。また、「市場操作」に大きく左右される市場では、卸値に上限を設けることで供給を増加させることになるかもしれない。なぜなら、その場合、もはや電力会社は価格を押し上げるために供給を減らすといった誘惑にかられることがなくなるからである。

しかし、それは現実には起こらない。電力危機は、紋切り方の自由市場イデオロギーや、電力会社（それらの多くは、そう、ブッシュの出身地テキサスに本拠を置いている）の政治的影響力のせいにすればいいのだ。理由が何であれ、現政権ほど、カリフォルニアの苦境に同情的でない政権など他に想像することはできない。もしこの無関心さがカリフォルニア人を怒らせとしても、そうなってしかるべきである。

63
エンロンの転落
ENRON GOES OVERBOARD
2001.8.17

神が滅ぼす相手は、まずビジネスウィーク誌の表紙を飾ることであろう。二月一二日号がジェフリー・スキリングの写真を表紙に載せた時、エンロンとその新しい最高経営責任者の身に何か悪いことがふりかかろうとしていることが分かった。そして当然の成り行きとして、今週火曜日にスキリングは「一身上の理由」のために辞職した。翌日、彼はその最大の理由が、一月以来エンロン株が五〇％も値下がりしていることにあると認めた。

これは単に途方もない期待がかなえられなかったという、最近ではあまりにもありふれた事件にすぎないのだろうか。いや、違う。これにはもっと重要な意味がある。ヒューストンに本拠を置くエンロンは、ほとんどすべてを「金融化」（エンロンの用語）しようとする強力な勢力の先駆者である。すなわち、あたかもストック・オプションであるかのように、すべての物を売買するということである。

この勢力はビジネスだけでなく、政治にも関わっており、エンロンはその促進のためには恥じらいもなく政治的なコネを利用してきた。ブッシュ大統領が政権を握ると（その大統領選を背後で支え、大きな役割を果たしていたのはエンロンだったのだが）、「金融化」の成功には上限がないかのように見えた。

しかし、金融化の動きは、その内容を検討すればするほど、行き過ぎてしまったように思える。エンロンは元来、天然ガスパイプライン会社であり、同種の他の会社と同じようにきつい規制によってしばられていた。しかしながら、一九八〇年代中頃にガス市場が自由化されると、当時CEOで、いまやスキリングの後を継ぐためにその役職に復帰しているケネス・レイは、そこに大きなチャンスを見出したのである。

彼は、エンロンをガスの配給会社から契約を扱う投資会社へと変貌させた。ビジネスウィーク誌が指摘するように、「コンソリデーテッド・エジソン社というよりゴールドマン・サックスと同種の」会社になったのである。エンロンは、新たに規制緩和された天然ガスの先駆的な市場開拓者になった。規制緩和が功を奏した天然ガスは国内の代表的燃料となったため、同社は大きな利益を手にすることになった。

ガスの次は電力であった。エネルギー産業に対する規制緩和が全米を席捲すると、エンロンは電力卸売りのブローカーとして重要な役割を担うことになる。会社はすぐに、新たに征服できる領域を捜しはじめ、水道設備、光ファイバー・ケーブル、データ記憶装置、それに広告スペースにも目をつけた。

だが、その後、事態は悪化し始めた。エンロンは水道設備への進出を諦めている。政府が市場の見えざる手には重大な公共事業を任せないことが明らかになったからである。また、完全にうまくいくと思われていた電力の規制緩和がカリフォルニアで大失敗し、規制緩和に対して懐疑的な人々の主張が正しかったことが証明された。

規制緩和の真の信仰者たちは、二〇〇〇―二〇〇一年の電力危機で、規制緩和に関する判断を下すべきではないと主張している。納税者の収めた数十億ドルもの税金が電力会社に流れ込み、エンロンもその恩恵にあずかったというのにだ。彼らに言わせると、危機は、市場をうまく操ることができなかった干渉好きな政治家の失敗であったという。

しかし、この主張にはとりわけ説得力がない。なぜならほとんどが事実ではないからである。カリフォルニアにおける大失敗の真の教訓は、そもそも規制が敷かれた理由――つまり独占企業と市場操作の脅威――が今日でもまだ実際の問題であるということである。

州および地方自治体は、カリフォルニアで起きた事件のために、規制緩和に対して今後より慎重になるであろう。それに電力市場を再規制しようとする動きさえある。これはエンロンにとってビジネス・チャンスが減ることを意味する。エンロンの株価は、新たなるカリフォルニアを発見し続けることができるかにかかっているからである。

もちろん、エンロンがホワイトハウスに送り込んだ人々はまだそこに居る。だが、彼らは、カリフォルニアの件から何も学んでいないように見える。

ブッシュ政権がその自由市場原理について時折妥協することは事実である。たとえば、エネルギー生産者に損失が実際には存在しないとしても、巨額の補助金が必要だと信じているのである（バロンズ誌は最近、「来たるべきエネルギーの供給過剰」について警告を発する特集を組んでいる）。

とはいえ、他の点では、市場は完全に規制緩和されるべきだという政府の信念は不動である。連邦エネルギー規制委員会（FERC）――カリフォルニアにおいてその任務を著しく怠った監督機関――

ーの新しいトップに就任したのは、そう、お察しの通り、エネルギー産業との密接なつながりを持ったテキサスの出身者である。また、政府はいまだに「金融化」こそが、学校のバウチャープラン（クーポンを発行するかたちで授業料の一部を公費で負担することで、私立学校にも進学しやすくする制度）から社会保障に至るまで、森羅万象への対応であると信じている。

だが、それは間違っている。そして市場ができることには限りがあるという教訓を得るために、いくつもの大災害が必要でないことを期待したいのだが。

64

権力の妄想

DELUSIONS OF POWER

2003.3.28

彼らは自らを冷徹な現実主義者だと考え、彼らを疑う者のことをいい加減な考えを持った愚痴ばかりこぼしている連中だと見なした。たとえその中に政府のアナリストが多く含まれていたとしても、彼らは自分たちの考えに疑問を投げかける者を黙らせた。彼らは非常に自信満々であった。それにもかかわらず、彼らが言ったことのすべてが間違っていることが、衝撃的な速さで証明されたのであった。

いや、私はイラク戦争について話しているのではない。私は、副大統領のディック・チェイニーが二〇〇一年に指揮したエネルギー対策のタスクフォースについて話しているのだ。しかし、両者のあいだにはいくつかの不吉な類似点がある。いま、専門家はチェイニーがどうしてそこまでひどい間違いを犯すことができたのか首を傾げている。彼は「我々の兵士は解放者として迎えられるだろう」と、自信に満ちた発言をしていたのだ。また、カリフォルニア・エネルギー危機に対して非常に批判的な新しい報告書は、チェイニーが他の問題に関しても同様に自信に満ちていながら、同様に間違っていたことを指摘している。

二〇〇一年の春、カリフォルニア中で明かりが消えた。停電と電力供給の一時的削減があり、電気代は急騰していた。チェイニーのタスクフォースはその危機の最中に招集されている。そこでの結論は、簡単に言えば、このエネルギー危機は干渉好きな官僚や厄介な環境保護論者たちによって引き起こされた長期的な問題だということだった。なぜなら彼らは、巨大企業に必要な仕事をさせなかったからだというのである。では解決策は？　環境に関する規則を廃止して、エネルギー産業に数十億ドル規模の補助金を与えることだという。

この議論に即してチェイニーは、エネルギーの節減について、単なる「個人的な美徳の証」に過ぎないと冷笑し退けてしまった。また、価格統制を要求し、危機が市場操作によって悪化していると指摘したカリフォルニアの高官を、チェイニーはさげすんだのだった。公平を期するために言えば、チェイニーのあざけるような態度は、当時のほとんどの政治家やマスコミに共通であった。そして、そう、私は当初から事の本質を理解していた自分を自画自賛しているのである。

というのもいまでこそ、チェイニーが言ったことのすべてが間違っていたことが判明したからである。

実際、カリフォルニアのエネルギー危機は、環境保護に関する制限とは何の関係もないもので、むしろ市場の操作によるものであった。二〇〇一年には、市場操作を立証する証拠は基本的に状況証拠でしかなかった。しかし、いま、我々は連邦エネルギー規制委員会（ＦＥＲＣ）からの新しい報告書を手にしている。同委員会は、これまで市場操作があったという主張を否定してきたのだが、すでにその意見を翻している。新しい報告書は市場操作が蔓延《まんえん》していたと結論を下しているのである。そして電話の会話、電子メールおよびメモを含む山のような具体的な証拠を挙げている。もはや疑う余地はない。カリフォルニアの電力不足の大部分は、価格と利益を押し上げるために、電力会社によって人工的に引き起こされたものであった。

それでは何がこの危機を終わらせたのだろうか。主な要因はエネルギーの節約と価格統制であった。その間に、長期におよんでいた発電力不足には何が起きたのだろうか。環境保護のための規制の撤廃や、企業に対して多額の助成が必要ではなかったのか。チェイニーによる報告書が出されてから一カ月も経たないうちに、株式アナリストたちは、エネルギー会社の株の評価を下げていた。なぜなら、そこには長期的な供給過剰が迫ってきていたからだという。

要するに、チェイニーと冷徹な現実主義者たちは、煙幕を張っていただけなのである。彼らの報告書は、現実とは何の関係もない空想の世界について記述していたのだ。どうしてこれほどまでに間違ってしまったのだろうか。

一つの答えは、チェイニーが、彼と同じ意見を持つ人だけをタスクフォースに入れるように念を押したからだと言える。我々の知るかぎり、彼はエネルギー業界幹部以外の誰とも相談をしなかった。それゆえ、タスクフォースは、軍関係者が呼ぶところの「排他的な関係の拡大」に陥っていたのである。それはジェーンズ・ディフェンス・ウィークリー誌によって定義された言葉で、「戦争中、完全に意見の一致した者からしか意見を聞かないことで、ある信条を強化し、ゆえに状況判断を誤ってしまうこと」だという。

もう一つの答えはこうである。チェイニーが、いかにこのエネルギー危機を終わらせるかについてアドバイスを聞いていたのは、まさにこの危機をつくりだしていたその企業からだったということである。企業は利益のために危機を故意に起こしたのだが、チェイニーも関与していたのだろうか。

我々は、このタスクフォースでの実際に何が起こったのかを知ることはないかもしれない。なぜなら、ブッシュ政権は我々にそれを知らせないように多大な努力をしてきたからだ。内部に対して番犬の役割をすることになっていた会計検査院は、初めはこの問題を追及する決意があったように見えた。しかし、中間選挙の後、『ザ・ヒル』という新聞によれば、共和党議員が会計検査院のトップに接近し、もし調査を止めなければ予算を大幅に切り下げると脅したのである。

そしてここにこそ、より広い意味での教訓があるといえる。過去二年間、予算、経済、エネルギーに関して、チェイニーおよび他の高官たちは再三過ちを繰り返してきた。だが、政治的圧力によって彼らは守られ、その責任を取らされることはなかった。つまり、彼ら、そしてこの国は、自らの犯した過ちから学ぶことなどないのである。そして、その過ちは大きくなり続けるばかりである。

第13章

スモッグと真実の鏡

65

精製されていない真実

THE UNREFINED TRUTH

2001.3.9

またガソリン価格が上昇している。そしてまたブッシュ政権は、これを採掘浪費型エネルギー政策の口実に使おうとしている。しかし、現在のガソリン不足の理由を探ってみると、実際、採掘不足がその理由ではないことが分かる。つまり、天然資源の保護が政府のエネルギー政策の柱でなくてはならないのに、それが欠如してしまっていることがアメリカの政策の大きな欠点なのだ。

まず指摘しておかなければならないことがある。今年のガソリンの値上がりは、原油不足とは何の関係もない。アラスカのツンドラ地帯とフロリダ沖の海底にたくさんの穴をあけたとしても、状況は変わらないだろう。現在の問題は、原油をガソリンに精製する量が限られていることなのだ。

なぜ十分ではないのだろうか。アメリカでは新しい精製所が過去二〇年間建設されていない。当然のことながら、ディック・チェイニー副大統領はこの点をことに強調してきた。このことで彼が暗に言わんとしていることは、精製所が足りないのは、環境保護を訴え石油業界の邪魔をした連中の責任だということである。そしてそれが正しい主張だと言うのだ。

だが、それは間違っている。環境保護規制が、現在ある精製所の生産をある程度減少させたことは事実である。問題は規制の厳しさでなく、その規制の一貫性の欠如である。それぞれの地域にそれぞれの規制があり、アメリカ全域における石油生産をバラバラなものにしている。たとえば、中西部州の規制では、ガソリンには穀物類からできたエタノールが含まれていなくてはならなかった。しかし、石油業界が新しい精製所を二〇年間もつくらなかったのは、必要がなかったからである。実際、昨年まで石油業界は、供給過剰で低迷し続けてきた。

何が起こったかというと、こういうことである。一九七〇年代のエネルギー危機の後、アメリカの普通の人々はガソリンを節約するようになった。それはチェイニーが冷笑しながら指摘しているように「個人の美徳の印」としてではなく、カネを節約したかったからである。ことに自動車は、省エネ型になった。その間、石油業界は、新しい精製所の建設がなくても、精製技術の改善によって生産量を徐々に増やしてきた。その結果が、一九九〇年代の終わりまで続いた供給過剰と利益率の減少である。

供給過剰をやっと解消したのは、需要の伸びであった。それはクリントン政権後期に起こった好景気によってもたらされたものだが、需要が伸びた最大の理由は、ガソリンを多く消費する自動車の人気がまた高まったことにある。その人気は、言うなれば、安いガソリンによって支えられていた。一九九八年、ガソリンは他の消費者物価全般と比較してアメリカの歴史上もっとも安かった。一九八一年と比較して、六〇%も安かったのである。それでアメリカ国民はさらに大きいSUV車を買い急いだ。そして突然、今度は精製能力が不足していることに気づいたのである。それでも石油精製会社は、新しい設備の建設を妨げている規制に対して苛立ったわけではなかった。ただ単に驚いただけであった。

チェイニーの最近の演説を理解するには、このような過去の経過に留意しなければならない。彼の演説を聞くと、強力な政治勢力がエネルギー生産に反対したことによって、中世ヨーロッパの暗黒時代に逆戻りしたような錯覚に陥る。チェイニーはある演説で述べている。「(問題を天然資源の)保護だけに限って検討することは、難しい問題を避けて通ることであり、それだけでは健全で包括的なエネルギー政策の十分な基礎とはなりえない」他の演説でチェイニーは、名指しはしなかったものの、ある特定の人々が「アメリカ国民にすべての電気を消して、暗がりの中で生活するようにと言っている」と、嘲笑ったことがある。つまり、換言するならチェイニーは、アメリカがエネルギー不足に陥ったのは、誰もが必要だと承知しているような供給能力の強化さえも、極端な環境保護論者が阻止したからだ、というのである。

これがブッシュ政権からよく漏れ聞こえてくる、例のシニカルで不正確な説明だということは指摘するまでもないだろう。私はチェイニーに言いたい。「保護だけに限って検討」している影響力のある人々などいるのだろうか。ましてや、アメリカ人に暗がりの中で暮らせと言う人などどこにいるのだろうか。事実、過去数十年、影響力のある政治家で天然資源の保護について言及している者、それも保護だけに限って話していた者などいないではないか。

アメリカにはもっと多くの精製所、そして発電所、そしてパイプラインなどが必要である。しかし、現在のエネルギー問題が、天然資源保護にあまりにも力点を置きすぎたからだという指摘はバカげている。それよりも、政治家が天然資源保護ということを口にしたことすらなかったために、アメリカは現在、問題に直面しているのだといったほうが真実に近いだろう。

66

燃やせ、どんどん燃やせ

BURN BABY BURN

2001.3.20

ディック・チェイニー副大統領にユーモアのセンスがあるなんて、誰が知っていただろうか？　エネルギー資源保護を「個人の美徳の印」以外の何物でもないと片付けた有名な冗談を聞いて、我々は床に転がって笑ったものである。ところが木曜日にブッシュ政権のエネルギー政策が公表されると、彼の冗談はさらに愉快なものになっていた。冗談のためだろうか、その中にチェイニーはいくつかの環境保護政策らしきものを取り入れていた。その最たるものが優遇税制だが――聞いたら笑っちゃうよ――なんとガソリンエンジンと電気モーターを組み合わせたハイブリッド車を購入した人を対象にするというのである。

冗談が分からなかった人に説明しよう。大統領選の際、ブッシュ候補の大好きだった冗談は、アル・ゴア民主党大統領候補の政策提案をバカにすることだった。ことにゴアの――そう、その通り――ハイブリッド車購入に対する優遇税制である。これがなぜおかしいかというと、ゴアのいわゆるディテールへの執着、彼の「トリビア」を見事に象徴していたからである。これぞ見事なまでの風刺だと言うべきだろうか、いまやチェイニーはまったく同じ提案を彼の環境保護政策として採用しているのである。なんということだ、このインチキ野郎ども！

評論家たちは大統領選挙中、ブッシュとチェイニーに対する判断を誤ったが、当選してからも同じことを繰り返している。いまとなると、ブッシュ大統領が選挙中に発していた穏健的な政治発言が不正直であったことは歴然としている。そしてブッシュ政権が、減税を売り込もうとしていた際のリベラルな政治発言も同様に不正直であった。ブッシュ政権の連中は自由市場など信じていないのである。彼らが好きなのは、「ヘビー・メタル」である。精製所！　パイプライン！　原子力発電所！　そんなものが大好きなのだ！

「鉄の管」への強い愛情を正当化するために、チェイニーと彼の仲間たちは、大変な手間をかけてエネルギー危機をでっちあげてきた。そして突然、自由市場は結局のところ機能しないと言い出したのである。ある報告書によると「予測では、今後二〇年間、アメリカの石油消費は五五％上昇する」と書いている。しかし、これは誰の予測なのだろうか。まったく不明である。それにこれは異常に高い数字ではないか。公式な統計が存在する最新の年である一九九九年までの二〇年間、石油消費の上昇は五％以下であった。たぶんチェイニーと彼の仲間たちは、ここ数年人々が普通車からＳＵＶ車に乗り替えしたために自動車のエネルギー消費量が増えているので、そのことを考慮して推定したのだろう。そして彼らが言いたいのは、この傾向は今後数十年、衰えないで続くので、このことをアメリカのエネルギー政策の前提にしなければならないということだ。

こんなことが起こるとはかぎらないし、実際に起こる可能性はないだろう。いくら本格的な環境保護規制がなくなったとしてもである。チェイニーの報告書が主張する通りに石油を消費するためには、普通車をいま運転している全員がＳＵＶ車を買わなくてはならず、いまＳＵＶ車を運転している全員がシャーマン戦車ほどの大型車に買い換えなくてはならない。

　チェイニーのデタラメな計算の裏には何があるのだろうか。言うまでもなく、彼は環境保護規制を緩和させたいために、我々を脅かしているのである。しかし、それだけではない。チェイニーの計画は、直接であれ間接であれ、エネルギー生産者のためのさまざまな補助金を盛り込んでいる。実際、リベラルのカトー研究所はその計画をたとえて「ワシントンにいるほとんどすべてのエネルギー圧力団体に対して援助金と補助金を捧げるバイキング料理」と呼んでいる。これはまさに不思議ではないか。もしあなたが低賃金労働者か、エネルギー消費者なら、自由市場は神聖で冒すことはできないものである。政府があなたに援助を提供することなどもってのほかである。しかし、エネルギー生産者は普通の仕事をするのに、特別の援助が必要らしいのである。

　もちろん、彼らにはそんな援助など必要はない。チェイニーは、今後二〇年間、毎週新しい発電所を建設する必要性について話すことが大好きで、その計画はワシントンからの多額の援助がなければ達成できない、非常に困難な、ヘラクレス的な大仕事だということである。しかし、エネルギー料金の高騰によって電力業界ではすでに大建設ブームが起こっている。今後数年、週三、四機の発電所が建設されていくことだろう。冗談好きな連中が指摘するように、もし電力業界がチェイニーの計画目標を達成したいのなら、建設計画を遅らせなければならないほどである。

　真実は、ブッシュ政権は政策をまったく間違った方向へ持っていこうとしているということなのである。彼らによると、アメリカは長期的なエネルギー危機に直面し、それに対し短期的な対応策はないという。だが、現実は、チェイニーの新しい高価な企業優遇策があろうとなかろうと、長期的には需要と供給の力のバランスによってエネルギーへのニーズは安定していくのである。必要なのは、非常に高いエネルギー料金と巨額な利益という現在の問題に対処する戦略である。ところが、それを望むことはできないだろう。少なくとも、いまのワシントンの政権からは無理である。

67

ＯＰＥＣの痛みを理解する

FEELING OPEC'S PAIN

2001.8.5

ブッシュ大統領は先日、経済について興味深いことを言った。いや、それは興味深いといっても、あらゆる万病の薬としていかに減税が効果を上げるかということではない。彼は原稿に書かれていないこと、つまり本当に感じたり、考えたりしていることを吐露したのである。その発言から彼の本音が感じ取れるかもしれない。そしてそれによれば、彼の魂――たぶんそれは言いすぎかもしれないが――は、どんな国籍であれ石油を売っている人たちのものだというのだ。

最近、ブッシュ大統領は、一日あたり一〇〇万バレルの減産という、石油輸出国機構（ＯＰＥＣ）の決定について尋ねられた。一〇〇万バレルといえば、エネルギー省の推定によれば、アラスカのツンドラ地方を採掘した場合の一日当たりの最大推定採掘規模であり、それは二〇一五年ごろに初めて得られる規模だという。それに世界の需要が落ちているいま、価格を高く維持するためのＯＰＥＣの減産は、アメリカの国益に反するともいえる。

それにもかかわらず、ブッシュ大統領はＯＰＥＣの決定に対して非常に同情的であった。それはまるで彼が石油を輸出する者の痛みに理解を示しているようだった。「市場が安定していることは非常に重要である。ＯＰＥＣの大臣たちのコメントを読むと、減産は単に市場を安定させ、予測可能にするための処置だそうだ」と、ブッシュ大統領は発言している。これは果たして価格操作に対するブッシュ大統領の支持の表明なのか、それとも単なる外交辞令なのか、疑問に思う向きもあるだろう。これに関してホワイトハウスのアリ・フレイシャー報道官は明確に答えている。「大統領は安定を保つことは重要だと考え、安定は低価格で維持できることもあれば、また適正価格で得られることもある」と。

これが去年の大統領選挙中、ＯＰＥＣに「蛇口を開けさせる」と豪語していた同じ人物のコメントなのである。ＯＰＥＣはブッシュ大統領のコメントをさらなる減産への青信号と受け取ったであろうか。

ロイター通信社のインタビューに答えたある石油アナリストは、ブッシュ大統領が石油価格を高く維持することを支持したような発言をしたことは、「ＯＰＥＣの大臣たちの多くを喜ばした」という。

これはおかしいではないか。カリフォルニアが、電気代が高いと文句を言うと、需要と供給の法則は否定できないとレクチャーをするくせに、海外の生産者が、供給過剰にある石油価格の下落を防ぐために談合したとしても、ブッシュ政権はそれを支持する発言をするだけでなく、カルテルは消費者の利益のためだという、古臭く、破綻した論理までをも支持するのである。

ブッシュ政権が、石油関連でその原則をないがしろにしたのは、この一回だけではない。議会で先週可決されたエネルギー法案は、環境への影響を無視し、そして真剣な環境保護手段を欠いていたという点で際立っていた。実際、たとえば、ツンドラに穴を掘るよりも、ガソリン燃費の基準を引き上げたほうが、もっと多くの石油を節約することができるのである。

しかし、この法案でもっとも驚くべきことは、それが三〇〇億ドル以上の補助金とエネルギー生産者に対する特別減税を盛り込んでいるという点である。予算がきついことを考慮するなら、それはさらに驚くべきことであると言えるだろう。共和党は新しい財政見通しの発表に神経質になっている。ワシントンの観測筋によれば、近い将来その見通しによって、減税のために財政黒字がすべてなくなってしまったことが明らかにされるであろうという。

ブッシュ政権の原則の多くには特別条項があり、石油に関しては例外扱いである。ブッシュ政権は人々に自由市場を信用し、価格は需給によって上下することを理解するべきだと言っている。しかし、その人々が石油を売っている場合は例外である。ブッシュ政権は、人々に自助努力を奨励し、連邦政府から補助金をもらうことを期待すべきではないと言っている。しかし、その人々が石油を売っている場合は例外である。そしてブッシュ政権は、海外に対してアメリカは自らの国益にしたがって行動し、アメリカ政府は他国の繊細な国民感情を傷つけることをいとわないと告げていた。しかし、他国が石油を売っている場合は例外である。

ブッシュ大統領がＯＰＥＣの利己的な決定に理解を示し、それは市場の安定のためであったと発言したことは、指摘するまでもなく世間知らずで無知であった。ＯＰＥＣは安定など求めていない。彼らが欲しているのはカネ――それも他人のカネである。彼らの行動は世界経済にとっては歓迎すべきことではなかった。その逆で、エコノミストは石油価格の下落が、世界的な景気後退のリスクを軽減することに一役買うのではないかと期待していた。つまり、ブッシュ大統領が暗に認めたＯＰＥＣの減産決定は、世界にとって悪いことであった。そしてアメリカ国民にとっても悪いことであったのだ。その例外は、もちろん、石油を売っているアメリカ人であるのだが。

68

二〇〇〇エーカーの油田

TWO THOUSAND ACRES

2002.3.1

ある計算によると、私の仕事場はオフィスのある階のほんの数平方インチを占めているに過ぎない。読者はそんなことありえないと思うだろうが、私はすでによく使われているある方法でそれを計算したのである。そのある方法とは、北極野生生物保護区（ANWR）における油田採掘を支持する人々によって、頻繁に使用されている方法のことである。

先週、ゲイル・ノートン内務長官が、アメリカ最後の原生地域における大型石油開発への懸念に対していつものように答えていた。「石油開発のインパクト（影響のおよぶ範囲）は、一九〇万エーカーのうちのたった二〇〇〇エーカーに限られている」この数字は、ブッシュ－チェイニーのエネルギー計画からのもので、その計画には「生産施設と支援施設が占める面積」は、二〇〇〇エーカーを超えないと記されている。これなら安心できるというものである。開発は広大な北極地方の小さな地域に限定されるというわけである。

しかし、それはデタラメである。開発は小地域に限定されるわけではない。米国地質調査所（USGS）によると、ANWRに埋蔵されている石油は広い地域に点在しているため、油井の掘削装置は沿岸の全地域に置かれるだろうという。油井と油井を結ぶ道路は、その二〇〇〇エーカーには含まれていない。それらは「生産と支援施設」でもない。「占める面積」も非常に限定的に定義されている。原油のパイプラインはいくつもの柱によって支えられた地域を横断するだろうが、その柱が置かれている面積だけが計算される。パイプラインが引かれている区域は、「占める面積」として考慮されていないのである。

これでなぜ私がこんな狭い所で働いているのか分かったことだろう。ブッシュ－チェイニーのエネルギー計画の定義によるならば、私の「インパクト」は、私が使用している面積に限られるのである。つまり、デスクと椅子の脚と、私の靴が占める面積である。オフィスの残りの面積は、原始的な荒野というわけだ。

ここでの教訓は、原油の採掘が北米産の大トナカイに与えるインパクトといった程度の問題では済まないということである。ブッシュ政権はインチキな広報活動でその採掘浪費型エネルギー政策を国民に売りつけようとしている。実のところ、我々のようにこの問題を追ってきた者にとって、国防総省が嘘の情報を広めようとした際に人々がなぜあれほどまでに騒ぎ立てたのかがわからない。それとブッシュ政権の現在の政策がどう違うというのだろうか。

覚えておいてほしい。ＡＮＷＲで原油の採掘をしようとするこの計画は、地球温暖化にはたいした政策を実施しないということを決めたすぐ後に、推し進められているのである。ブッシュ政権はエネルギー政策に関して他にどんな嘘をついてきたのだろうか。

まず当然のことながら第一にあげられるのは、ＡＮＷＲでの原油採掘は、国家の安全保障に関わる問題であるという主張である。そのことで輸入原油に対する依存を絶とうというのである。実際、エネルギー省のエネルギー情報局の予測によると、開発が始まって一〇年たってもANWRは一日六〇万から九〇万バレルしか生産しないという。それは現在、アメリカが輸入している一一〇〇万バレルのほんの一部にしかならない。

さらにはANWRでの原油採掘事業が、何十万という雇用を創出するというふざけた主張がある。この主張を誰がつくったかというと、これは、そう、お察しの通り石油業者連盟による一〇年も前の古い調査結果に基づいた主張なのである。

しかし、ブッシュ政権でもっともひどいエネルギー関連のプロパガンダと言えば、エネルギー不足を環境保護主義と常に結び付けようとするしつこいほどの努力である。いまとなるや、そんな努力が不正直であったことは明らかである。

たとえば、昨年春、ディック・チェイニー副大統領は、アメリカが一九七〇年代から新しい石油精製所を建設していないことを嘆き、それを環境保護規制のせいにしたのである。私は昨年五月、それは環境保護とまったく関係なく、精製所が建設できなかったのは供給過剰だったからだとコラムに書いた。私が知らなかったのは、その数週間前、私と同じ論点から環境保護庁のスタッフがチェイニーのエネルギー計画の草案を厳しく批判していたということである。ところでチェイニーの最終計画案では、はっきりとではないが大気汚染規制がガソリン不足を引き起こしていると暗にほのめかされていたのだ。

いまや、ニュースを追う熱心な市民ならこれらの嘘とデタラメを見抜くことができるだろう。たとえば米国地質調査所が実際北極地方の原油埋蔵量についてどう考えているのか、インターネットで読むことができる。しかし、ブッシュ政権はいつしかそのウェブ・サイトを閉鎖してしまうのではないだろうか。というのも、ジョン・アシュクロフト司法長官の新しい法の下では、政府機関は必要に応じて情報公開をしなくてもいいことになった。法的根拠があれば、情報公開の要請があっても拒否するようにと指示されているのである。何しろ、環境規制の厳しい土地における正直な原油埋蔵量調査の結果は、テロリストに利用されるかもしれないというのだ。まったく油断も隙もないものである。

69

BAD AIR DAYS

大気汚染の日々

2002.4.26

地球環境保護の日であるアース・デイに、ブッシュ大統領は森林で記念撮影をして、自らの大気汚染浄化策である「クリア・スカイ・イニシアチブ」を持ち上げた。民主党はそれを嘲笑し、大統領は公害を撒き散らす企業のために働いていると非難した。

ブッシュ大統領の大気汚染対策について何か誉めるべき点はあるのだろうか。答えはイエスだが、そこには「しかし」を付け加えなければならない。そのよい点は流動的で不十分であり、悪い点は迅速に、かつ強い意志のもとに制度化されようとしている。

大気汚染を制御している現在の規制は、再検討の必要がある。一九七〇年代の昔、クリーン・エアー法は厳しい規制を設定したものの、それは「新しく」公害を出すであろう工場や企業などに対してだけであった。稼動中の電力発電所や工場は対象外とされた。時が経てば古くて汚い施設は閉鎖されるであろうと思われたからである。

結果は予想通りだった。公害を撒き散らす古い施設は運営され続けた。それはそもそも新しい規制から除外されていたからである。実際、新しい施設を建設するよりも、企業は現存する発電所や工場にカネをつぎ込み、その生産能力の増大をはかってきたのである。

クリントン政権はこのやり方を取り締まり、古い施設だという隠れ蓑を使い、新たに公害を撒き散らしていると見られる企業を訴えてきた。驚くなかれ、それらの企業は「ニュー・ソース・レビュー」と呼ばれる、古い施設に対する新たなる調査プログラムを嫌い、大統領選でブッシュ候補に何億ドルもの献金をした。

もっといい方法があるだろうし、事実、すでにあるといえる。それは「キャップ・アンド・トレード」と言われるものである。このキャップ・アンド・トレードによって、現在稼動している工場はある特定量の公害を出すことが許可される。しかし、その許可を他社に売ることもできるのである。このことは公害を減らすためのインセンティブとなりうる。古い工場などの公害を減らせば、そのことによってその許可を売ることができるからである。キャップ・アンド・トレードはすでに特定の汚染物で実施され、ことに発電所からの硫酸に対してなど、これまで相当の成功を収めている。徐々にその許可の数を減らすことで、政府はキャップ・アンド・トレードを長期的に公害を減少させる手段とすることができるのである。

もちろんのことなのだが、ブッシュ政権の大気汚染対策の実際部分は、硫酸、二酸化窒素、水銀に対するこのキャップ・アンド・トレード政策である。では、それに対して何か文句を言うべきことはあるのだろうか。ああ、それがたくさんあるのである。

まず、彼の計画で際立っているのは、地球温暖化の最大の原因である二酸化炭素を含んでいないことである。ブッシュは大統領選挙中の公約を踏みにじっているだけではない。そこに二酸化炭素が含まれていないということは将来の政策にも大きな影を投げ掛けている。環境の専門家によると、重要な投資計画がすでに決定してから規制によって二酸化炭素排出を減らすよりも、前もって総合的な汚染対策を施したほうがはるかに安く済むという。したがって地球温暖化に対して何もしないことで、ブッシュ政権は将来の政権の政策をも妥協させてしまうことになるのである。

第二に、ブッシュの計画は、環境保護庁の専門家たちが適正だと非公式に考えている規模の二倍もの公害を垂れ流すことをいまだに許してしまっている。環境保護庁の内部資料によると、公害をあと五〇%削減するコストは少額で済むという。しかし、ブッシュ政権は企業にそんな少額の負担を要求することすらもためらっているのである。

最後に、そしてもっとも重要なことだが、ブッシュ政権の「クリア・スカイ」は、夢のようなうまい話だということである。法案はいまだに提出されていないばかりか、緊急に実施しようとする気配も見受けられない。その間、ブッシュ政権は「ニュー・ソース・レビュー」を潰すのに一生懸命である。そのことによって環境（ことに風下に位置する北東の州）を台無しにしたとしても、政権を資金的に支援している企業は何十億ドルもの公害対策費を節約できるというわけである。とはいえ、ブッシュ政権は、「ニュー・ソース・レビュー」を潰すことによって、自らの公害対策における政治的支持を失ってしまうかもしれない。厳しい監視下では、公害を垂れ流している企業は、これまでよりも扱いやすい新しい公害規制を好んだことだろう。ところがいまや、それらの企業と議会の強力な味方は、公害規制をこれまで通りのものにしておきたいに違いない。

これでは当然、環境保護庁の職員たちはやる気をなくすだろう。最近、危険な排出物の動向を監視するオンブズマンも、抗議退職した職員たちに合流している。職員たちは、上司から政治的な支援を受けていないと感じている。環境保護庁の高官の職を最近辞したエリック・シェイファーは、次のように述べている。「環境保護庁は（反公害という）車の後部座席に乗り、いや、むしろバンパーの上で目立たないようにしているだけで、その間エネルギー業界は、やりたい放題で大いに楽しんでいると言うわけさ」

だから実際に提案されているのは、控えめな新しい公害対策であり、たぶん、ゆくゆくは、もしかしたら、いつの日にか、ブッシュ政権がそれを実施するかもしれないという程度の代物なのである。それもそうだろう、知っているだろうが、いまは、戦争の真っ只中ではないか。そんなときも公害を大量に垂れ流している企業は、何十億ドル相当ものフリーパスという、大統領選への献金の見返りを受け取っている。

70

ブッシュに火が点く

BUSH ON FIRE

2002.8.27

いつもの容疑者を捕まえろ！　ブッシュ大統領の新しい「ヘルシー・フォレスト」計画は、この政権のいつものやり方をパロディー化したようなものである。つまり、山火事を引き起こすのは環境保護論者であるとはいえ、我々が邪魔をしない限り、立派な企業がその問題を解決してくれるはずだというわけである。

この指摘はきつ過ぎるだろうか。いや、そんなことはない。それどころか、実際はもっとひどいのである。「ヘルシー・フォレスト」は、環境保護を台無しにするだけでない。それは企業の利益をも増大させるのである。

知っての通り、森林の最大の敵は、善意に満ちてはいるもののまったくの逆効果でしかない森林火災防止策である。つまり、森林消防団員の服を着たクマ、あのスモーキー・ザ・ベアが表わしているものである。何十年にもわたって火災を防ごうとしてきたため、非常に燃えやすい低木や下生えが危険なほど生い茂るようになってしまったのである。そしてほとんどの場合――すべてではないのだが――国有林でその方針を変えることはもうすでに遅すぎる。都市部の拡大とその人口の増大のため、住宅地の近くに位置する森林もあり、そこで火災が発生するのは非常に危険である。

当然のことだが、この火事の原因となりうるものは除去されなければならない。しかし、どのようにすればそれができるのだろうか。ブッシュ大統領によると、まったく経費のかからない、ただ同然の方法があるという。つまり、国有林でもっと伐採を許可すればいいと言うのである。そうすれば大切な資源も利用でき、そして火災の危険をも減らすことができるというわけである。

ところが困ったことに、除去されなければならないもの、すなわち住宅地に近いところにある低木や茂《ブッシュ》みは、商業的にはたいした価値がない。伐採をする企業の立場からすると、商業的な価値があるのは生長した大木である。それは通常、森林火事を生き延び、住宅地からは離れたところにある。

そこでブッシュ政権は、森林の伐採をする企業と契約を結ぼうと提案している。除去すべきものを片付けさえすれば、それ以外を伐採する権利を与えるという提案である。しかし、「それ以外」とは本来たぶん伐採してはいけないものであろう。つまり、これは結局のところただ同然の方法などではないのである。それにこの計画には他にも三つほど問題がある。

まず、森林を伐採する企業は本当に低木や草むらを除去するだろうか、それともそれをせずにカネだけ儲けてしまうだろうか、という点である。議会の会計検査院は、これらの伐採をする企業を監督する機関である森林局を、その経営能力と説明責任の欠如について何度となく批判してきた。森林局の現在のトップは、ブッシュ政権らしく元森林伐採業界のロビイストである（選挙の年であった二〇〇〇年、この業界が行なった政治献金の八二％が共和党に流れた）。たとえ皮肉屋でなくても、企業が本当に約束を守るだろうかと疑いたくなることだろう。

第二に、大木の伐採と木の下生えの除去を結び付けたのは誤った論理から導き出された政策である。

たとえばニューヨークのマイク・ブルームバーグ市長が、ウェイスト・マネジメント社がマンハッタンのゴミを無料で回収する代わりに、有毒なゴミをスタテン島に廃棄してよいことになったと発表したらどうなるだろうか。当然のことながら、スタテン島の住民はマンハッタンがゴミを回収してほしいのなら、その代金を払うべきだと抗議するだろう。そしてもしニューヨーク市が廃棄する権利を企業に売りたいのなら、別の案件として扱うべきだと反論するはずである。これと同様に、もし連邦政府が人口の多い地域の木の下生えを除去したいのであるなら、カネを払って実施するべきである。もし、生長した木々を伐採する権利を売りたいのなら、それは別の案件として扱われるべきである。

そしてこれに関連した最後の点だが、実際、政府は企業に伐採の権利を売ったとしても、カネが儲かるということはないのである。会計検査院によると、森林局が木材を売買するのにかかる費用のほうが、実際の売買で得る利益よりも大きいというのである。それはどのぐらいの額だろうか。そんなバカげた質問はしてはいけないのだろう。去年、ブッシュ政権はその情報を公開することを拒否した。いずれにしろ、木材の売買から得られる利益は、国有林での伐採にかかる財政負担のほんの一部にしかならない。ことに道路建設には、何億ドルという補助金がつぎ込まれているのである。これはつまり、環境問題は横に置いておくとしても、企業に大木の伐採を許可するかわりに木の下生えを除去させることは、この問題に直接対応するよりも納税者にとっては高くつくのである。

したがってこのケースでも、ブッシュ政権の他のエネルギー政策同様、自由市場を謳歌しているように見えるが、その背後ではひいきの企業に対し補助金をはずもうとする計画がうごめいているのだ。驚きである。

最後に一言。ブッシュ政権が、環境保護を台無しにしない、裕福な個人や企業に対して減税を施さない、公的機関の監督能力を損なわない政策をたった一度でもいいから考え出すことができたなら、さぞかし素晴らしいことであろうに。

第14章

世界の経済事故

71

香港のキツい教訓

HONG KONG'S HARD LESSON

Fortune, 1998.9.28

ここだけの話だが、私は素晴らしい儲け話を思いついた。まず、私の友人である億万長者の投機家にマイクロソフト株に対して密かにカラ売りを仕掛けてもらう。それからビル・ゲイツが、ハーレ・クリシュナとかその類の新興宗教に傾倒したという噂を広める。するとマイクロソフト株は売り浴びせられ、ドッカーン！　我々は何億ドルも儲けるというわけである。

オーケー、分かった。まあ考えてみれば、これはそれほど素晴らしい計画ではないのかもしれない。第一に私には億万長者の友人などいない。それにもしいたとしても、そこには少々問題が生じる。私はその金儲けのせいで証券取引委員会（SEC）と「ヤバい」話をしなければならない羽目に陥り、その挙げ句に、丁寧ながらも強硬な「御招待」によって、私の人生の数年間を刑務所で過ごすという憂き目を見ることになるからだ。

というわけで計画を変更しよう。会社に対して陰謀を企てるのをやめて、小さな国に対して行なってみようではないか。小さな国の株式市場でカラ売りを仕掛けるのである。その国の通貨を外国為替市場で売り浴びせ、通貨を大幅に下落させる。それに対抗して中央銀行は金利を上げなければならなくなるが、現地の株式市場はそれによって急落する。おかげで我々はその後ずっと贅沢に暮らすことができるというわけだ。

おっと、そこにはちょっと厄介な問題がある。私にはまだ何人かの億万長者の友達が必要なようだ。だが、一番大きな問題は、私がこれを考えつくのがいささか遅すぎたかもしれないということだ。もうすでに何人かの投機家たちがこの戦略を思いつき、それを実行に移してしまったようである。少なくとも香港の通貨当局は実際にそれが起こったと主張してきた。もうすでに耳にしたことがあるだろうが、香港当局は投機家たちがカラ売りを仕掛け、経済を壊滅させる計画的な陰謀を企てたと非難してきた。香港当局はカラ売りに対抗して株式市場に多額の資金をつぎ込み、株価を吊り上げ、カラ売りを仕掛けた悪党たちを退治した。そしてその後、時価総額の大きい株式のカラ売りを禁止したのである。それで一件落着。

ここで少しその背景を探ってみたい。香港政府は長いあいだ、自由放任主義の政策に徹してきた。そのためこの街は投機家にとっていわば幸福な場所であった。通貨当局の政策は断固として不干渉主義であった。香港ドルをアメリカ・ドルにしっかりと固定した「カレンシーボード」を設立することによって、いわば香港は一国の中央銀行が金本位制を復活させたようであった。香港ドルはアメリカ・ドルの準備金によって一〇〇%裏付けられていた。アメリカの保守主義者にとって香港は、生きた模範であったといえる。つまり、政府がやるべきことは健全な通貨を流通させ、財産の安全を確保するだけで、あとは市場に介入せず、民間セクターに任せるという自由放任主義の模範であった。

したがって香港当局が投機家たちに戦いを挑み始めた時、世界じゅうの自由放任主義者たちが憤慨した。神聖なる政府の不介入原則はどうしてしまったのか、と。

私は、香港に対する投機家たちの陰謀を確認することも、否定することもできない。とはいえ、多くの経済学者は、ある通貨が一定の条件下において、「自己実現的投機」と呼ばれる大量の売りを仕掛けられることがあるという。これはいったい何かというと、通常は安定している通貨であっても、投資家たちの信頼を失い、切り下げを強いられると、その信頼の崩壊がまた切り下げによって強化されるという連鎖反応のことである。そのような状況下では、確かにソロスが荒稼ぎするチャンスはあるだろう。彼のような大型のヘッジファンドを操る大物投機家ならば、通貨市場でカラ売りを仕掛け、わざと「自己実現的投機」を引き起こすことができるはずだ。

香港はそのような投機の対象として狙われるのには、最適なターゲットであった。通貨を切り下げることによって信用を失いたくないが、その反面、経済がすでに景気後退に苦しんでいるような状態の中で金利を上げたくもない。また当初このような陰謀に対するアジアからの批判は、マレーシアのマハティールのような鋭い反西洋諸国の代弁者たちからのものであった。だが今回は、香港通貨当局の最高経営責任者であるジョーゼフ・ヤムのような極めて尊敬すべき官僚から発せられていた。

だが、もしヤムに、陰謀が進行しているという強い確信があったのなら、なぜ彼は取り締まり当局に証拠をわたして犯人を捕まえさせ、尋問させなかったのか。その答えは、取り締まり当局といっても、いったいどこの国の当局がやるべきなのか、それが判然としないからである。もし私がアメリカ企業の株に陰謀を企てたなら、それはアメリカの法律を犯したことになる。しかし、もしニューヨークのヘッジファンドが海外の金融市場を攻撃したなら、いったいそれが誰の取り締まり管轄下になるのかは不明である。我々がマイクロソフトに対してよりも、香港やアルゼンチンといった国の惨状に対してもっと同情的であることは確かであるが、この問題はそんな心情ではどうにもならない。事実は会社に対する投機的な陰謀は効果的に規制されているが、国に対する投機はそうは行かないということである。そしてこれこそが、本当の意味で香港の一件から学ぶべき教訓である。過去数年の経済混乱の根底にあるのは、こういうことであろう。つまり資本市場はグローバル化しているが、それらを支援したり規制したりうまく機能するようにさせたりする機関というものが、国家単位のままであるということである。真の意味でのグローバルな機関の出現はかなり難しいのではないか。たとえば、ロンドンで働くアメリカ人トレーダーが中国のある市場を操作したとしても、いったいどのようにしてその人物を起訴することができるというのだろうか。いずれにしろ、我々がその解決法を見出すまでの道のりは、相当キツいものになるだろう。

72

CRYING WITH ARGENTINA

アルゼンチンと涙しよう

2002.1.1

アルゼンチンの暴動の映像がテレビの画面に映し出されても、アメリカでは誰もそれを気にしない様子である。それはアメリカ人の知らない小さな国で起きている災害にすぎないからだ。あまりに遠すぎてアメリカ人の生活には何の影響もないような国。そう、アフガニスタンのような国である。

私は軽々しくそういった比較をしているわけではない。アメリカ人のほとんどは、これを単にいつものありふれたラテンアメリカの危機であると考えているのかもしれない。そう、あの地域の国々はしょっちゅうそういった危機に見舞われている、違いますか。しかし、世界の多くの人々には、アルゼンチンの経済政策の至る所に「メイド・イン・ワシントン」のスタンプが押してあるように映っている。それらの政策の破滅的な失敗は、何と言ってもアルゼンチン人によって引き起こされたものであるが、それはアメリカ外交政策の失敗でもあるのだ。

この一件はラテンアメリカの人々にはこう映っているのである。アルゼンチンは、他のいかなる開発途上国よりもアメリカが促進してきた「ネオリベラリズム」（これはテッド・ケネディの新リベラリズムでなく、自由貿易主義におけるリベラルという意味）を取り入れた国であった。関税を大幅に切り下げ、企業を民営化し、多国籍企業を受け入れ、そしてペソをドルに固定した。ウォール街はそれを歓迎し、大金が流れ込んできた。しばらくのあいだは自由市場経済学の正しさが実証されたようであり、その推進者たちは誇らしげであった。

その後、事態は悪化していった。一九九七年のアジアの金融危機がラテンアメリカにも影響をおよぼしたことは当然の成り行きであったが、当初、アルゼンチンは、その隣国よりもその影響が少ないかのように見えていた。しかし、ブラジルがすぐに立ち直った一方、アルゼンチンの景気後退は長いあいだ続いた。

アルゼンチン経済の急落の原因を詳細に検討してみると、それは自由市場というよりもむしろ金融政策と深く関係していた。しかし、アルゼンチンの人々は当然、そのような些細な違いについて聞く耳を持たなかった。なぜなら自由市場と交換可能な通貨は切り離せないと言っていたのは、ウォール街とワシントンだったからである。

さらに経済が悪化しても、国際通貨基金（ＩＭＦ）はまったく援助しようとしなかった。ＩＭＦといえば、国際機関でありながら一般的にアメリカ財務省の下部組織だと見られている機関であり、実際その見方には相当の説得力があるといえる。ＩＭＦの職員たちは、一ペソ＝一ドル政策を維持することは無理だろうということを数カ月前、いや数年前から知っていたのである。ゆえにＩＭＦは、アルゼンチンに対してそのような経済の罠から抜け出す方法を指導し、やるべき仕事をやらなければならないアルゼンチンの指導者たちを政治的に援護できたはずである。しかし、その代わりにＩＭＦの職員たちは最後まで――中世の医者が患者の悪い血を出さなくてはいけないと言い張り、そのせいで症状は悪化しているにもかかわらず同じ処置を繰り返したように――緊縮経済政策の上にさらに緊縮経済政策を指示してきたのである。

いま、アルゼンチンは完全な混乱状態にある。それをワイマール共和国にたとえている人たちさえいる。そしてラテンアメリカ諸国は、アメリカを無実の傍観者とは見なしていない。

政策エリートも含め、どれくらい多くのアメリカ人がこの事態を理解しているのかは定かでない。アルゼンチンを破滅的な政策へと導いた人々はいま、その歴史を書き直し、犠牲者を非難するのに忙しい様子である。

とかくアメリカ人は第三者的な目で自らを見ることが非常に下手である。「オピニオン・リーダー」に関する最近の調査では、アメリカ人の五二%が、アメリカは好かれていると考えていることが分かった。なぜなら「たくさん良いことを行なっているから」である。外国人の内の二一%、そしてラテンアメリカの人々の一二%だけがそれに同意見であった。

次はどうなるのだろうか。アルゼンチン経済が好転するための最大の望みは秩序立った通貨切り下げにある。つまり、政府がペソのドルに対する価値を切り下げ、同時に多くのドル建ての負債をペソに変換することである。しかしいまとなっては、それはあまり期待できないようだ。

その代わりにアルゼンチンの新政府は――いつの日か新政府が樹立されたなら――おそらく時計をもとに戻すことだろう。そして為替管理と輸入割当を実施し、世界市場に背を向けてしまうことだろう。加えて昔ながらの反米的言動が復活したとしても驚きではない。

私の予測はこうである。これらの時代に逆行したような政策はうまくいくだろう。ちょうど同様の政策が一九三〇年代に成功したように、経済を一時的に回復させるはずである。だが、世界市場に背を向けることは長期的な成長に悪影響をおよぼす。アルゼンチンの歴史そのものがそれを顕著に表わしている。とはいえ、ジョン・メイナード・ケインズが言ったように、結局、長い目で見れば我々は皆、死んでしまうのである。

約半年前の四月の時点で、ブッシュ大統領は懸案の米州自由貿易地域（ＦＴＡＡ）を重要な外交政策目標として持ち上げていた。それによって「西半球に繁栄の時代を構築する」と言っていた。もし、その目標が本当にそれほど重要であるなら、アメリカは大損害を喫したことになる。だから、アルゼンチンのために泣かないでくれ。アルゼンチンと一緒に泣こう。

73

ラテンアメリカを失って

LOSING LATIN AMERICA

2002.4.16

ヒューゴ・チャベスはベネズエラが必要としている大統領ではない。私自身を含め、多くの人々はそう思っていたようだ。しかしながら彼は、自由に、公明正大に、また憲法にのっとってベネズエラの大統領に選ばれたのである。だからこそ、西半球のすべての民主主義国家は、チャベスを嫌っているにもかかわらず、先週のクーデター未遂事件を非難したのである。

ただし、一国を除いてだが。

BBCは以下のように報道した。「アメリカの高官たちは、民主的に選ばれた大統領が追放されたことを強く非難するどころか、この危機をチャベス自身の責任であるとして責めた」また高官たちは、新しい暫定政府が立法と司法、および憲法の廃止を断行したにもかかわらず、「明らかにその結果に満足していた」という。クーデターが未遂に終わったので、彼らの喜びも半ばに終わったことだろう。

BBCはさらにこう付け加えた。「チャベス大統領が復帰したことで……ワシントンはかなり間抜けに見えた」国家安全保障担当補佐官のコンドリーザ・ライスも同じように思われたようだ。信じられないことだが、彼女は復帰した大統領に「憲法を尊重すべき」と忠告したのである。

この一件で最悪なのは、アメリカの民主主義の原則を裏切っていることである。「人民の、人民による、人民のための」という言葉の後に、「それがアメリカの利益に適する限り」とは続かないはずである。

現実政治の観点から見ても、ベネズエラのクーデター事件に対するアメリカのやわな態度は非常に愚かなものであった。

ラテンアメリカが、粗雑なポピュリズムと軍事独裁政権とが交互に入れ替わるというこれまでの政治的悪循環から抜け出ることは、アメリカの国益に合致するものである。アメリカにとって重要なこと——貿易、安全保障、麻薬などそれが何であろうと——は、隣国が安定しているときのほうがいいに決まっている。

そのような安定はどのようにして確保することができるのだろうか。一九九〇年代にはついにその方策が見出されたようだった。それは新世界秩序と呼ばれるものだった。経済改革はポピュリズムの誘惑に終止符を打ち、政治改革は独裁政治の登場を終わらせるはずであった。また、一九九〇年代、ほとんどのラテンアメリカ諸国は、アメリカからの支援を受けながらも、自ら経済と政治の両面で劇的な改革に乗り出していた。

その実際の結果は相半ばしていた。当初一番期待の高かった経済面では、物事はあまりうまく行かなかった。ラテンアメリカ諸国では経済的奇跡ではなく、大きな経済危機が起こっている。その最新のものがアルゼンチン危機である。まぁ、危機に襲われたラテンアメリカ諸国の中には、ことにメキシコだが、景気を回復させ（クリントン政権からの多くの支援を得たおかげだと言うべきだろう）、その後着実だが控えめな経済成長へと歩み出している国もあるといえる。

とはいえ、経済危機はこの地域に不安定をもたらすには至らなかった。一九九五年のメキシコ危機、一九九九年のブラジル危機、そして現在のアルゼンチン危機でさえ、それらの国々を急進派や独裁者の手に引きわたすことはなかった。皆が期待していた以上に政治面が飛躍を遂げていたのである。ラテンアメリカは民主主義国家へと成長し、その民主主義は著しく強固になっていた。

アメリカは力強い成長に基づいた新しいラテンアメリカの安定を望んでいたが、現実には、経済的苦境にもかかわらず国の安定をもたらしたのは民主主義であった。事態はもっと悪くなる可能性もあったろう。

そこでベネズエラの一件である。チャベスは昔ながらのポピュリストであり、その政策は欠点が多く不安定であった。しかしそれにもかかわらず、彼は民主主義の重要性を理解するようになった地域で公正に選出されたのである。アメリカは、彼の失脚から何を得ようとしたのだろうか。事実、彼は多くの反米的発言を吐き、アメリカの外交にとって迷惑な存在であった。しかし、彼は別に重大な脅威ではなかったはずである。

ところがである。アメリカの言動は旧態依然で、悪しき昔に逆戻りしていかなる右翼の独裁者でさえアメリカの援助を当てにすることができるかのように振る舞ってしまった。

アメリカは一風変わった無能な陰謀者たちの肩を持ってしまった。チャベスは国民の多くから支持を失い、国内の労働組合のゼネストから、彼を失脚させようとしたデモが始まっていた。しかし、クーデターで樹立されながら短命に終わった政府は、大企業と大富豪の代表を含んでいた。それでは自滅するだろう。どうりでクーデターが失敗に終わったわけだ。

もしクーデターが成功していたとしても、アメリカの振る舞いは非常に愚かなものであった。情勢は好転していたはずだった。民主主義の価値を共有し、信頼に満ちた新しい雰囲気が生まれつつあった。どうしてあれほど簡単にそれを捨ててしまうことができたのだろうか。

74

失われた大陸

THE LOST CONTINENT

2002.8.9

自由貿易を支持し、財政援助はしないと言っていたにもかかわらず、水曜日、ブッシュ政権はまたもやそれとは裏腹な行動に出た。二週間ほど前、ポール・オニール財務長官の発言がブラジルの通貨を急落させ、そのことは外交問題にまで発展した。ブラジルへの援助資金は、結局のところ「スイスの銀行口座」に入ってしまうだろうと言ったのである。それがいまや、オニール長官からの支持を受け、国際通貨基金（ＩＭＦ）はブラジルに対して前例のない三〇〇億ドルを貸し出すことに合意したというわけである。

アメリカの指導者がやっと二つの不快な事実に気づいたことは、よいことであろう。つまり、アメリカの国益に反する大きな脅威がこの西半球で発達しているということ。そしてビル・クリントンと正反対の政策を取ることが必ずしも賢明な政策だとは限らないということだ。確かに、もしブラジルが資金援助を得ていなければ、すでに一九九七年のアジアの金融危機に匹敵する規模になりつつある南米の危機は、あっという間にもっと大きなものになっていたかもしれないのである。

とはいえ、私はまだこの件に悪い印象を持っている。ＩＭＦの資金援助について検討し、それから私が抱く不安について説明したいと思う。

ブラジルの現在の指導者は責任感が強い。これは良いニュースだ。以前、ＩＭＦの資金援助は、税を徴収していない国（ロシア）や、為替レートを維持できない政府（アルゼンチン）などに与えられてきた。それらの国と比較すると、ブラジル政府は模範的だと言える。

では、なぜ危機が存在するのだろうか。一〇月に予定されている選挙戦に向けて、フェルナンド・エンリケ・カルドーゾ大統領が選んだ後継者が、二人の中道左派の候補者よりはるかに遅れを取っていたからである。投資家らは神経質になり、その結果ブラジルの通貨は急降下し、通貨危機のいつもの悪循環に嵌まってしまった。すなわち政府が債務不履行に陥るのではないかという懸念が広がり、通貨が暴落し金利が急騰したのである。ほとんどの借金がドル建てか短期金利にスライドすることになっているため、債務不履行がさらに現実味を帯びてきたのである。

オニールの発言は許されるものではなかった。なぜならそのことによって通貨の急降下がさらに深刻になったからである。ＩＭＦの援助は、その急降下を止めるためであった。オニールの失言によって、さらにブラジルに一〇〇億ドルの援助を与えることになったといえる。

では、なぜ私は不安に思うのだろうか。一つの理由は、いったい誰が救済されているのかよく分からないからだ。作家のポール・アードマンがＣＢＳマーケット・ウォッチ・ドットコムに書いたコラムで――政府を賞賛するコラムである！――こう書いている。「ブラジルへの財政援助は、シティグループとフリートボストンにも大きな助けとなったといえる。この二つの金融機関を合わせると約二〇〇億ドル相当をもブラジルに貸し付けていたことになる。ウォール街のエリートたちが選挙資金を調達しなければならない時になれば、このことは十分に留意されることだろう」

さらに重要なことに、短期の金融安定化という問題の先を見た場合に、これはすべてどこへ向かおうとしているのだろうかと疑問に思わざるをえない。アジア経済は危機に襲われる以前は非常にうまくやっていた。したがって財政援助は、それらを正常な状態に戻す方法と見なすことができた。しかし、ブラジルや他のラテンアメリカ諸国では、左派が盛り返してきており、それには理由があるといえる。アメリカはラテンアメリカ諸国にバラ園のような楽園を約束したのだが、今回のこの危機の前でさえ、多くの人々はバラどころかトゲしか得ていなかったのである。

一〇年前、ワシントンはラテンアメリカ諸国に対して、外国製品や資本に門戸を開き、国営事業を民営化したなら、大きな経済成長を期待できると、自信満々に伝えていた。しかし、それは起こらなかった。アルゼンチンは大惨事に見舞われている。メキシコとブラジルの両国も、数カ月前まではサクセス・ストーリーと見なされていたが、両国における今日の一人当たりの収入は、一九八〇年の水準をわずかに上回っている程度である。また、社会の不平等が急激に広がったため、人々の生活はたぶん二〇年前よりも苦しいだろう。一般の人々が、たび重なる緊縮経済と市場抑制の掛け声にもう飽き飽きしているとしてもまったく不思議ではない。

なぜ約束したように改革は進まないのか。それは難しく、考える者を不安にさせる質問である。私自身も、すべてではないとしても、このワシントン・コンセンサスと呼ばれる考え方の多くを受け入れてきた。しかし、いまこそ、カリフォルニア大学バークレー校のブラッド・デロングが指摘したように、いかにこの考え方が市場で成功したのか見定めるときである。そうしてみると、アメリカはずっとよい助言を与えてきたと思っていた私の自信は相当低下してしまった。ラテンアメリカ諸国の政治指導者は同情に値する。彼らは労働者および貧困層への保証を増やすため、自由市場の推進を後退させなければならないのである。

これが私に示唆していることは、アメリカは資金援助に何を期待しているのか非常に用心深くあるべきだということである。ブラジルを崖っぷちから助けるからといって、ラテンアメリカの人々にアメリカのやり方を再び押し付けることができるとは限らないのである。事実は、アメリカは南の隣国の信頼を相当失ってしまったということである。アメリカが自らの能力以上のことを約束すれば、残っている信頼のすべてを失うことになるだろう。

第五部

グローバルな視点

これまで読まれてきたように、本書のほとんどは、ここ数年アメリカの何が間違っていたのかについてであった。これは大きな主題だが、それはもっと大きな出来事のほんの一部でしかない。結局のところ、アメリカ人は世界人口のたった五％しか占めていないのである。それにいつの日か、現在のアメリカの政策における問題は解決されることだろう。第五部では、アメリカの問題から少し離れて、グローバルな視点から考えてみたい。

人間的な観点から言うなら、グローバリゼーションは二一世紀最大の課題だといえる。グローバリゼーションとは、増えゆく世界貿易、広がりつつある各国金融市場の繋がり、そしてありとあらゆる点で世界が小さくなってきていることを表わす雑多な単語であるが、これまで私はこのことについて、かなりのアカデミックな研究をしてきた。

第15章のタイトルは、私の両親にまつわるものだ。ある時、両親が私にスウェット・シャツをくれた。その胸のところには「グローバル・シュモバル」（グローバリゼーションに反対するインチキ理論）と書かれていたのである。なぜかと尋ねると、私がアカデミックな会議に出掛けるたびに両親が会議の内容は何かと聞くと、「まあ、なんというか、グローバル・シュモバルだよ」と答えていたからだという。これで読者は、私のアカデミックな人生の真実を知ったことだろう。

一般的に言って私はグローバリゼーション賛成派である。アメリカの政治について同意見を持っている人々よりも、もっとその傾向は強いだろう。実際、自由貿易を擁護する議論のために、私はラルフ・ネイダーやいくつかのリベラルな出版社の敵意を買うことになった。私はこの件に関して意見を変えていない。第15章のほとんどは自由貿易に関する議論であり、それがいかに貧しい国々に恩恵をもたらすか、グローバリゼーションに対しての一般的な議論がいかに間違っているかについてである。しかし、貿易だけでは十分ではないだろう。貧しい国を援助することは、人間としての義務であり、これはこの章で説明していることだが、アメリカは国としてその義務を果たすことを逃れているといえる。

第16章は、違った意味でもっと広い視野で物事を見ている。それはエコノミストと経済学についてである。つまり、カネを稼いだり、使ったりすることについての理解を助けてくれる人々についてであり、彼らがいかにその仕事をしているかについてである。それらは本書の他のエッセーよりも幸せなものであり、ジェイムズ・トービンの功績を称えたエッセーですら、素晴らしい人生への讃歌となっている。私の切なる願いは、いつの日か私が本書で書かなければならなかった悪い事柄が忘れ去られ、これらのエコノミストの仕事が長く生き続けることである。

第15章

グローバル・シュモバル

75

ENEMIES OF THE WTO: BOGUS ARGUMENTS AGAINST THE WORLD TRADE ORGANIZATION

ＷＴＯの敵——世界貿易機関に対するインチキな批判

Slate, 1999.11.24

もし一枚の写真が一〇〇〇語の文章よりも多くを語れるというなら、ニューヨーク・タイムズ紙に掲載された、一〇枚以上の写真からなる見開き広告は実に雄弁にあることを物語っている。一般的にグローバリゼーションに、そしてことに世界貿易機関（ＷＴＯ）に反対する活動家の連合であるターニング・ポイント・プロジェクトが一一月一五日に出した派手な広告は、まさに何が活動家たちの動機なのかを文章による説明以上に雄弁に物語っていた。実際、それは彼らが意図していたよりも多くのことを明らかにしていたといえる。

広告が出されたのは、ＷＴＯの「閣僚」会議が数日後にシアトルで開催されるためである。左派の作り話によれば、ＷＴＯは、市民活動家にとっての国連同様、すべての善と良心を潰そうとする世界的な陰謀の中心なのである。その作り話によれば、「超秘密主義の」ＷＴＯは、多国籍企業の要求にしたがって世界の国々を屈服させている、一種の超国家的な機関なのだという。ＷＴＯは各国の文化を破壊し（新聞の広告の見出しには「グローバル・モノカルチャー」とあった）、また環境をも破壊し、民主主義を踏みにじり、その目的を阻む法律を取り除くよう各国政府に迫っているという。

あたかも本当であるかのように信じ込まれている都市伝説がそうであるように、この作り話も真実の破片を含んでいる。自由貿易が段階的に進歩していったのは、一九五〇年代、フランクリン・ルーズベルトが貿易協定プログラムを紹介してからであり、それは常に国際的な交渉で進められてきた。つまり、あなたが関税を引き下げれば、私も引き下げる、といった具合にである。とはいえ、片手で相手にわたしておきながら、もう一方の手で相手から取るといった政府もあり、関税を撤廃しても、他の口実を使って輸入を阻止するという問題は常に起こっていた（EU内に自由貿易があるのはもちろんのことだが、イギリスの牛は安全ではないとフランス政府は言うことだろう）。そこでの合意事項がうまく機能するためには、ある種の準法的機関が必要となる。貿易障壁を撤廃したとしても、国内向けの規制か法案に見せ掛けた事実上の貿易障壁を再度設ければ、それは条約違反となる。それを裁定する機関が必要となったのである。WTO以前の関税および貿易に関する一般協定（GATT）におけるそのプロセスは鈍く、わずらわしかった。現在はもっと早く、もっと断固としている。必然的に、ときにはその決定が疑問視され、異議が申し立てられることもある。たとえば、アメリカはイルカの安全に配慮していない方法で捕獲したツナの輸入を禁止したが、これは実際のところ貿易障壁にはあたらないのか。いずれにしろ、WTOは各国の法律をくつがえす権限を有していると懸念されているが、それは既存の協定の精神に沿って実施される場合に厳しく限られている。WTOがグローバリゼーションの恩恵に懐疑的な国に対して、海外との貿易や投資にさらに開放を迫ることはできない。もし国がグローバリゼーションに積極的に参加したい、少なくとも参加することをいとわないとしたら、それはその国が自らの国益に合致すると考えるからである。

そう考える国は、多かれ少なかれ正しいのである。否定できない事実は、二〇世紀における経済発展の成功例のそのすべてが、グローバリゼーションによるものであったということである。つまり、貧しい国がどうにかこうにかまともな生活を送れるようになったのは、もしくは少なくとも以前よりも劇的にその生活水準を向上させたのは、国内の自給自足のためでなく、世界市場のために生産してきたからである。世界市場のために生産する労働者の多くは、先進諸国の水準からするとその給与は非常に悪い。しかし、グローバリゼーションによって労働者たちが貧しくなったと主張するには、過去と現在、そして国内とグローバル・マーケットとの比較を無視しなければならないだろう。ことに新しい輸出関連の仕事ができるようになる前、労働者はもっと貧しかったという事実を無視しなければならないし、また、グローバル・マーケットにアクセスのない国と、それがある国とでは、ない国のほうが状況は悪化しているということに目をつぶるしかないだろう（私がオンライン・マガジン『スレイト』に書いた「安い労働力を賞賛する」を参照のこと）。一九九七—一九九九年の金融危機は、世界の労働者にとってグローバリゼーションは悪であると主張していた人々に一時的な理論武装を与えたが、危機は永久に続かなかった。いずれにしろ将来の危機への対応策となるのは、全面的にグローバル市場から後退することでなく、短期の資本移動を監視することである。あのマレーシアですら長期の海外投資を歓迎し続け、製品輸出に経済発展の可能性を見出している。

環境問題はどうなのだろうか。当然のことながら、森林はグローバル・マーケット用に切り倒されてきた。しかし、環境問題に無頓着な政府は、多国籍企業が進出してこなくとも自然を破壊してきている。東欧諸国を見れば歴然としているだろう。今日の第三世界における顕著な自然の略奪は、WTOとは何の関係もない。毎年のように煙を上げている東南アジア諸国の森林火災は、土地目当ての現地人によるものである。政府が補助金を出しているアマゾンの熱帯雨林の破壊は、ブラジルの国内志向型発展政策の一貫として始まったものである。全体的に見て、国家の行動を国際的な監視下に置くことになる世界経済の統合こそが、より優れた環境政策へと導いてくれることだろう。その逆ではないはずである。

だが、いずれにしろ、これらは重要事項ではないのである。あの宣伝が明らかにした、というよりは宣伝を出した団体が意図していた以上に明らかになったことは、反グローバリゼーション活動は、実際には、賃金や環境問題のためではないということなのである。木の切り株と、河口のパイプの写真以外に、ターニング・ポイント・プロジェクトがグローバリゼーションの恐ろしさとして選んだイメージがそのことを物語っている。それは次のようなものであった。

インターチェンジ、自動車で溢れる駐車場、交通渋滞、地方都市に軒を連ねる家々、衛星放送のアンテナが並ぶアパート、コンピュータ・スクリーンばかりのオフィス、オフィス勤めの人々が行き来する忙しい街角、超高層オフィスビル、「工場農園」にいっぱいの鶏、スーパーマーケットの通路、マクドナルドのＭ型アーチ。それぞれの写真の脇には、「これはロサンゼルスか、それともカイロか」、「これはインドか、それともロンドンか」などと書かれている。

これらのイメージのどこがそんなに恐ろしいのだろう。この広告にはこう書かれている。「数十年前、自分の家や国を離れて、どこか違うところに行くことは可能だった。建築も風景も異なり、言語、衣服、価値観は違っていた。当時は文化的多様性というものが存在していた。しかし、経済のグローバリゼーションによって文化の多様性は急速に失われつつある」

これに反論することはできないだろう。いまよりも、昔のフランスの田舎やメキシコシティーやカンサスシティーを旅行したいという、頑固な観光客がいるということだろうか。しかし、世界は観光客を啓発するために存在しているわけではない。世界は普通の人々が毎日生活していくためにあるのである。また、そのためでなければならないのである。それを考えるとターニング・ポイント・プロジェクトの怒りが不思議に思えてくる。

これらの写真に映し出されているグローバリゼーションに対する恐怖とは、世界のほとんどの人々にとっては望むもの、手に入れたいものであり、不吉な恐怖ではないはずである。渋滞と汚いインターチェンジは不愉快ではあるが、車を所有できるならその程度の不愉快は我慢するに違いない（もっと端的に言うなら、車を買えるほど金持ちになりたいと思っているはずである）。軒を連ねて広がる家々やアパートは美しくないかもしれないが、都会のスラムや、村の掘っ建て小屋に比べれば天国である。信じようが信じまいが、骨の折れる水田での稲作仕事より、スーツを着て、超高層ビル内のオフィスでコンピュータに向かって仕事をすることのほうが、好まれているのである。それに誰もマクドナルドで食事をするようにと強いることなどないのである。

もちろん、一人の個人にとってよいことが、それを多くの人たちが実行するときにも常によいことであるとは限らない。庭付きの大きな家を所有することは素晴らしいことかもしれないが、地方が軒を連ねる家々によって占領されてしまった光景は美しくはないだろう。だから、皆が所有面積を狭めることに合意すれば、（ないしは合意するために税を優遇すれば）皆の生活が楽になるというものである。それは文化的な選択でも同じことが言える。ボストンの住民であってもカナダの歌姫に心酔している者がいれば、その地元のシンガーソングライターの将来をいつの間にか邪魔していることになるかもしれない。その場合、もし地元のラジオ局に、海外の曲はかけないという文化的な放送内容規制があったなら、むしろそのほうが一般的にはいいのかもしれない。しかし、こと文化が関係していると、このような一般的な法規制と閉鎖的な家族主義が適当かどうか微妙である。つまり、それは社会に対してある警告を発しているだろうか、それとも単に個人的な趣味の違いを問題にしようとしているのだろうか。

ニューヨーク・タイムズ紙の宣伝から判断すると、ターニング・ポイント・プロジェクトや、それが代表している全体としての運動もそうだが、閉鎖的であることは明らかである。彼らは自由と民主主義を口にはするが、彼らの主な要求は個人が欲しがるものを手にすることを阻止することである。つまり、個人が車を所有すること、オフィスで働くこと、チーズバーガーを食べること、そして衛星放送を見ることを、政府が自由に否定することができるようにしたい、いや、むしろ否定することを推奨したいのである。なぜだろう。たぶん、人間は伝統的な「言語、服装、価値観」を保持していたほうが幸せだと考えているからだろう。したがってスペイン人は黒の洋服を着て、閉鎖的な神父たちに生活を左右され続けたほうが幸せだということである。南米諸国では、大農園主がいまだに白いスーツを着て、ジューレップという酒を飲み、いままで通り小作人を服従させ続けたほうがいいということである。そのほうが、マドリッドがまるでパリのようで、アトランタがまるでニューヨークのような「陰鬱な」現代世界に生きるよりはましだということなのであろう。

私が考えるに、マドリッドでもアトランタでも、市民は伝統が失われたことを残念に思っているかもしれないが、今日の世界を好むのではないだろうか。それに知っているかもしれないが、世界のあらゆる国は同じ選択をする権利を持っているのである。

76

SAINTS AND PROFITS

聖者と企業利益

2000.7.23

作家のジョージ・オーウェルは書いた。「聖者は無罪であることが証明されるまで常に有罪だと裁かれるべきである」禁欲主義者だと思われている人たちの多くには、何か隠したいことがあるものだが、オーウェルは普通のありふれた偽善的行為について語っていたのではないと思う。それに肉体の誘惑以外にも、誘惑は存在することだろう。生きることの小さな喜びにそっぽを向く禁欲主義者たちは、偏執狂に陥りやすい傾向があるといえる。完璧を求めるあまり、楽しみを犠牲にしようとする衝動にかられるからだ。言い換えるならば、人生を楽しんでいない反逆者の主張には、気をつけたほうがいいということだ。

評論家の中には、ラルフ・ネイダーの組織のカネに関する暴露話、つまり講演料と株式への投資が彼を大金持ちにしたこと、そして彼のライフスタイルは皆が思っているほど禁欲的でないかもしれないことについて、色々とうるさく指摘してきた者もいる。しかし、ネイダーに共鳴する人々が心配していることは、彼の悪い点（もしあればだが）ではない。そうではなく、彼のいい点、その美徳なのである。そして彼がその美徳を我々にも押し付けようとすることである。

ネイダーの主張は初めから極端だったわけではない。それとは反対に、一九六〇年代、彼が有名になった頃、ネイダーに関して印象的だったことは、彼の主張の穏健さであった。当時流行っていた急進的な論調は革命を説いていた。ネイダーはより安全性の高い自動車を提案していた。彼の急進主義は実践的かつ現実的だったので、それは今日まで受け継がれ、支持されてきた。アメリカの消費者運動の生みの親はネイダーであり、その歴史は彼に負うところが大きく、彼はアメリカをより住みやすい国にしてきた。人によっては、アメリカの現在の繁栄の陰にネイダーの功績があるとさえ言うだろう。もし日本が、GMにとって良いことはアメリカにとっても良いことだといった考え方を疑っていたら、現在のような経済的泥沼に陥る事態は避けられていたかもしれない。

しかし、いつの間にか実践的な急進論者の姿は消えてしまっていた。ネイダーと彼の組織が過去二十数年間に追い求めてきた目標は、彼が本来目指していた人道的目標からはどんどん遠ざかっていったように見える。

ネイダーがグローバルな貿易協定に猛烈に反対していることは周知のことである。だが、それと同様にアフリカへの輸出品に対する障壁を取り除くことに対しても、彼が強固に反対してきたことはあまり知られていない。アフリカ人自体はそれを歓迎するだろうが、ネイダーはアフリカの会社が、「地元経済に流れ込んでくる多国籍企業のために徹底的にやっつけられてしまう」かもしれないという理由で、これを非難したのである（ほとんどのアフリカ諸国は、ある程度の海外投資を歓迎することだろうが）。同様の恐れからネイダーは、アパルトヘイトに終止符を打った南アフリカの新憲法も非難してきた。なぜなら――あらゆる市場経済の法則はそうだが――個人と同様に企業に対してもある種の法的地位を与えるものであるからだという。

あるいは別の例を見てみよう。もっと身近な物、特に、私にとって身近な物である。私の関節炎に店頭販売の薬が効かなくなったので、新しい抗炎症性の薬であるフェルディーンを使って治療した。ところが、ネイダーの組織であるパブリック・シチズンは一九八〇年代、ファイザー社によるフェルディーンの販売を阻もうとした。そればかりでなく、一九九五年、医学の専門家たちのあいだではすでにフェルディーンがもたらす効果のほうがその危険性を上回るということで合意していたにもかかわらず、その販売を禁止しようとしたのである。

これらすべてに共通するテーマは、消費者保護ではなく企業に対する全般的な敵意であるように思える。どうやらネイダーはいま、ゼネラル・モーターズ、ファイザー、あるいはそれがいかなる企業でも、それらにとって良いことはすべて、世界にとっては悪いことに違いないと思い込んでいるようである。

企業が利益を上げることを妨げるためであれば、彼は喜んで絶望的に貧しい国々がアメリカ市場で製品を販売することを阻止し、普通の生活ができるようになるかもしれない患者が薬を手に入れることを防ぎ、そしてビジネスに長けていて穏健な人が社長になることを阻むことだろう。

時として、ネイダーの企業への敵意は完全に度を越えてしまっている。ニュート・ギングリッチは議会を去った後の初めての重要なスピーチの場で、コロンバイン高校での乱射事件に触れて自由主義を非難する発言をしたため多くの人々をうんざりさせた。しかし、そのスピーチの数日前、ラルフ・ネイダーはある記事でその乱射事件を——これはマジな話ですよ——企業の影響のためだど書いたのである。

そしてネイダーが、もし彼が大統領に選ばれたらアラン・グリーンスパンを再任命しないだろうと言うのを聞いて、ぞっとしたのは私だけだろうか。彼を「再教育」するというのか。

ネイダー大統領候補に一票を投じることを考えている人々は、多分彼が以前と同じ一九六〇年代の穏健で、人道的な活動家だと思っているのだろう。その人たちは、それがどんな理由にせよ——なぜかは心理学の専門家ではないので私には分からないが——いまの彼はもう昔の彼ではないということをしっかりと知っておくべきなのである。

77

老守銭奴国家、アメリカ

THE SCROOGE SYNDROME

2001.12.25

「ふん！　バカな！　デタラメな！」と、アメリカの財務長官は叫んだ。オーケー、分かった、ポール・オニールは実際に「バカな！」とは言わなかった。だが、先週、彼は貧しい国々への援助の増額を傲慢に否定したのである。そしてそれを正当化しようとする彼の言い分――すなわち新たな公約を実施する前に、それがどのような効果をもたらすのかその証拠を見たい――はまさに「バカな！」であった。

実際問題、援助がどんな効果をもたらすのかはすでに周知のことである。対外援助がモザンビークを一晩にしてスウェーデンに変えるような奇跡を起こすとは誰も思っていない。それよりもっと控えめな目標、すなわちマラリヤや結核のような病気から人々を救うことであれば、それは達成可能であり、資金もあまり必要としないであろう。

これこそが世界保健機関（WHO）によって発表されたばかりの委員会報告書のメッセージである。それは先進国に対して、「世界じゅうの貧しい人々が、必要としている医療サービスをもっと簡単に利用できるようにする」計画への資金供与を求めるものだ。このプログラムによって多くの貧しい国々にはとても買うことのできない必需品、たとえば、結核に効く抗生物質や、マラリヤを予防する殺虫剤の塗ってあるネットなどを供給することができるのである。その負担は先進国の収入の約〇・一％ほどにすぎない。だが、それによって毎年少なくとも八〇〇万人の命を救えるのである。

これは夢想的な理想主義ではない。この報告書は、この委員会を率いたハーバード大学のジェフリー・サックス教授の言葉を引用している。「なぜ、物事を変えることがそんなに難しいのかという、その理由をすべて挙げることができる。私は〝現実的〟にもなれるし、〝皮肉〟にもなれる」サックスは、資金を出させるべく先進国を説得することが難しいことをよく知っている。しかもアメリカは特に、この種のことに非常に鈍感なのである。しかし、このようなときこそ、リーダーシップの優劣が大きな違いを生むのである。

いま、アメリカは西洋世界のスクルージ（ディケンズの小説『クリスマス・キャロル』に登場する主人公で老守銭奴）である。この地球上でもっともケチで豊かな国だ。このWHOの報告書に掲載された表の一つは、対外援助のために使われた資金が先進国のGNPに占める割合において、アメリカが最下位にランクしていることを示している。それはアメリカよりもずっと貧しいポルトガルやギリシャにもはるかに劣っているのだ。WHOによって提案された金額を満たすには、アメリカの対外援助予算を二倍に増やさなければならない。それは提案された金額が大きいからではない。基本になるアメリカの予算額がとても低いからである。つまり、アメリカ国民一人あたり一日一〇セントという程度の金額である。

アメリカの対外援助予算を二倍にするのは不可能な夢のように聞こえる。本当にそうなのだろうか。アメリカはスクルージのようなケチな国かもしれないが、国民全部がスクルージのようにケチな人間なわけではない。アメリカ人個人には寛大で気前の良い人が多く、自分では気づいていないだろうが、明らかに国が考えるよりも実質上多くの対外援助金を捻出したいと思っているのである。その証拠に国家予算のどの程度を対外援助に拠出するべきかという質問に対して、アメリカ人の典型的な答えは約一〇％と答える。それは実際にアメリカが費やしている金額の二〇倍にもあたる。

しかしながら、有権者たちは間違った事柄を伝えられている。有権者は国家予算に対する対外援助の割合を一〇％まで引き下げるべきだと思っているのだ。そしてなぜ海外の人々が、アメリカが彼らに与えている援助に対してもっと感謝の意を示さないのだろうかと不思議がっている。言い換えるなら、アメリカ人は過去に生きているのだ。マーシャル・プランは五〇年以上も前に終わっている。だが、彼らはまだそれに気づいていないようだ。

要するに、アメリカ人は自分たちが気前が良いと思いたいのだ。これはすなわち政府が本当にWHOの報告書にある提案にしたがいたいと思っているのなら、国民の支持を得ることは難しくないということである。ここですべきことは、アメリカの寛大な自己イメージと、それほど魅力的でない現実の姿との落差を、説教じみた演説で国民に知らせることである。

だが、なぜそこまでする必要があるのだろうか。アメリカは身勝手な国益で世界の貧しい人々を援助しているにすぎないではないかと言うかもしれない。サックスの委員会は、世界じゅうの貧しい国々の健康管理が進むことで、アメリカにも間接的な利益が生じるであろうと述べている。それによれば、病気は経済成長を妨げるもっとも大きな障害であり、発展途上国の経済が成長を遂げれば、世界全体がより豊かで安全な場所になると提言している。

さらには、アメリカがその言っていることと本当の姿との落差を縮めれば、モラル・リーダーとしても思っているような評判を得ることができる、とも言うかもしれない。

ここでもっとも大事なのは、これはモラルの問題だということである。アメリカ人がほとんど実感していないであろう金額、平均的アメリカ市民一人あたり一日一〇セントというその金額。それによって文字通り何百万人の命を救うことができるのである。このクリスマスに、自分の心に聞いてみてほしい。この贈り物は本当に与える価値がないものなのだろうか、と。

78

HEART OF CHEAPNESS

ケチなアメリカ人の心

2002.5.31

気の毒なボノ。彼はすぐに行き詰まってしまい、どうしていいか分からなくなってしまった。

これは開発経済学の歴史でもっとも奇抜な企画であったろう。ボノ――ロックバンドU2のリードシンガー――が、アメリカのポール・オニール財務省長官と一緒にアフリカを旅したのである。二人のあいだに潜んでいた緊張感は、しばらくのあいだ、ボノの礼儀正しさのお陰で表面には現われなかった。しかし、月曜日、とうとう彼は「クールさ」を失ってしまったのだ。

二人はウガンダのある村を訪れた。そこでは清潔な水を汲み出す新しい井戸ができたことで、村人たちの健康が劇的に改善していた。これを見たオニールは、他に見た開発事業同様、大金をかけなくとも人々の生活を大いに向上させることは可能だという結論に達した。だから対外援助の増額など必要ない、と。ところで、現在アメリカは対外援助にGDPの〇・一一%を費やしている。カナダおよび主なヨーロッパ諸国は気前良くその約三倍もの資金を費やしている。ブッシュ政権が提案した「ミレニアム基金」は、アメリカの援助の割合を増加させるだろうが、それでもわずか〇・一三%に増えるだけだ。

ボノは激怒していた。彼はこの井戸プロジェクトがまったく逆のことを証明していると断言した。「(この井戸は)開発のために大金が必要であることを証拠だ。大金が必要ではないことを示す例などとは全然違う。もし長官がこの事実を見極められないのなら、彼には新しい眼鏡と新しい耳が必要だ」

おそらく、オニールに反論する一番いい方法は、世界保険機関(WHO)が昨年つくった提案を思いださせることだろう。WHOは、貧しい国々に抗生物質や、殺虫剤が塗られた蚊帳といった生活必需品を供給しようと提案した。アメリカがこの提案を支持すれば、WHOの予測によれば毎年八〇〇万人の命を救うことができるという。そのためのアメリカの貢献額は、約年一〇〇億ドルであり、それはアメリカ人一人当たり一日一〇セントという計算となる。しかしそれでもアメリカの対外援助は二倍になる計算だ。命を救うことは――それがアフリカ人の命であろうと――カネがかかるのである。

しかし、オニールは本当にアフリカが必要としているものが見えも聞こえもしなかったのだろうか。たぶんそうではないだろう。彼はロック・スターと過酷な現実のあいだに挟まれ身動きが取れなかったのだ。世界の貧困に対する懸念を示したいのだが、ワシントンには他の優先事項があるのだ。

その優先事項がいかなるものなのか、それをもっとも顕著な形で表わしていたのが、ブッシュ政権がWHOの提案をそっけなく拒否する一方で起こった、相続税の撤廃を恒久化しようとする超党派的な最近の動きである。特筆すべきは、相続税を撤廃したい者たちがトリクルダウン理論による議論をしなかったことだ。つまり、裕福な相続人に対する税金を少なくすることは、アメリカ人すべてにとっていいことだという主張をしなかったのである。その代わりに彼らは感情に訴えた。国民に「死税」を納付する人々の痛みを分からせようとしたのだ。かくして、このお涙頂戴作戦は功を奏した。議会は税を存続させようとする提案どころか、不動産の課税控除額を五〇〇万ドルに引き上げようとする提案をも無視したのである。

ここで計算してみよう。たとえば、相続税に対する五〇〇万ドルの課税控除の恩恵を受けるのは、わずかに一握りの非常に裕福な家族だけである。一九九九年には、五〇〇万ドル以上の課税対象になった地所はたった三三〇〇件だけであった。それら不動産の平均価値は一六〇〇万ドルである。もし五〇〇〇万ドル以上の超過分が二〇〇一年以前の税率で課税されても、課税後に家族が受け取る金額の平均は一〇〇〇万ドルにもなる。それだけ受け取れば十分だろう。また政府は毎年二〇〇億ドル近くの税収を得ることになる。だが、それでもだめだという。相続税はすべて完全に撤廃されなければならないのだ。

というわけで、アメリカの優先事項はこうである。毎年八〇〇万人もの命——そのほとんどが子供である——を救うことができるというのに、その額に尻込みをしてしまう。しかし、その額の二倍にあたる税収を諦めろと言われてもアメリカは躊躇しない。相続税が引かれた一〇〇〇万ドルもの多額の「はした金」でなく、一六〇〇万ドルにものぼる遺産の総額を受け取れるようにするためにである。相続人を見捨てるな、というわけである。

ボノとオニールの旅に話を戻そう。ロック・スターは、アメリカの政府関係者のトップは冷淡なのではなく、無知なだけだと思いたかったに違いない。つまり、彼らは貧しい国々の現状を知らないので、対外援助が現地の生活にどんな変化をもたらすのか分からないだけだと。そこでボノは、オニールに貧困の現実と援助がそれに果たす役割を見せることで、自らを思いやりのある保守主義者だと言っている人々の心に潜むであろう同情心を刺激し、それに火をつけようとしたのだ。

ボノはあのヒット曲を歌うことだろう。いまだに探しているものが見つからない、と。

79

法律をバカにするアメリカ

AMERICA THE SCOFFLAW

2002.5.24

初期のレーガン政権で、私は経済諮問委員会のスタッフとして一年を過ごしたことがある。そこで私は、経済政策が実際にどのようにつくられるかを見て、幻滅を感じたものだった。しかし、そこには一つの嬉しい驚きもあった。それは、高官たちがとても真剣に国際貿易協定を受け止めていたことである。

レーガン政権は、その自由貿易支持の発言にもかかわらず、政治的な利益のためには進んで産業を保護してきた。その最たる例が、日本の自動車輸出に対する「自主規制」である。とはいえ、貿易への介入は「GATTのルールにしたがったうえで」でなければならないというのが確固としたルールであった。関税と貿易に関する一般協定（GATT）のルールを破ることはできないのだ（GATTはその後、世界貿易機関のルールに組み入れられた）。そしてその精神は、クリントン政権の終わりまで保持されてきた。それがいかに短期的な政治的利益を得るのに便利であろうが、やってはいけないことがあることは了解事項であった。

すなわち、当時は責任感のある者たちがアメリカの国際経済政策を握っていたということである。

だが、それもブッシュ政権が輸入鋼鉄に厳しい関税を課した時点で、もはや事実ではなくなってしまった。単にこれを経済的に見るなら、鉄鋼関税は大事ではない。しかし、それは国際的なルールに対する前代未聞の侮辱である。

これに対する当面の脅威は、他の国からの報復が予想されることである。ヨーロッパ連合（EU）は報復関税を課すと脅かしている。また今週の初め、日本、ブラジル、韓国および中国はEUにならうと表明した（少なくともこの一件に関して、ブッシュは世界を団結させたようだ）。しかし、ある優秀な貿易専門家がかつて私に言ったように、アメリカがルールを軽視した場合、そこに生ずる大きな危険は報復でなく、それを真似ようとする行為だという。アメリカが貿易協定を尊重しなければ、いったい誰がそうするのだろうか。

なぜ貿易協定が必要なのだろうか。関税と輸入割当が国内の消費者に課すコストは、ほとんど常に、それらが国内生産者に与える利益を上回っている。それにもかかわらず、もし貿易協定がなければ、保護政策がたぶん実施されてしまうことだろう。消費者は、鉄鋼に対する関税や砂糖の輸入割当によっていかに損をしているか理解していない。しかし、鉄鋼業者と砂糖業者は、そこから得ている恩恵を十分に承知している。

世界がどうにか自由貿易を行なえるようになったのは、アメリカのリーダーシップのもと、輸出相手国と国内産業との利害対立をうまく調整するシステムを発展させてきたからである。すべての国は、相手国の市場へアクセスできる代わりに、他国からの輸出を受け入れることに合意している。貿易交渉の際、そのような合意を結ぶ国は「譲歩」を行なうことになっている。しかし、譲歩の実際の目的は、自国のマーケットを閉鎖して保護主義に陥ってしまうことを防ぐためなのだ。

　このシステムは、合意は合意であるという条件のもとで成り立っている。一度、仮に鉄鋼の輸入を許可することに合意した国は、単に国内政治の風向きが変わったからといって、その約束を破ることはできないのである。貿易協定には「セーフガード」、つまり一時的な関税が許される特例がある。しかし、それを発動できる条件はかなり限定されている。

　アメリカの鉄鋼産業は明らかにその条件には当てはまらなかった。特に、鉄鋼の輸入は昨今、増えるどころか、落ち込んでいたのである。それにもかかわらず、ブッシュ政権は鉄鋼業界が望む保護を与える決定をしたのである。そうすることによって、ブッシュ政権は事実上そのルールは——他の多くの分野でもそうであるのだが——自分たちには当てはまらないと公言したのである。

　政府は、単にアメリカの利益を擁護しているだけだと主張している。通商代表のロバート・ゼーリック——かつては純粋な自由貿易主義者であったが、最近では失意の人のようである——はこう言った。「アメリカ政府は間抜けなお人好しじゃない」しかし、これが国益のためだという言い分を信じるのなら、私はこう言いたい。テロリストがブルックリン・ブリッジに爆弾を仕掛けたらしい、橋を買い取ってくれないか、と。

　これはもちろん、粗野で近視眼的な政治以外の何物でもない。それはサウスカロライナ出身議員一人の利益のために、政府がカリブ海諸国への重要な貿易アクセス協定を無効にしたのと同次元の政治行為だということである。それらの経済に壊滅的な打撃を与えかねないにもかかわらず決定されたのである。鉄鋼の場合、ブッシュ大統領の補佐官であるカール・ローブが、ウェストバージニアでの三つの選挙人投票と、六〇年以上にわたり積み上げられてきた世界貿易の原則を天秤にかけたのである。

その答えは言うまでもないだろう。

ブッシュは、新たな貿易協定を取り決めるために必要だという貿易促進権限——これまで我々が「ファスト・トラック」と呼んでいた、議会が大統領に与える貿易協定を交渉する権限——を近々行使することだろう。だが、古い協定を守らない者が、新たな協定を結んで何の役に立つというのか。

80

白人であることの重荷

WHITE MAN'S BURDEN

2002.9.24

我々は大統領補佐官であるカール・ローブが、元大統領たちを賛美する言葉に耳を傾けるべきである。たとえば、最近ローブはブッシュ大統領をもう一人のアンドリュー・ジャクソンだと言っていた。ブッシュ大統領は、国土安全保障省は行政法の適用から除外されるべきだと議会に要請し、議会はそれを検討中であるが、その法律はもともと、連邦政府の要職がある政治家を支持してきたことの見返りとして与えられる「猟官制度」に反発して導入されたものであった。むろん、「猟官制度」を始めた人こそジャクソン元大統領だった。

しかし、ローブがもともと模範にしていた大統領は、ウィリアム・マッキンレーであった。九・一一事件までローブはマッキンレーの国内政治戦略を尊敬しているようであった。しかし、マッキンレーは海外植民地を獲得した大統領でもあった。そして現在のブッシュ政権にも、海外に帝国を築きたいという野望が見てとれる。

新しいブッシュ・ドクトリンでは、将来脅威になりうる国家の「政権交代」をアメリカが求めている旨が示されているが、もちろんこれは高邁な道徳心からのものだ。だが、マッキンレー時代の帝国主義者たちも自分たちのことを道義的に正当だと思い込んでいたのである。たとえば、スペインとの戦争である。スペインは植民地をとても野蛮に支配していたが、アメリカを脅かすようなことはなかった。それが戦艦メイン号の爆破沈没事件が起こると、スペインの仕業だという証拠は何もなかったにもかかわらず、アメリカに対する明らかなるテロ行為だとして戦争を正当化した。そしてフィリピンを征服したアメリカの目的は、マッキンレーが宣言したように、「フィリピン人を教育し、向上させ、文明化し、そしてキリスト教徒にする」ことであった。

道徳的問題はさておき、一世紀前のアメリカの「マニフェスト・デスティニー」（一九世紀中ごろ、アメリカは北米全土に拡大する運命を与えられていると主張した説）と、この新しい世界に対する野望には類似点があり、我々に多くを教えてくれている。

まず、米西戦争の経験は、迅速な通常の軍事的勝利で必ずしもすべてが終わるわけではないことを教えてくれる。アメリカの軍事的優位のおかげで、ジョージ・デューイ提督は一人の死者も出すこともなく、マニラ湾のスペイン艦隊を撃破した。しかし、当時のハイテク技術を駆使し、スペインに圧倒的な勝利を収めたとはいえ、その後フィリピン人の抵抗にあい、非常に醜い戦いへと発展し、それによって何十万もの民間人の命が奪われている。

第二に、アメリカが帝国主義的に振る舞うときには、その壮大な戦略理論を真面目に受けとりすぎてはいけない、ということだ。当時のドクトリンは植民地を戦略的な財産だと考えていた。だが、結局のところ、フィリピン支配によってアメリカが強くなったかどうかは非常に疑わしい。今日、アメリカは、ならず者国家に対する軍事行動によってアメリカはテロリズムから守られると主張してきた。しかし、ならず者国家と言われている国々が九・一一事件に加担していたという明確な証拠はないようだ。では、どの国の体制を変えるべきなのかはどうやって判断するのだろうか。

そして最後に、次のことを思い出すべきである。一九世紀の後半、西洋の勢力拡大を正当化するために用いられた経済ドクトリン、つまり、植民地は大切な市場と資源を提供してくれるという経済論理は、ナンセンスでしかなかった。ほとんど例外なく、植民地を獲得し維持していくためにかかるコストは、そこから得ることができる利益を大幅に上回っていた。近ごろの専門家たちは、イラク戦争によって原油価格が下がり、おそらくそのことによって経済面における予想外の棚ぼたがあるだろうと主張してきた。しかし、原油価格におよぼす影響は確かなものなどではないのだ。その一方で、戦争、占領、復興にかかる莫大なコストは間違いのないものである。アメリカがイラクを爆撃する以上、その責任から逃れることはできない。それに、イラクの石油から得る収入によって戦争にかかるコストをまかなうことなど、アメリカは時代遅れの帝国主義国家にすぎないのだということを世界に向けて進んで認めない限り、とうていできることではないのである。

結局のところ、一九世紀の帝国主義はアメリカ外交からの逸脱にすぎなかった。同様に、ブッシュ・ドクトリンもまた逸脱ではないのかと疑わずにはいられない。つまり、真の現実問題――機能不全に陥った安全保障機関、停滞する経済、破綻した財政、そして同盟国とのぼろぼろの関係などからの逃避ということである。

第16章

経済学と経済学者

81

SUPPLY, DEMAND AND ENGLISH FOOD

供給、需要、そしてイギリス料理

Fortune, 1998.7.20

アメリカ人は九〇年代に景気が大きく回復したことを自慢するのが大好きである。しかし、私が最近数週間を過ごしたイギリスこそが、本当の意味で先進国の中でもっとも大きな成功物語であった。八〇年代の初め、私が最初に定期的に訪れるようになった頃、ロンドンはみすぼらしく落ちぶれた都市であった。それに国内の古い工業地帯では工場が閉鎖されて失業者たちが溢れ、まるで映画『フル・モンティ』で見たような荒廃状態になっていた。しかしながら、最近のロンドンは確かに活気に満ちていて景気がよく、多くの若いヨーロッパ人が色々な言葉で喋り合う声でざわめいている。特にフランス人だが、彼らはもはや自国で見つけることのできなくなった仕事を捜し求めて、海峡を渡ってきたのだ。イギリスはいかにして経済を大転換させたのか、それは非常に興味深い質問である。そして果たして新しい労働党政府がそれを維持してゆくことができるかどうかは、また別の興味深い問題だといえる。

しかし、私はどちらの問題にも答えようとは思わない。なぜならいまは食べ物について考えたいからである。私は、マドレーヌを口にしただけで過去を思い出すマルセル・プルーストではないが（一体全体、プルーストが食べたというあのマドレーヌって何なんだ?-)、イギリスにおける食習慣の変化は、生命や宇宙、そして消費社会の動向に関して経済学者に熟慮させるのにさえ十分であった。

昔のイギリスを知る人にとって、食べ物は現代のイギリスでもっとも驚くべき事柄である。この国の食べ物と言えば、かつてはひどくまずいことで有名であった。脂じみたフィッシュ・アンド・チップス、ゼラチン状のポークパイ、そして水っぽいコーヒー。いまでは、もっと美味しいのは当たり前であるだけでなく、昔ながらのひどいイギリスの食べ物を見つけることさえ非常に難しくなった。いったい何が起こったのだろうか。

まず、考えるべきことは、イギリスの料理がなぜあれほどまでにひどくなってしまっていたのかということである。それはどうやらこの国の工業化と都市化が、早い段階で起こったことに原因があるらしい。多くの人々が土地を離れ、伝統的な食材が手に入らない場所へと急速に移動してしまった。もっとひどいことに、人々は都市部への食物供給の技術が未発達のうちに移ってしまった。ビクトリア朝時代のロンドンでは、すでに一〇〇万を超えるほどの人口があった。しかし、当時のほとんどの食料は荷馬車で運ばれてきた。そのため、一般庶民、そして中流階級の人々でさえ、缶詰の食物（粥《かゆ》状にした豆とか!）や、貯蔵肉（したがってその類のパイも）や、冷蔵する必要のない根菜類（たとえばジャガイモ、こうしてフィシュ・アンド・チップスは生まれた）を中心にした食事を強いられてきた。

だが、冷蔵貨物列車や保冷船、冷凍食品（缶詰よりはマシ）、そして新鮮な魚や野菜が航空貨物便で届けられるようになった後も、イギリスの食事がまずいままだったのはなぜか。ここで経済学の出番なのだが、従来の経済理論の限界についても知ることができる。つまりその答えは、都会に住むイギリス人がまともな食事ができるようになった頃には、すでに彼らにその違いを見極めることができなくなってしまっていたということである。美味しい食べ物を楽しむということは、後天的な嗜好である。しかしながら、典型的なイギリス人、たとえば一九七五年頃の彼らは良い食事を取っていなかったし、そういった食事をしようとも思っていなかった。つまり、消費者が良い食物を要求しなかったがために、彼らはそれを得ることができなかったのである。その頃でさえ、もっと良い食事を好んだ人々はいただろうが、大衆にそれを提供することになるほどの需要はなかった。

その後、事態は変わった。それは移民の流入にも一因があるのかもしれない（昔の移民たちは単にイギリスの食事に慣れていっただけだった。私が一九八五年にロンドンにある高級イタリア・レストランを訪れた時のことだが、ゆでたてのパスタが食べたければ店に来る前に電話をするようにと言われたのを覚えている）さらに重要なことは、人々が裕福になり、海外で休暇を過ごすようになったことだろう。一度フォアグラを口にした人たちが、どうやってソーセージを食べ続けることができるだろうか。そしてある時点からそれは自己強化的に膨らんでいく。多くの人々が美味しい食事とはどんなものかを知るようになり、店やレストランが美味しい食事を提供するようになる。すると、もっと多くの人々に美味しいものに対する欲求が芽生えていったのである。

それでこの話の何が経済学と関係があるというのだろうか。結局のところ、市場システムで肝心なことは、それが消費者の役に立つものなのだということである。人々が望むものを供給することで、全体の福祉を最大限にするのだ。しかし、イギリスの食物の歴史を見ると、食べるという非常に根本的な問題においてさえ、自由市場経済はかなりの長期にわたって需要と供給のバランスが崩れたままになることがある、ということが分かる。良い食事がないのは、供給されたことがないからであり、供給されないのは、多くの人がそれを要求しない、つまり需要がないからである。

また、逆に良い需給バランスが崩れてしまうこともある。素晴らしい食文化を持った国が、粗野な味の物を食べさせる安い飲食店に侵略されたとしよう。それでも人々には自らが望むものを食べる権利があると言うかもしれない。しかし、伝統的な料理の味を出す店が少なくなれば、それを食べる機会は少なくなり、それを楽しむこともままならなくなるだろう。そしてそれは食べる方にも、作る方にも悪影響をおよぼすことになる。

イギリスはしばしば、その隣国の神経質を面白がることがある。ドーナツの普及がクロワッサンをダメにしてしまうのではないかと恐れたりするからである。一番面白かったのは、マクドナルドがワールドカップ大会の公式フードとなったことを知ってフランス人がぞっとしている様子を見た時であった。だが、フランス人の心配は完全にバカげているとは言い切れない（そう、もちろんバカげているが、「完全に」というわけではないだろう）。

コソボでの民族浄化や円の暴落と比較して、このような問題は取るに足らないジャガイモのようなサイドオーダーでしかないかもしれない。しかし、それは物事を考える際に、まあ、ちょっとした良いフライドポテトのようなものを提供してくれることは確かである。

82

スウェーデン経済がうまく行っているなんて、誰か知っていた?

WHO KNEW? THE SWEDISH MODEL IS WORKING

Fortune, January 25, 1999.

最近まで、私はどんな社会を理想としているかと尋ねられたときには、とっておきの答えがあった。「一九八〇年の夏のスウェーデン」

なぜスウェーデンなのか。私が自由主義にどっぷり浸かっているリベラルであるからであり、またスウェーデンが伝統的にかつて「中道」と呼ばれていたものの模範であったからである。つまり、市場経済のラフな部分を残しながらも、それを寛大な政府プログラムで緩和した経済モデルであったからだ。

では、なぜ夏なのか。ストックホルムは、たぶん六月の晴れた日には世界でもっとも美しい都市であるからである。冬では、日差しはとても弱くなってしまう。なぜ一九八〇年なのか。九〇年代初頭になると、スウェーデンの経済モデルは崩壊してしまったからである。一時は模範的であった社会は、市場成長の衰えと八%を上回る失業率とともに、ユーロ硬化症にかかってしまったのである。そしてスウェーデンの福祉国家は無一文になったかのように見えた。一九九三年には財政赤字がなんとGDPの一二%にも達してしまったのである。

スウェーデン・モデルの崩壊は保守主義者を喜ばした。一九九一年にカトー研究所の報告書は喜んでこう書いた。「スウェーデンの例は、高い税率と広範囲におよぶ政府の介入が経済成長を妨げると議論してきた人々への知的挑戦となっていた。……いま、スウェーデンのシステムを模範と考えるような国はほとんど存在しない」

だが、彼らは最近のスウェーデンを見ただろうか。最近ストックホルムを訪れて、いつにもなく街の美しさに心を打たれたばかりでなく、景気の良さとそのにぎやかさに驚かされた。この第一印象は統計によって確認できる。一九九三年以来、経済は活発に成長を遂げ、ほとんどの予測では今年四％に近い成長を遂げるという。失業率は確実に下がり、多くの予測では来年は五％未満に落ちると言われている。この数字よりも驚くのは、労働力参加率が非常に高いことである（スウェーデンではアメリカと同じように、労働可能な大人のおよそ四分の三が雇用されている。ヨーロッパ大陸全体では三分の二未満である）。そして財政は黒字である。

スウェーデン人はいったいどのようにして景気を回復させ、経済を好転させたのだろうか。低い税率と、勝利者がすべてを取るアメリカ式の市場経済を採用し、経済をレーガン化したのだろうか。一言で言うなら、ノーである。確かにスウェーデンはその福祉政策を多少縮小した。そして税制面では、正気とは思えないほど労働意欲を削ぎ取る高い税率を排除した（税率が実際に一〇〇％を超えていた場合があったようだ）。しかし、昨年、スウェーデンはＧＤＰの六五％という驚くべき数字を税収によって確保している。スウェーデンの福祉政策はいまだに非常に気前が良いままであり、そのセイフティー・ネットも非常に高水準である。もしアメリカの比較的低い税負担――ＧＤＰの三四％にも満たない！――が経済にとって重い足かせになっているとしたら、スウェーデン経済は急激に発展するどころか、内部崩壊していたはずであった。

スウェーデン人自身も、どんな正しいことをしたのか完全に分かってはいない。しかし、おそらく、スウェーデンの「ニュー・エコノミー」の方式がアメリカのそれに似ていたということなのだろう。スウェーデンには現代の情報技術を容易に受け入れる文化があり、そこに高成長を可能にした金融政策が結合したのだろう。

情報技術面から見てみよう。なぜスカンジナビア人とデジタル技術が、ニシンとジャガイモの煮っころがしのようにうまく行くのか、誰にも分からない。しかし、両者の密接な関係は明白であり、否定できない。アメリカ人は、彼らがインターネットを所有しているように思っている。あらゆる角度から考えて、リナックスとノキアの故郷であるフィンランドは世界でもっともネットの行き届いた国である(厳密にはスカンジナビア人とは言えないかもしれないが、かなり近いことには違いない)。また、ノルウェーとスウェーデンもさほど遅れを取っていない。

また、ある者は教育水準が高く、高度な英語力があり、電話代が安いからだという。他の者は、長く暗い冬には他に何もすることがないためだと言う。

しかし、より高い生産力だけでは十分ではない。経済のより高い潜在力を利用するのに十分な需要がなければならない。そしてそれこそスウェーデン人が大きな幸運に恵まれたものである。スウェーデンの政府関係者は一九九二年の暗い時期に、景気を回復させるためにはヨーロッパの統一通貨の動きに合流しなければならないと考えていた。スウェーデンは欧州通貨制度の公式のメンバーではなかったにもかかわらず、あたかもそうであったかのように振る舞っていた。失業率の上昇に直面していたのに、自国のクローナをドイツマルクに固定させていたのだ。そこでクローナを切り下げたとしたら、インフレが起こり、景気はさらに後退するはずであった。果たしてそうであったろうか。一九九二年九月、イギリスが通貨を切り下げた後、投機家たちは次にスウェーデンの通貨を売り浴びせ、結局スウェーデンも通貨を切り下げた。しかし、これこそが実はスウェーデン経済が必要としていたことだったのである。

もちろん、スウェーデンの将来は決して保証されているわけではない。グローバル化と高い税率の両方に対応するかたちで、いくつかのスウェーデン企業は本部を外国へ移している。たとえばエリクソンは、いまロンドンに本社を置いている。しかし、このスウェーデンの成功物語は、よい社会は時によい結果をもたらすことがあるということを証明したといえよう。

83

THE TWO LARRYS

二人のラリー

2000.11.19

ブッシュ候補が、フロリダ州での投票用紙の数え直しによって、この混迷する大統領選挙に勝利し、ホワイトハウス入りしたとしよう。彼はアメリカを二分したこの大統領選挙において、アメリカを「団結させる」政治家であり、「分断させる」政治家ではないと言い誇ってきた。しかし、それは本当に実現されるのだろうか。投票の晩以降、彼がいかに振る舞ってきたかを見ると、そうではなさそうである。ブッシュの意図は、国民は団結して彼の欲しがる物を与えなければならないということらしい。それだけでなく、他にもブッシュがホワイトハウス入りしたなら、どのように振る舞うのかを示唆する言動も読み取れる。残念ながら、彼にはあまり期待できそうもない。特に、彼が経済アドバイザーに選んだ面々を見れば、その傾向が理解できるというものである。

これを二人のラリーのケースと呼ぶことにしよう。ひとりのラリーとは、ローレンス・サマーズである。彼は財務省の長官であり、クリントン政権時代を通してもっとも影響力のあった経済学者だった。もうひとりはローレンス・リンゼイである。彼は大統領選挙中ブッシュを支えた筆頭格の経済アドバイザーである。ブッシュが大統領に就任した暁には、経済政策で中心的役割を果たすことになると見られている人物でもある。

　表面的には、この二人は本当によく似ている。二人ともかつてハーバード大学で教鞭を取っていたことがあり、二人とも一時レーガン時代の経済諮問委員会のスタッフであった。また、二人とも税問題に取り組むことからそのキャリアをスタートさせている。

　しかし、よく見てみると、彼らがまったく異なっていることが明らかになる。

　サマーズは大学の研究員として華々しいキャリアを持ち、クリントン政権に参加する以前から、専門誌に多くの論文を発表し、アメリカの主要な経済学者の一人としての地位を確立していた。彼の研究者としての経歴は一九九三年、ジョン・ベイツ・クラーク・メダルを獲得した際にその頂点を迎えている。それは四〇歳未満の経済学者に対して送られるものであり、ノーベル賞より獲得が難しいといわれている賞である。

　リンゼイの経歴は違う。彼はレーガン政権で三年間の職務を終えた後、ハーバード大学で教鞭を取ったが、彼の心はそこにはなかったようである。彼は学術的な論文をほとんど発表しなかったが、その代わりにロナルド・レーガンの減税を激賞する内容の本を出版した。一九八九年には学究生活を離れ、ブッシュ政権に参加する。一九九一年には、父親のブッシュによって連邦準備制度理事会（FRB）の理事に指名された。多くの人はこの任命に驚いた。彼より実績と経歴のある共和党系の経済学者の採用が期待されていたからである。

　この比較の要点は、サマーズがリンゼイより頭が良いということではない。確かにサマーズは聡明である（彼に尋ねるといい、そう答えるだろう）。しかし、リンゼイとてバカではない。また、リンゼイがある党派のブレインだという点ではない。ここで重要な点は、経済学者の政治的信条がどうであろうと、一人の専門家として有能でありさえすれば、ビル・クリントンは彼に助言を求めたということである。ブッシュの場合は、その経歴が完全に政治的信条によって築かれた経済学者に頼ってきた。そしてもっとも特筆すべきことは、リンゼイのキャリアはブッシュ家の後押しによって築き上げられたものだということだ。

ブッシュ候補が、党派に関係なく評価されている共和党系の経済学者でなく、リンゼイを起用したことはあることを物語っている。それはブッシュが狂信的なイデオロギーの持ち主だということではない。確かに、リンゼイはクリントン政権の経済学者の誰よりもはるかに政党色の強い経済学者である。だが、それよりも顕著なのは、ブッシュは学者の持つ専門知識よりもその忠誠心のほうを重んじるということである。おそらくブッシュは、彼自身の利害と密接な関係をもつアドバイザーを好むのだろう。

フォックス・ニュースでのその不適切な役割で悪名高い政治評論家、ジョン・エリスがかつてこう言ったことがある。「私はいとこであるテキサスのジョージ・ブッシュ知事に忠実である。彼に対する忠誠心は、私の肉親を別にすれば、誰に対するものよりも厚い」彼はブッシュに機密事項であった投票情報を漏らしただけでなく、たぶんフォックス・ニュースが時期尚早の段階でブッシュが大統領選に勝利したと告げた背後にいた人物であろう。あの発言を聞けば多くの人々は当惑するだろうが、ブッシュはそれを当然のこととして受け取っていたようだ。

たぶんこれでブッシュの選挙後の態度の説明がつくのではないだろうか。ブッシュは勝利を得るためだったら、どんな議論をも利用し、どんな政治的利点をも食い物にしようとしているのである。たとえそれによってどんなに勝利が汚れてしまってもである。ブッシュの取り巻きの中でいったい誰があえて彼に、時には負けを認める必要があると告げることができるのだろうか。

そしてこれは恐ろしい将来を示唆している。もうすぐアメリカは、こんな大統領を持つかもしれない。国民投票では敗北したが、激しい論争の後でやっと選挙人投票で勝利した大統領。アメリカを分断しないようにいままでに先例のないほどの謙虚さと分別をもって行動する必要があるはずの大統領。しかし、その人は盲従する取り巻きに囲まれている大統領なのである。

84

ジェームズ・トービンを偲んで

MISSING JAMES TOBIN

2002.3.12

ジェームズ・トービン――イェール大学教授、ノーベル賞受賞者、そしてジョン・F・ケネディのアドバイザーであった彼が昨日逝去した。彼は偉大な経済学者であり、非常に素晴らしい人物であった。彼の死は私にとって一時代が幕を下ろしたという象徴的な出来事のように感じられる。いまよりも経済に関する議論がずっと紳士的で、また正直であった時代が去ったのである。

トービンの影響力があまりにも偉大であったために、彼のことを耳にしたことのない人たちでさえ、いつの間にか彼の門弟になっていたほどである。彼は、その時代でもっとも有名なイデオロギー、いわば「自由市場ケインズ理論」とでも呼ぶべき理論の主張者として有名であった。つまり、市場は良いものだが、政府がその行き過ぎを制限してこそ、もっともうまく機能するという考えである。ある意味で、トービンは元祖ニュー・デモクラットであった。彼の本質的には穏健な考えが、最近になって極右や極左にパクられていることは皮肉なことである。

トービンはアメリカへケインズ革命を持って来た経済学者の一人である。その革命以前のアメリカの経済学では、自由放任主義の神の手運命論と高圧的政府介入論のあいだに中道的な政策は存在しないと思われていた。そして自由放任政策が大恐慌の原因として広く非難されていたので、自由市場経済が生き延びることは困難に思われた。ジョン・メイナード・ケインズがそれをすべて変えたのである。彼は、金融政策と財政政策を賢く導入することで、自由市場システムは将来の不況を回避することができることを示したのである。

それに対しジェームズ・トービンは何を加えたのだろうか。基本的に、彼は一九四〇年代に普及していた未熟なままのケインズ理論を取り入れ、それを一段と洗練された理論に磨き上げたのである。つまり、投資家がいかにリスク、リターン、そして資金の流動性のバランスを取るか、そのトレードオフに注目したのである。

一九六〇年代、トービンの洗練されたケインズ理論は彼をミルトン・フリードマンのもっともよく知られたライバルに仕立てた。フリードマンは当時、マネタリズムとして知られている（かなり単純な）教義の主張者で、トービンのケインズ理論に対抗していた。その価値がどうであろうと、通貨供給量の変化で景気循環をすべて説明できるというフリードマンの主張は、時の試練に耐えることができなかった。それに対し資産価値に焦点を置いて景気変動を説明しているトービンの論理は、現在でも輝きを増している（フリードマンは偉大なエコノミストであるが、彼の評判は他の仕事によるものである）。しかし、トービンは今日おそらく二つの政策案でもっともよくその名が知られている。それもの案は両方とも、彼の言葉によると「ハイジャック」、つまりパクられている。それも彼とは政治的意見を異にする人々によって「ハイジャック」されているのである。

まず、トービンは、一九六〇年代の好景気の火付け役となったケネディ減税のブレーンであった。皮肉なことは最近、この減税が常に強硬な保守主義者によって賞賛されていることである。彼らは減税をあらゆる病に効く万能薬だと思い込んでいるのである。トービンは、しかし、それには賛成ではなかった。実際、私はちょうど先週、彼と同じ公開討論会の席に出席していた。その場で彼は、現在の経済状況ではさらなる減税でなく、より多くの国内消費を喚起する必要性を強く主張していた。

第二は一九七二年、トービンが経済を不安定にする投機をやめさせるために、政府が外国為替取引に対し少額の課税を行なうべきだと提案したことである。彼はそのことによって自由貿易を奨励することができると考えていた。課税することによって国は、瞬時に世界を駆け巡る巨額の「ホットマネー」の破壊的な動きに惑わされることなく、市場を開放することができるようになるからである。またここで皮肉がある。「トービン税」は、自由貿易に強硬に反対する人たちにとってのお気に入りとなってしまったのである。特にフランスのグループ「アタック」などに。トービンはこう言っていた、「もっとも大きな賞賛は間違った側から贈られてくる」と。

なぜ私はトービンの逝去が一時代の終わりを示すと感じたのだろうか。ケネディの経済諮問委員会を考えてみてほしい。これはアレグザンダー・ハミルトンが一人で思索に耽っていた時代以来、アメリカ政府に仕えたもっとも素晴らしい経済的才能の結集であった。信じられないことにトービンは当時、そこで働いていた将来ノーベル賞を受賞する三人の内の一人であった。そのようなグループをつくることが、今日可能であろうか。私はそうは思わない。トービンがワシントンへ行った頃、当時のトップの経済学者たちは厳しい政治的なリトマス試験にかけられるようなことはなかった。また、明らかに事実ではないことを言わなければならないことも仕事の一部であると考えたこともなかったであろう。これ以上私がこの点について言う必要があるだろうか。

昨日私はもう一人のイェール大学の教授で、トービンとともに仕事をしてきたウィリアム・ブレイナードと話をした。彼は、同僚であったトービンが「考える力を信じていたこと」について語っていた。そう信じることは、今日さらに困難になってきている。強力な政治的な後ろ楯に支えられた腐敗した思想が、アメリカの世論を支配するようになってきているからである。

それゆえ、私はジェームズ・トービンの死去を偲ぶのである。彼がこの世を去ったことを悲しく思うばかりではない。基本的な品位を備えた経済学者たちが活躍し、国の政策にまで影響を与えていた良き時代が過ぎ去ったことを寂しく思うのである。

訳者あとがき——イラク戦争を起こしたのはこんな大統領

自衛隊のイラク派遣を議論する際、まずブッシュ政権がいかなる政権なのか点検する必要があるのではないだろうか。イラクの派遣先の「安全」を云々するのは当然だが、まずその戦争を起こした張本人がどんな政治家なのか、その政権がこれまでどんなことをしてきたのか、そしていかなる目的でイラクを侵略したのか、それを冷静に分析するべきではないか。

結論から言って、本書でポール・クルーグマン教授が描くブッシュ大統領と新保守派勢力、いわゆるネオコンサバティブ（ネオコン）の本質、つまりその「嘘とデタラメ」を読んでなお、果たしてイラクに自衛隊を送り、アメリカと行動を共にするべきだと思うかどうかは疑問の残るところであろう。

読者の中には、本書の痛烈なブッシュ批判を読まれて、教授の意見は民主党リベラル派を代弁する「独断と偏見」ではないかと疑う向きもあるかもしれない。しかし、これらのコラムはアメリカで最も権威があり、影響力のあるニューヨーク・タイムズ紙に毎週二回掲載されたものを編集したものである。アメリカのメインストリーム・ジャーナリズムで発表されているものだ。本書はアメリカで出版されるや論争を巻き起こし、すでにベストセラーとなっている。また、クルーグマン教授はスタンフォード、MIT、そして現在はプリンストンというアメリカを代表する一流大学で教鞭を執っている国際経済学の第一人者である。ノーベル経済学賞に最も近いエコノミストの一人だとも言われている。

クルーグマン教授の名を世界の論壇にとどろかせたのは、何と言っても「まぼろしのアジア経済」と題した論文であろう。アジア経済の限界をいち早く指摘し、事実、飛ぶ鳥を落とす勢いだったアジア経済が金融危機に襲われると、教授があんな論文を書いたからだと批判されるほどの、鋭い内容であった。日本経済に対してもその鋭い洞察力を発揮してきた。金利をほぼゼロにまで下げ、およそ一〇〇兆円も公共事業につぎ込んでも景気が回復しないのは、日本経済が「流動性の罠」に嵌まっているからであり、教授はその処方箋として「インフレ・ターゲット」を提唱してきた。本格的にこの「調整インフレ」論を提唱したのは教授が最初であったが、それが発表されるなり日本の金融当局や論壇では大きな論争が巻き起こった。

一九九〇年代のアメリカ経済の勢いからして、来るべき世紀はアメリカの世紀であると思った者は多かったに違いない。デジタル革命、ニューエコノミー、天井知らずの株価、しかしブッシュ大統領が誕生するなり、繁栄は砂漠の蜃気楼であったかのように景気はあっという間に冷え込んでしまった。財政黒字もたった数年で史上最悪の赤字に転落した。なぜか。いったいアメリカで何が起こっているのか。原書の副題は「Losing Our Way in the New Century」であり、これを大胆に意訳するなら「二一世紀はアメリカの世紀ではない」とも読めるだろう。無論、クルーグマン教授はそう断定しているわけではないが、教授が指摘したいのは、ブッシュのアメリカがはなはだ間違った方向に進みつつあるという厳しい現実である。

これまで日本ではブッシュ大統領、そしてネオコン勢力については断片的にしか伝えられてこなかった。本書の優れた点は、その減税政策から九・一一事件への対応まで、エネルギー政策から年金問題まで、マスコミの報道ぶりからＦＲＢ議長グリーンスパンの変貌ぶりまで、エンロン・スキャンダルから財政赤字まで、愛国的なパフォーマンスからその嘘とデタラメまで、その全体像を明らかにしていることである。日本で、いや、アメリカでさえも、これほど分かりやすく、単刀直入にブッシュ政権の真の姿、その「革命」の呆れた実態を伝えた書は少ないのではないか。

教授は、九・一一事件から一週間もたたないうちに「安全のためのカネを誰が払うべきなのか」（本書コラム43）を書き、「火曜日の悲劇は、自業自得という面もなくもない」と指摘していた。あの悲劇の中、興奮と混乱に流されず冷静にアメリカの行方を見据えていたのである。今日ではイラク戦争の泥沼化が日増しに深まっているため、世論も変わりつつあるが、当時、教授は「非愛国的」だと集中砲火を浴びていた。

教授の発言でやはり圧巻なのは、イラク戦争についてであろう。教授によると、イラク侵攻のシナリオはすでに何年も前からあり、ブッシュ政権は九・一一事件をその目的のために利用したのだという。表向きには「テロ」と戦うためだが、いまだにイラク国内で大量破壊兵器は見つかっていない。それどころか、九・一一事件とサダム・フセインを関連づける明確な証拠は今日に至ってもないのである。

イラク戦争は石油利権確保のためではないかと批判されることがある。事実、ブッシュ政権内の面々はテキサスに本拠を置くエネルギー関連企業と深い結びつきを持っている。だが、教授はネオコンとブッシュ大統領はもっと巨大な野望を隠しているのではないかと疑っている。それはいわば「アメリカ帝国論」とでも呼べるものであり、軍事力によってアメリカ的秩序を世界に押し付けようとする野望である。イラク戦争がベトナム戦争と比較されることがあるが、教授はアメリカ史において興味深い例を引いている。「白人であることの重荷」（本書コラム80）で教授は、一八九八年のアメリカ・スペイン戦争に触れ、当時の政権を支えていた政治思想と、ブッシュ大統領の世界的な野望とに類似点があるという。つまり、素早い軍事的勝利が問題をすべて解決するわけではないこと、そしてその軍事行動を支える壮大な世界戦略と経済ドクトリンが「ナンセンス」であったことだ。並の論客ならイラク戦争をベトナム戦争と比較して終わりだろうが、教授の洞察は一〇〇年以上前の歴史的事実を踏まえて現行のイラク戦争の愚かさを糾弾している。

教授はその攻撃の矛先をアメリカのマスコミにも向けている。アメリカのマスコミは、九・一一事件を契機としてこぞって愛国的になり、ブッシュ政権を支持しなければ「国賊」であるかのような風潮が支配していた。それはアメリカと共同歩調を取ったイギリスのBBCの報道姿勢とは極めて異なっていた。教授がマスコミの果たすべき役割を問うのは、政治そのものが劇場化し、いまやイメージで政治家が選ばれる時代だからである。政策や理想でなく、政治家のイメージや人気が先行し、有権者も見た印象やテレビ映りで政治家を選んでいる。日本でも小泉首相の人気は、その「パフォーマンス」の巧みさにあるとさえ言われてきた。その意味で、本書のイントロダクションで教授が提示した「正しく報道するためのルール」は、アメリカだけでなく、日本のマスコミにとっても有益な指南書となるはずである。

優れた著書はその行間で多くを示唆する。この「報道のためのルール」を日本の小泉政権に応用してみると、思わぬ側面が見えてくるのではないか。たとえば、「公表されている政策目標がどうであれ、それだけで政策の意図が理解できると思ってはいけない」というルールである。その発足当初、小泉政権の最優先事項、その緊急課題は景気を回復させることだとマスコミも国民も信じ込んでいた。しかし、「構造改革なくして景気回復なし」と華々しくスタートしたものの、その成果にはがっかりというのが正直な感想ではないか。クルーグマン教授も、本書「闇の中へ飛び込んだ日本経済」（コラム12）で日本の景気低迷は需要不足が原因なのだが、なぜ供給サイドを刺激する政策ばかり推進しようとするのか理解できないと批判している。なぜだろうか。これまで抵抗勢力や官僚が邪魔しているから、構造改革は時間を要するからと、改革が進まない理由が挙げられてきた。だが、実際のところ、小泉政権はもともと国民やマスコミが抱いてきたイメージとは異なる性質の政権ではないのか。景気回復は最重要政策課題ではないのではないか。そう疑ってみるべきだというのが、教授の「報道のためのルール」が教えるところである。

自衛隊のイラク派遣も、この観点から考えるならこれまでとは違った側面が浮き彫りになってくる。つまり、イラクの現状がどうであれ、そして派遣の理由や大義が何であれ、初めから派遣ありきではなかったのかということだ。九・一一事件を追い風に、テロ特措法、有事法制、イラク特措法など、自衛隊の海外派遣は、憲法改正を視野に入れた、日本を軍事的に「普通」の国にするための一里塚ではないのか。無論、これらは単なる仮説でしかなく、その判断は読者の方々に委ねるが、イラク戦争やブッシュ政権だけでなく、本書は日本についても考える好材料を提供していると言える。

いずれにしろ、これらのコラムは楽しい読書経験となるはずである。硬い内容であるにもかかわらず、ユーモアと書くことの喜びと遊びが随所に読み取れる。日本にはない、面白い、味わいのあるアメリカ的新聞コラムである。

その味わいを翻訳することは簡単な作業ではなかった。その産みの苦しみを共にしてくれたのが吉田幸子さんであり、本書のいわば助産婦であった。その協力に心から感謝する。早川書房の小都一郎さんも編集にあたってあらゆる便宜をはかって下さった。そして最後に、イラク戦争などで混迷を極める現代の日本で、このような貴重な書を世に出していただいた早川書房に、深い敬意を読者に代わって表したい。

ペンは剣よりも強し。本書が銃弾よりも強いことを切に願う。

三上義一

(http://member.nifty.ne.jp/ymikami)

嘘《うそ》つき大統領《だいとうりよう》のデタラメ経済《けいざい》

2004年1月10日　　初版印刷
2004年1月15日　　初版発行

＊

著　者　ポール・クルーグマン
訳　者　三《み》　上《かみ》　義《よし》　一《かず》
発行者　早　川　　浩

＊

印刷所　株式会社精興社
製本所　大口製本印刷株式会社

＊

発行所　株式会社　早川書房
東京都千代田区神田多町2－2
電話　03-3252-3111（大代表）
振替　00160-3-47799
http://www.hayakawa-online.co.jp
定価はカバーに表示してあります
ISBN4-15-208539-8　C0033
Printed and bound in Japan
乱丁・落丁本は小社制作部宛お送り下さい。
送料小社負担にてお取りかえいたします。